독학사

2단계

경영학과

인적자원관리

SD에듀

㈜시대고시기획

머리말

학위를 얻는 데 시간과 장소는 더 이상 제약이 되지 않습니다. 대입 전형을 거치지 않아도 '학점은행제'를 통해 학사학위를 취득할 수 있기 때문입니다. 그중 독학학위제도는 고등학교 졸업자이거나 이와 동등 이상의 학력을 가지고 있는 사람들에게 효율적인 학점 인정 및 학사학위 취득의 기회를 줍니다.

본 도서는 독학사 전공 중 경영학과 학위를 목표로 하는 분들을 위하여 집필된 것으로 전공기초과정의 경영학과 2단계 과정을 다루고 있습니다. 경영학과 2단계에서는 경영정보론, 마케팅원론, 마케팅조사, 원가관리회계, 인적자원관리, 조직행동론, 회계원리 등을 학습하게 될 것입니다.

경영학과 2단계 시험에 응시하는 수험생들이 단기간에 효과적인 학습을 할 수 있도록 다음과 같이 구성하였습니다.

01 기출복원문제
기출복원문제를 수록하여 최근 시험경향을 파악하고 이에 맞춰 공부할 수 있도록 하였습니다.
→ 기출복원문제 해설 무료 동영상 강의 제공

02 핵심이론
독학학위제 평가영역과 관련 내용을 면밀히 분석하여 시험에 꼭 나오는 '핵심이론'을 수록하였으며, 이론 안의 '더 알아두기' 등을 통해 내용 이해에 부족함이 없도록 하였습니다.

03 OX문제 및 실전예상문제
핵심이론의 내용을 OX문제로 다시 한 번 체크하고, '실전예상문제'를 통해 앞서 공부한 이론이 머릿속에 잘 정리되었는지 확인해 볼 수 있도록 하였습니다.

04 최종모의고사
최신 출제유형을 반영한 '최종모의고사(총 2회분)'로 자신의 실력을 점검해 볼 수 있습니다. 실제 시험에 임하듯이 시간을 재고 풀어본다면 시험장에서 실수를 줄일 수 있을 것입니다.

05 빨리보는 간단한 키워드
핵심적인 이론만을 꼼꼼하게 정리하여 수록한 '빨리보는 간단한 키워드'로 전반적인 내용을 한눈에 파악할 수 있습니다. → '빨리보는 간단한 키워드' 무료 동영상 강의 제공

시간 대비 학습의 효율성을 높이기 위해 이론 부분을 최대한 압축하려고 노력하였습니다. 문제들이 실제 기출유형에 맞지 않아 시험 대비에 만족하지 못하는 수험생들이 많은데 이 책은 그러한 문제점을 보완하여 수험생들에게 시험에 대한 확신을 주고, 단기간에 고득점을 획득할 수 있도록 노력하였습니다. 끝으로 본 도서로 독학학위 취득의 꿈을 이루고자 하는 수험생들이 반드시 합격하기를 바랍니다.

편저자 드림

BDES

독학학위제 소개

독학학위제란?

「독학에 의한 학위취득에 관한 법률」에 의거하여 국가에서 시행하는 시험에 합격한 사람에게 학사학위를 수여하는 제도

- ✓ 고등학교 졸업 이상의 학력을 가진 사람이면 누구나 응시 가능
- ✓ 대학교를 다니지 않아도 스스로 공부해서 학위취득 가능
- ✓ 일과 학습의 병행이 가능하여 시간과 비용 최소화
- ✓ 언제, 어디서나 학습이 가능한 평생학습시대의 자아실현을 위한 제도
- ✓ 학위취득시험은 4개의 과정(교양, 전공기초, 전공심화, 학위취득 종합시험)으로 이루어져 있으며 각 과정별 시험을 모두 거쳐 학위취득 종합시험에 합격하면 학사학위 취득

독학학위제 전공 분야 (11개 전공)

국어국문학　영어영문학　심리학　경영학　컴퓨터공학　간호학

법학　행정학　가정학　유아교육학　정보통신학

※ 유아교육학 및 정보통신학 전공: 3, 4과정만 개설
　(정보통신학의 경우 3과정은 2025년까지, 4과정은 2026년까지만 응시 가능하며, 이후 폐지)
※ 간호학 전공: 4과정만 개설
※ 중어중문학, 수학, 농학 전공: 폐지 전공으로 기존에 해당 전공 학적 보유자에 한하여 응시 가능

※ SD에듀는 현재 4개 학과(심리학과, 경영학과, 컴퓨터공학과, 간호학과) 개설 완료
※ 2개 학과(국어국문학과, 영어영문학과) 개설 진행 중

독학학위제 시험안내

과정별 응시자격

단계	과정	응시자격	과정(과목) 시험 면제 요건
1	교양	고등학교 졸업 이상 학력 소지자	• 대학(교)에서 각 학년 수료 및 일정 학점 취득 • 학점은행제 일정 학점 인정 • 국가기술자격법에 따른 자격 취득 • 교육부령에 따른 각종 시험 합격 • 면제지정기관 이수 등
2	전공기초		
3	전공심화		
4	학위취득	• 1~3과정 합격 및 면제 • 대학에서 동일 전공으로 3년 이상 수료 (3년제의 경우 졸업) 또는 105학점 이상 취득 • 학점은행제 동일 전공 105학점 이상 인정 (전공 28학점 포함) ➔ 22.1.1. 시행 • 외국에서 15년 이상의 학교교육과정 수료	없음(반드시 응시)

응시 방법 및 응시료

• 접수 방법: 온라인으로만 가능
• 제출 서류: 응시자격 증빙 서류 등 자세한 내용은 홈페이지 참조
• 응시료: 20,400원

독학학위제 시험 범위

• 시험과목별 평가 영역 범위에서 대학 전공자에게 요구되는 수준으로 출제
• 시험 범위 및 예시문항은 독학학위제 홈페이지(bdes.nile.or.kr) ➔ 학습정보 ➔ 과목별 평가영역에서 확인

문항 수 및 배점

과정	일반 과목			예외 과목		
	객관식	주관식	합계	객관식	주관식	합계
교양, 전공기초 (1~2과정)	40문항×2.5점 =100점	–	40문항 100점	25문항×4점 =100점	–	25문항 100점
전공심화, 학위취득 (3~4과정)	24문항×2.5점 =60점	4문항×10점 =40점	28문항 100점	15문항×4점 =60점	5문항×8점 =40점	20문항 100점

※ 2017년도부터 교양과정 인정시험 및 전공기초과정 인정시험은 객관식 문항으로만 출제

합격 기준

■ 1~3과정(교양, 전공기초, 전공심화) 시험

단계	과정	합격 기준	유의 사항
1	교양	매 과목 60점 이상 득점을 합격으로 하고, 과목 합격 인정(합격 여부만 결정)	5과목 합격
2	전공기초		6과목 이상 합격
3	전공심화		

■ 4과정(학위취득) 시험 : 총점 합격제 또는 과목별 합격제 선택

구분	합격 기준	유의 사항
총점 합격제	• 총점(600점)의 60% 이상 득점(360점) • 과목 낙제 없음	• 6과목 모두 신규 응시 • 기존 합격 과목 불인정
과목별 합격제	• 매 과목 100점 만점으로 하여 전 과목(교양 2, 전공 4) 60점 이상 득점	• 기존 합격 과목 재응시 불가 • 1과목이라도 60점 미만 득점하면 불합격

시험 일정

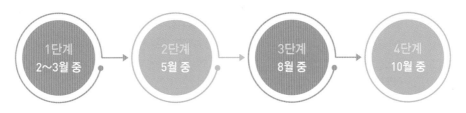

1단계 2~3월 중 → 2단계 5월 중 → 3단계 8월 중 → 4단계 10월 중

■ 경영학과 2단계 시험 과목 및 시험 시간표

구분(교시별)	시간	시험 과목명
1교시	09:00~10:40(100분)	회계원리, 인적자원관리
2교시	11:10~12:50(100분)	마케팅원론, 조직행동론
중식 12:50~13:40(50분)		
3교시	14:00~15:40(100분)	경영정보론, 마케팅조사
4교시	16:10~17:50(100분)	생산운영관리, 원가관리회계

※ 시험 일정 및 세부사항은 반드시 독학학위제 홈페이지(bdes.nile.or.kr)를 통해 확인하시기 바랍니다.

※ SD에듀에서 개설되었거나 개설 예정인 과목은 빨간색으로 표시했습니다.

독학학위제 단계별 학습법

1단계 평가영역에 기반을 둔 이론 공부!

독학학위제에서 발표한 평가영역에 기반을 두어 효율적으로 이론 공부를 해야 합니다. 각 장별로 정리된 '핵심이론'을 통해 핵심적인 개념을 파악합니다. 모든 내용을 다 암기하는 것이 아니라, 포괄적으로 이해한 후 핵심내용을 파악하여 이 부분을 확실히 알고 넘어가야 합니다.

2단계 시험경향 및 문제유형 파악!

독학사 시험 문제는 지금까지 출제된 유형에서 크게 벗어나지 않는 범위에서 비슷한 유형으로 줄곧 출제되고 있습니다. 본서에 수록된 이론을 충실히 학습한 후 '실전예상문제'를 풀어 보면서 문제의 유형과 출제의도를 파악하는 데 집중하도록 합니다. 교재에 수록된 문제는 시험 유형의 가장 핵심적인 부분이 반영된 문항들이므로 실제 시험에서 어떠한 유형이 출제되는지에 대한 감을 잡을 수 있을 것입니다.

3단계 '실전예상문제'를 통한 효과적인 대비!

독학사 시험 문제는 비슷한 유형들이 반복되어 출제되므로 다양한 문제를 풀어 보는 것이 필수적입니다. 각 단원의 끝에 수록된 '실전예상문제'를 통해 단원별 내용을 제대로 학습했는지 꼼꼼하게 확인하고, 실력점검을 합니다. 이때 부족한 부분은 따로 체크해 두고 복습할 때 중점적으로 공부하는 것도 좋은 학습 전략입니다.

4단계 복습을 통한 학습 마무리!

이론 공부를 하면서, 혹은 문제를 풀어 보면서 헷갈리고 이해하기 어려운 부분은 따로 체크해 두는 것이 좋습니다. 중요 개념은 반복학습을 통해 놓치지 않고 확실하게 익히고 넘어가야 합니다. 마무리 단계에서는 '빨리보는 간단한 키워드'를 통해 핵심개념을 다시 한 번 더 정리하고 마무리할 수 있도록 합니다.

COMMENT

합격수기

66 저는 학사편입 제도를 이용하기 위해 2~4단계를 순차로 응시했고 한 번에 합격했습니다.
아슬아슬한 점수라서 부끄럽지만 독학사는 자료가 부족해서 부족하나마 후기를 쓰는 것이 도움이 될까 하여
제 합격전략을 정리하여 알려 드립니다.

#1. 교재와 전공서적을 가까이에!

학사학위 취득은 본래 4년을 기본으로 합니다. 독학사는 이를 1년으로 단축하는 것을 목표로 하는 시험이
라 실제 시험도 변별력을 높이는 몇 문제를 제외한다면 기본이 되는 중요한 이론 위주로 출제됩니다. SD
에듀의 독학사 시리즈 역시 이에 맞추어 중요한 내용이 일목요연하게 압축·정리되어 있습니다. 빠르게
훑어보기 좋지만 내가 목표로 한 전공에 대해 자세히 알고 싶다면 전공서적과 함께 공부하는 것이 좋습니
다. 교재와 전공서적을 함께 보면서 교재에 전공서적 내용을 정리하여 단권화하면 시험이 임박했을 때 교
재 한 권으로도 자신 있게 시험을 치를 수 있습니다.

#2. 시간확인은 필수!

쉬운 문제는 금방 넘어가지만 지문이 길거나 어렵고 헷갈리는 문제도 있고, OMR 카드에 마킹까지 해야
하니 실제로 주어진 시간은 더 짧습니다. 1번에 어려운 문제가 있다고 해서 시간을 많이 허비하면 쉽게 풀
수 있는 마지막 문제들을 놓칠 수 있습니다. 문제 푸는 속도도 느려지니 집중력도 떨어집니다. 그래서 어
차피 배점은 같으니 아는 문제를 최대한 많이 맞히는 것을 목표로 했습니다.
① 어려운 문제는 빠르게 넘기면서 문제를 끝까지 다 풀고 ② 확실한 답부터 우선 마킹한 후 ③ 다시 시험
지로 돌아가 건너뛴 문제들을 다시 풀었습니다. 확실히 시간을 재고 문제를 많이 풀어봐야 실전에 도움이
되는 것 같습니다.

#3. 문제풀이의 반복!

여느 시험과 마찬가지로 문제는 많이 풀어볼수록 좋습니다. 이론을 공부한 후 실전예상문제를 풀다보니
부족한 부분이 어딘지 확인할 수 있었고, 공부한 이론이 시험에 어떤 식으로 출제될지 예상할 수 있었습니
다. 그렇게 부족한 부분을 보충해가며 문제유형을 파악하면 이론을 복습할 때도 어떤 부분을 중점적으로
암기해야 할지 알 수 있습니다. 이론 공부가 어느 정도 마무리되었을 때 시계를 준비하고 최종모의고사를
풀었습니다. 실제 시험시간을 생각하면서 예행연습을 하니 시험 당일에는 덜 긴장할 수 있었습니다.

학위취득을 위해 오늘도 열심히 학습하시는 동지 여러분에게도 합격의 영광이 있으시길 기원하면서 이만 줄입니다. 99

www.sdedu.co.kr

이 책의 구성과 특징

기출복원문제

기출복원문제

▶ 온라인(www.sdedu.co.kr)을 통해 기출문제
무료 동영상 강의를 만나 보세요.

※ 본 문제는 다년간 독학사 경영학과 2단계 시험에서 출제된 기출문제를 복원한 것입니다. 문제의 난이도와 수험경향 파악용으로 사용하시
권고드립니다. 본 기출복원문제에 대한 무단복제 및 전제를 금하며 저작권은 SD에듀에 있음을 알려드립니다.

01 다음 내용에서 괄호 안에 들어갈 인적자원관리 이론이 올바르게
짝지어진 것은?

- (㉠)은 시간 및 동작연구를 통해 표준과업을 측정하고
관리함에 따라 생산성을 높이는 데 큰 공헌을 하였으며, 작
업성과에 차등을 두어 차별적 성과급제를 도입했다. 그러나
인간의 신체를 기계화하는 철저한 능률 위주의 이론으로 비
인간화라는 비판을 받게 되었다.
- (㉡)은 3S(간소화, 표준화, 전문화)와 컨베이어 시스템
을 통해 대량생산을 가능하게 했으며, 경영의 합리화를 추

01 • 행동과학론 : 조직의
식적 측면을 모두 고
활동을 과학적으로
적으로 연구하고 측
및 인간성을 동시에
이론이다.
• 인간관계론 : 호손 실
간의 심리적 요소의
성 향상에 주요한 역
는 것을 증명한 이론

'**기출복원문제**'를 풀어 보면서
독학사 경영학과 2단계 시험의
기출 유형과 경향을 파악해 보세요.

핵심이론

제 1 장 | 인사관리의 기초개념

조직의 목적을 달성하기 위하여 효율적으로 활용하여야 하는 자원 중에서 인적자원의 획득 및 개발에 관한
동으로 '기업의 장래 인적자원의 수요를 예측하여, 기업전략의 실현에 필요한 인적자원을 확보하기 위해
하는 일련의 활동'이라고 정의되고 있다. 다시 말해, 조직이 필요로 하는 인력을 조달, 유지, 활용
활동을 계획하고 통제하는 관리활동의 체계로서 그 목표를 수행하는 활동의 효과성, 효율성과 긴밀한 관리
가진다.

제1절 인사관리의 의의와 성격

(1) 인적자원관리의 개념

통상적으로 인적자원관리(Human Resource Management)는 조직을 구성하는 구성원들이 스스로

평가영역을 바탕으로 꼼꼼하게 정리된
'**핵심이론**'을 통해 꼭 알아야 하는 내용을
명확히 이해할 수 있어요.

OX로 점검하자

○✕로 점검하자 | 제1장

※ 다음 지문의 내용이 맞으면 ○, 틀리면 ✕를 체크하시오. [1~8]

01 기업 조직의 인적자원관리에 있어 관리대상은 인간이다. ( )

02 인적자원관리의 주체는 인간이고, 객체는 기계이다. ( )

03 전통적 인사관리는 조직목표와 개인목표의 조화를 강조한다. ( )

04 인간관계론은 인간의 신체를 기계처럼 생각하고 취급하는 철저한 능률위주의 관리이론이
( )

05 전통적 인사관리는 직무중심의 인사관리에 중점을 둔다. ( )

06 과학적 관리론의 주된 내용으로는 차별성과급제, 시간 및 동작연구, 직능식 제도와 직장제도
있다. ( )

07 포드는 기업을 사회봉사기관이 아닌 영리조직으로 파악하였다. ( )

핵심이론을 학습한 후 중요 내용을
OX문제로 한 번 더 점검해 보세요.

제 1 장 | 실전예상문제

01 다음 내용이 설명하는 것은?

> 기업의 장래 인적자원의 수요를 예측하여, 기업전략의 실현에 필요한 인적자원을 확보하기 위해 실시하는 일련의 활동이다.

① 회계관리
② 마케팅관리
③ 물류관리
④ 인적자원관리

01 인적자원관리는 조직의 ...기 위해 사람의 확보, ...상 및 유지를 하여, ...획, 조직, 지휘, 통제 ...를 이룬다.

04 실전예상문제

핵심이론에서 공부한 내용을 기억하며
'실전예상문제'를 풀어 보면서
문제를 해결하는 능력을 길러 보세요.

제1회 최종모의고사 | 인적자원관리

제한시간: 50분 | 시작 ___시 ___분 ~ 종료 ___시 ___분

☐ 정답 및 해설

01 다음 설명 중 옳지 <u>않은</u> 것은?
① 조직의 인적자원관리에 따른 관리대상은 인간이다.
② 인적자원관리의 주체는 인간이다.
③ 인적자원관리의 주체 및 객체는 인간과 기계이며, 이들 간의 독립관계로 해석이 가능하다.
④ 인적자원관리는 상태의 조작에 의한 조직 ...

03 다음 중 인사관리 개념모형의 단계적 순...올은 것은?
① 확보 → 활용 → 개발 → 보상 → 유지
② 확보 → 개발 → 활용 → 보상 → 유지
③ 확보 → 활용 → 보상 → 개발 → 유지
④ 확보 → 개발 → 보상 → 활용 → 유지

05 최종모의고사

핵심이론을 익히고 실전예상문제를
풀어 보았다면 이제 남은 것은 단 하나!
'최종모의고사'를 실제 시험처럼 시간을
정해 놓고 풀어 보세요.

+ P / L / U / S +

시험 직전의 완벽한 마무리!
빨리보는 간단한 키워드

'빨리보는 간단한 키워드'는 핵심요약집으로 시험 직전까지
해당 과목의 중요 핵심이론을 체크할 수 있도록 합니다.
또한, SD에듀 홈페이지(www.sdedu.co.kr)에 접속하시면
해당 과목에 대한 핵심요약집 무료 강의도 제공하고 있으니
꼭 활용하시길 바랍니다!

www.sdedu.co.kr

CONTENTS
목 차

CONTENTS
목 차

기출복원문제

출/제/유/형/완/벽/파/악/

홀륭한 가정만한 학교가 없고, 덕이 있는 부모만한 스승은 없다.

– 마하트마 간디 –

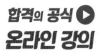

▶ 온라인(www.sdedu.co.kr)을 통해 기출문제 무료 동영상 강의를 만나 보세요.

※ 본 문제는 다년간 독학사 경영학과 2단계 시험에서 출제된 기출문제를 복원한 것입니다. 문제의 난이도와 수험경향 파악용으로 사용하시길 권고드립니다. 본 기출복원문제에 대한 무단복제 및 전제를 금하며 저작권은 SD에듀에 있음을 알려드립니다.

01 다음 내용에서 괄호 안에 들어갈 인적자원관리 이론이 올바르게 짝지어진 것은?

> - (㉠)은 시간 및 동작연구를 통해 표준과업을 측정하고 관리함에 따라 생산성을 높이는 데 큰 공헌을 하였으며, 작업성과에 차등을 두어 차별적 성과급제를 도입했다. 그러나 인간의 신체를 기계화하는 철저한 능률 위주의 이론으로 비인간화라는 비판을 받게 되었다.
> - (㉡)은 3S(간소화, 표준화, 전문화)와 컨베이어 시스템을 통해 대량생산을 가능하게 했으며, 경영의 합리화를 추구하였다. 저가격 및 고임금의 원칙을 추구했으며, 기업을 영리조직이 아닌 사회의 봉사기간으로 파악한 이론에 해당한다.

	㉠	㉡
①	과학적 관리론	포드 시스템
②	행동과학론	과학적 관리론
③	포드 시스템	인간관계론
④	행동과학론	포드 시스템

01
- 행동과학론 : 조직의 공식적·비공식적 측면을 모두 고려하여 인간의 활동을 과학적으로 분석하고 객관적으로 연구하고 측정하며, 생산성 및 인간성을 동시에 추구하고자 한 이론이다.
- 인간관계론 : 호손 실험을 통해 인간의 심리적 요소의 중요성이 생산성 향상에 주요한 역할을 담당한다는 것을 증명한 이론이다.

02 인적자원관리의 전개과정 중 생산성 및 인간성을 동시에 추구하는 시대에 해당하는 주요이론은 무엇인가?

① 메이요의 인간관계론(Human Relations Approach)
② 행동과학론(Behavioral Science)
③ 테일러의 과학적 관리론(Scientific Management Theory)
④ 포드 시스템(Ford System)

02 행동과학론(Behavioral Science)은 인간과 노동력, 성과와 만족이 별개의 성격이 되면 안 되고 서로 조화를 이루어야 한다는 관점에서 시작한 이론으로, 생산성과 인간성을 동시에 추구하는 시대에 해당하는 이론이다.

정답 (01 ① 02 ②)

03
① 인적자원관리의 이념이란 경영자가 인간을 다루는 기본적인 사고방식을 의미한다.
② 유지목표(maintenance goal)란 인적자원관리의 기본 목표 중 과업 그 자체의 달성에 초점을 두는 것보다는 조직의 과업과는 별도로 조직 자체의 유지 또는 인간적 측면에 관계된 목표를 의미한다.
③ 생산성 목표(productivity goal)란 과업목표(task goal)라고도 불리며, 종업원의 만족도 등과 같이 인간적인 측면보다는 과업 그 자체를 달성하기 위한 조직의 목표를 의미한다.

04
㉣의 설명은 직무기술서(Job Description)에 대한 것이다. 직무명세서(Job Specification)는 각 직무수행에 필요한 종업원들의 행동·기능·능력·지식 등을 일정한 양식에 기록한 문서를 의미하며, 특히 인적요건에 초점을 둔다.

03 **다음 내용에서 괄호 안에 들어갈 가장 적절한 용어는?**

> 산업화에 따른 종업원들의 작업의 전문화 및 단순화에서 나타나는 단조로움·소외감·인간성 상실 등에 대한 반응 또는 빠르게 변화하는 경영환경 아래에서의 새로운 기술의 발달로 인한 업무환경의 불건전성 등의 문제에 대한 반응으로 나타난 개념이다. 이는 기업 조직에서 인적자원관리자가 (   )을/를 충족시켜 줌으로써, 기업조직의 목표와 구성원인 개개인의 목표를 함께 추구하게 된다.

① 인적자원관리의 이념
② 유지목표(maintenance goal)
③ 생산성 목표(productivity goal)
④ 근로생활의 질(QWL ; Quality of Work Life)

04 **직무분석에서의 기초개념을 설명한 표에서 괄호 안에 들어갈 용어가 적절하지 않은 것은?**

용어	설명
(㉠)	• 독립된 특정한 목표를 위해 수행되는 하나의 명확한 작업 활동을 말함 • 직무분석에서의 최소단위
(㉡)	특정 시점에서 특정 조직의 한 종업원에게 부여된 하나 또는 그 이상의 과업의 집단
(㉢)	• 작업의 종류와 수준이 동일하거나 유사한 직위들의 집단 • 직책이나 직업상의 맡은바 임무
(㉣)	직무분석을 통해 얻어진 직무에 관한 자료를 가지고, 관련된 과업 및 직무정보들을 일정한 양식에 따라 기술한 문서

① ㉠ - 과업(Task)
② ㉡ - 직위(Position)
③ ㉢ - 직무(Job)
④ ㉣ - 직무명세서(Job Specification)

정답 (03 ④   04 ④)

05 다음 중 직무평가의 방법과 그 설명이 바르게 연결된 것은?

① 서열법(Ranking Method) : 직무평가 방법 중 가장 비용이 저렴하고 절차가 간단한 방법으로, 각 직무의 상대적 가치들을 전체적이면서 포괄적으로 파악한 후에 순위를 정하는 방법이다.

② 분류법(Job Classification Method) : 각 직무를 숙련, 책임, 노력, 직무조건 등의 여러 평가요소별로 나누어 중요도에 따라 각 요소들에 점수(가중치)를 부여한 후에 각 요소에 부여한 점수를 합산해서 해당 직무에 대한 가치를 평가하는 방법이다.

③ 점수법(Point Rating Method) : 해당 조직에서 가장 핵심이 되는 기준직무를 선정하고 각 직무의 평가요소를 기준직무의 평가요소와 비교해서 그 직무의 상대적 가치를 결정하는 방법이다.

④ 요소비교법(Factor Comparison Method) : 서열법을 좀 더 발전시킨 것으로 일정한 기준에 따라 직무의 등급을 사전에 미리 결정해 놓고, 각 직무를 적절히 평가하여 해당 등급에 기입하는 방법을 말하며 등급법이라고도 불린다.

06 다음 내용에 해당하는 직무분석의 방법은 무엇인가?

직무분석자가 직무수행을 하는 작업자의 행동을 직접 관찰하여 직무내용과 과업, 수행방법과 작업 조건 등 직무에 관해 필요한 자료를 기재하는 방법이다. 장점은 가장 간단하여 사용하기가 쉽다는 것이며, 특히 육체적 활동과 같이 관찰이 가능한 직무에 적용하기가 좋다.

① 면접법(Interview Method)
② 중요사건 기록법(Critical Incidents Method)
③ 관찰법(Observation Method)
④ 워크 샘플링법(Work Sampling Method)

05 ② 점수법(Point Rating Method)에 대한 설명이다.
③ 요소비교법(Factor Comparison Method)에 대한 설명이다.
④ 분류법(Job Classification Method)에 대한 설명이다.

06 제시문은 직무분석의 방법 중 관찰법(Observation Method)에 해당하는 내용이다.
① 면접법(Interview Method) : 직무분석자와 직무를 수행하는 작업자가 서로 대면하는 직접 면접을 통해 직무정보를 취득하는 방법으로 직무에 대한 정확한 정보획득이 가능하다는 것이 장점에 해당한다.
② 중요사건 기록법(Critical Incidents Method) : 작업자들의 직무수행 행동 중에 중요하거나 가치가 있는 부분에 대한 정보를 수집하는 것을 말하며, 장점은 직무행동과 성과 간의 관계를 직접적으로 파악하는 것이 가능하다는 점을 들 수 있다. 단점은 수집된 직무행동을 평가 및 분류하는 데 많은 시간과 노력이 들어간다는 것이다.
④ 워크 샘플링법(Work Sampling Method) : 관찰법의 방법을 좀 더 세련되게 만든 것으로, 종업원의 전체 작업과정이 진행되는 동안에 무작위로 많이 관찰함으로써 직무행동에 대한 정보를 취득하는 것을 말한다.

정답 05 ① 06 ③

07 ② 직무분석은 직무에 대한 연구에 해당하는 분야로, 인사고과의 기능에 해당하지 않는다.
이외에 인사고과의 기능으로는 종업원들의 공정한 처우결정을 위한 자료가 된다는 점을 들 수 있다.

07 다음 중 인사고과의 기능에 해당하지 않는 것은?

① 종업원들의 능력개발을 위한 자료가 된다.
② 종업원들의 직무분석를 위한 자료가 된다.
③ 종업원들의 업적향상을 위한 자료가 된다.
④ 조직이 요구하는 인재상 정립을 위한 자료가 된다.

08 MBO 방식을 활용할 경우 목표 설정의 곤란, 목표 이외 사항의 경시 가능성, 장기 목표의 경시 가능성 등의 문제점이 발생할 수 있다.

08 목표에 의한 관리방식(MBO)에 대한 설명으로 옳지 않은 것은?

① 상사와의 협의에 의해 목표가 수립되며, 지속적인 피드백이 가능한 목표를 기반으로 조직의 성과와 더불어 종업원 개인의 만족도를 동시에 향상시키는 현대적 경영관리 기법이다.
② 조직의 종업원이 주체적이면서도 도전감을 갖도록 할 수 있다.
③ 상·하급자 간의 상호 참여적이면서 구체적인 공동 목표의 설정에 의해 모티베이션이 증진된다.
④ 장기 목표에 대해서도 설정이 가능하여 효과적이다.

09 ① 현혹효과(Halo Effect)에 대한 설명이다.
② 대비오류에 대한 설명이다.
③ 시간적 오류(최근화 경향, 근접오류)에 대한 설명이다.

09 인사고과 실시상의 오류에 관한 설명으로 옳은 것은?

① 피고과자에 대한 호의적 또는 비호의적인 인상이 다른 평가 부분까지 영향을 미치는 효과로 인해 오류가 발생하는 것은 논리적 오류에 해당한다.
② 고과자가 피고과자를 평가할 때 자신이 가진 특성과 비교하여 고과하는 경우 발생하는 오류는 상동적 태도에 해당한다.
③ 피고과자의 과거 실적보다는 최근의 실적과 태도로 평가하게 되는 오류는 현혹효과이다.
④ 종업원에 대한 근무성적평정 등에 있어서 평정 결과의 분포가 우수한 쪽으로 집중되는 경향과 관련한 오류는 관대화 경향이다.

정답 07② 08④ 09④

10 상관관계적 오류에 대한 다음 내용에서 괄호 안에 들어갈 용어를 순서대로 나열한 것은?

> • (㉠) : 근무성적 및 평정 등에 있어 평정결과의 분포가 우수한 등급 쪽으로 편중되는 경향을 보이는 오류를 말한다.
> • (㉡) : 근무성적 및 평정 등에 있어 평정결과의 분포가 낮은 등급 쪽으로 편중되는 경향을 보이는 오류를 말한다.
> • (㉢) : 근무성적 및 평정 등에 있어 평정결과의 분포가 가운데 등급 쪽으로 집중되는 경향을 보이는 오류를 말한다.

	㉠	㉡	㉢
①	관대화 경향	혹독화 경향	중심화 경향
②	관대화 경향	혹독화 경향	논리적 오류
③	혹독화 경향	관대화 경향	중심화 경향
④	혹독화 경향	관대화 경향	규칙적 오류

10 • 논리적 오류 : 평가자가 논리적인 관계가 있다고 착각하는 특성들 간에 비슷한 점수들을 주는 것을 말한다.
• 규칙적 오류 : 가치판단상의 규칙적인 심리적 오류에 의한 것으로, 항시오류라고도 하는데 어떠한 고과자는 타 고과자와 달리 좋은 고과를 하거나 또는 이와는 정반대의 고과를 나타내는 경우를 의미한다.

11 인사고과 시 오류를 줄이기 위한 고려사항으로 옳지 않은 것은?

① 고과대상과 해당 목적에 맞는 평가요소를 선정해야 한다.
② 고과 시에 평가자가 적절해야 한다(적격자이어야 한다).
③ 고과방법은 주관적이면서 비교가 불가능해야 한다.
④ 평가과정 중에 합리성을 유지해야 한다(심리적인 편향을 방지해야 한다).

11 고과방법은 객관적이면서 비교가 가능해야 한다.

12 다음 중 직무기술서에 포함되는 내용이 아닌 것은?

① 직무에 따른 활동과 절차
② 종업원들의 행동이나 기능, 능력, 지식
③ 감독의 범위와 성격
④ 실제 수행되는 과업 및 사용에 필요로 하는 각종 원재료 및 기계

12 종업원들의 행동이나 기능・능력・지식은 직무기술서가 아닌 직무명세서(Job Specification)에 포함되는 내용이다. 직무명세서는 특히 인적 요건에 초점을 둔다.

정답 10 ① 11 ③ 12 ②

13 ② 회귀분석에 대한 설명이다.
③ 시계열분석에 대한 설명이다.
④ 거시적 방법(하향적 인력계획)에 대한 설명이다.

13 인적자원의 수요예측기법에 대한 설명으로 옳은 것은?

① 미시적 방법은 상향식 인력계획이라고도 하는데, 기업조직의 인력수요계획에 있어서 각 직무와 작업에 필요로 하는 인력을 예측하는 것을 말한다.

② 시계열분석은 기업조직의 인적자원에 대한 수요량 및 매출액 · 서비스 · 생산량 · 예산 등과 같은 여러 변수들과의 관계를 고려해서 이들을 함수관계로 나타내 분석하는 것이다.

③ 비율분석은 기업의 과거 인력수요의 흐름을 기반으로 해서 인력예측을 수행하는 것으로, 추세변동 · 계절적 변동 · 순환변동 · 불규칙변동 등이 있다.

④ 회귀분석은 하향적 인력계획이라고 하는데, 이는 기업조직 전체의 인력예측을 통해서 총원을 정하고, 이를 다시 여러 부서별로 인력을 분할하는 것을 말한다.

14 제시문은 마코프 체인법(Markov Chain Method)에 대한 설명이다.
① 승진 도표(Replacement Chart)는 구성원 개인의 상이한 직무에 대한 적합성을 기록한 것으로서 현재 인원의 상태를 능력 면에서 자세히 파악해 놓은 것을 말한다.
② 인력 재고표(Skills Inventory)는 개개인의 능력평가표를 의미한다.
④ 거시적 방법(하향적 인력계획)은 수요예측방법에 해당한다.

14 다음 내용과 관련 있는 인적자원 공급예측 방법은 무엇인가?

> 내부인력예측의 한 방법으로서, 시간의 흐름에 따른 각 종업원들의 직무이동확률을 알아보기 위해서 개발된 것인데, 이는 내부노동시장의 안정적 조건하에서 승진 · 이동 · 퇴사의 일정 비율을 적용하여, 미래 각 기간에 걸친 직급별 현 인원의 변동을 예측하는 OR기법이다.

① 승진 도표(Replacement Chart)
② 인력 재고표(Skills Inventory)
③ 마코프 체인법(Markov Chain Method)
④ 거시적 방법(하향적 인력계획)

정답 13 ① 14 ③

15 다음 중 사내 모집의 장점에 해당하지 <u>않는</u> 것은?

① 비용이 저렴하다.
② 종업원들에게 새로운 능력이나 기술 등을 기대할 수 있다.
③ 조직구성원들의 정확한 정보를 바탕으로 적임자를 발견할 수 있다.
④ 종업원들의 사기를 상승시키는 효과를 가져온다.

15 사내 모집의 경우 기존 구성원들에게서 새로운 능력이나 기술 등을 기대하기 힘들다는 단점을 가지고 있다.

16 다음 중 면접의 종류에 대한 설명으로 옳은 것은?

① 미리 준비된 질문 항목에 따라 질문하는 방식은 비정형적 면접이다.
② 다수의 면접자가 한 명의 피면접자를 평가하는 방식은 집단 면접에 해당된다.
③ 특정 문제에 대한 토론을 통해 지원자의 태도 등을 파악하는 방식은 패널 면접이다.
④ 면접자가 의도적으로 공격적인 태도를 취하거나 극한 상황을 제시함으로써 피면접자에게 불안감 등을 주는 방식은 스트레스 면접이다.

16 ① 정형적 면접에 대한 설명이다.
② 패널 면접에 대한 설명이다.
③ 집단 면접에 대한 설명이다.

17 합리적 선발도구의 조건에서 타당성을 측정하는 방법에 대한 설명으로 옳지 <u>않은</u> 것은?

① 동시 타당성 : 선발도구의 내용이 측정하고자 하는 취지를 얼마나 반영하고 있는지를 나타내는 것을 말한다.
② 예측 타당성 : 종업원들의 선발시험의 결과를 예측치로 하고, 직무수행의 결과를 기준치로 삼아 예측치와 기준치를 비교함으로써, 선발시험의 타당성 여부를 결정하는 방법을 의미한다.
③ 구성 타당성 : 측정도구가 실제로 무엇을 측정했는지 또는 측정도구가 측정하고자 하는 대상을 실제로 적절하게 측정했는지를 나타내는 것을 말한다.
④ 기준관련 타당성 : 선발도구를 통해 얻어진 예측치와 직무성과와 같은 기준치의 관련성을 말한다.

17 ①은 내용 타당성에 대한 설명이다. 동시 타당성은 현재 근무 중인 종업원들을 대상으로 시험을 실시해서 그들의 시험점수와 직무성의 상관관계를 분석하여 나온 정도에 따라 시험의 타당성 여부를 측정하는 것을 말한다.

정답 15 ② 16 ④ 17 ①

18 ① 실력주의에 대한 설명이다.
③ 균형주의에 대한 설명이다.
④ 인재육성주의에 대한 설명이다.

18 다음 중 배치의 원칙에 대한 설명으로 옳은 것은?

① 인재육성주의 : 종업원들에게 그들의 실력을 발휘하도록 할
수 있는 영역을 제공하며, 해당 업무에 대해 정확하게 평가하
고, 그렇게 평가된 종업원들의 실력 및 이루어 낸 업적들에
대해 그들이 만족할 수 있는 대우를 하는 것을 말한다.

② 적재적소주의 : 개인이 가지고 있는 능력·성격 등 여러 가지
면을 고려하여 그 개인에게 맞는 최적의 직위에 배치되도록
하여 최고의 능력을 발휘하게끔 해주는 것을 의미한다.

③ 실력주의 : 직장에서 전체 실력의 증진과 더불어 사기를 상승
시키는 것으로, 구성원 전체와 각 개인의 조화를 충분히 고려
하는 것이라 할 수 있다.

④ 균형주의 : 인력을 소모시키면서 사용치 않고 인력을 성장시
키면서 사용한다는 내용으로, 이것은 경력관리에 있어 후에
경력의 자각 및 자기관리와 연관된다.

19 개인의 경력목표를 설정하고 이를
달성하기 위한 경력계획을 수립하여
조직의 욕구와 개인의 욕구가 합치
될 수 있도록 각 개인의 경력을 개발
하는 일련의 활동이 경력관리에서
이루어진다.

19 경력 및 경력관리에 대한 설명으로 옳지 않은 것은?

① 경력이란 종업원이 기업에서 장기적으로 경험하고 쌓아온 여
러 종류의 직무활동을 의미한다.

② 경력관리는 조직구성원 개개인의 경력을 데이터화하여 조직
내 적정배치 및 인력개발의 기초로 활용하고자 하는 것을 의
미한다.

③ 개인의 경력목표를 설정하고 이를 달성하기 위한 경력계획을
수립하여 조직의 욕구만이 달성될 수 있도록 해야 한다.

④ 직무순환을 통한 직접경험과 교육훈련을 통한 간접경험이 모
두 경력에 해당된다.

정답 18 ② 19 ③

20 경력관리의 기본적 체계에 대한 설명으로 옳은 것은?

① 경력목표 : 구성원 개개인의 목표 및 욕구와 조직의 목표 및 욕구가 합치될 수 있도록 각 개인의 경력을 개발하고 지원해 주는 활동을 말한다.

② 경력경로 : 조직구성원의 경력목표를 달성하기 위해 구성원이 헤쳐 나가야 할 직무와 그 동안에 수행해야 할 교육 프로그램을 설정하고 이러한 경력목표가 현실화될 수 있도록 활동으로 옮기는 것을 의미한다.

③ 경력계획 : 구성원 개개인이 경력상 도달하고 싶은 미래의 직위를 말한다.

④ 경력개발 : 개인이 경력을 쌓는 과정에서 수행하게 되는 여러 직무들의 배열을 의미한다.

21 다음 내용에 해당하는 경력개발의 단계는 무엇인가?

> 선택한 직업분야에서 정착하려고 노력하며, 후에는 하나의 직업에 정착하는 단계라 할 수 있다. 또한, 구성원이 조직체에서 성과를 올리고 업적을 축적하여 승진하면서 경력발전을 달성하고 조직체의 경력자로서 조직체에 몰입하는 단계이다.

① 탐색단계
② 확립단계
③ 유지단계
④ 쇠퇴단계

20 ① 경력목표는 구성원 개개인이 경력상 도달하고 싶은 미래의 직위를 말한다.
③ 경력계획은 설정된 경력목표를 달성하기 위한 경력경로를 구체적으로 선택해나가는 과정을 의미한다.
④ 경력개발은 구성원 개인이 경력목표를 설정하고, 달성하기 위한 경력계획을 수립하여, 기업 조직의 요구와 개인의 요구가 합치될 수 있도록 각 개인의 경력을 개발하고 지원해주는 활동을 의미한다.

21 ① 탐색단계 : 조직구성원이 자기 자신을 인식하고, 교육과 경험을 통해서 여러 가지를 실험해 보며 자기 자신에게 적합한 직업을 선정하려고 노력하는 단계
③ 유지단계 : 자기 자신을 반성하며 경력경로의 재조정을 고려하고, 경우에 따라서는 심리적인 충격을 받기도 하는 단계
④ 쇠퇴단계 : 퇴직과 더불어 조직구성원이 자기 자신의 경력에 대해서 만족하고 새로운 생활에 접어드는 단계

정답 20 ② 21 ②

22 제시문은 직무순환(Job Rotation)에 대한 설명이다.
① 역직승진 : 조직구조의 편성과 운영원리에 따라 기업 조직의 특성에 맞는 역할 및 직책 다시 말해 역직에 의한 승진제도를 의미한다.
② 대용승진 : 인사정체가 심할 경우 발생할 수 있는 사기저하를 막기 위해 직위의 상징에 따른 형식적인 승진을 하게 되는 것을 말한다.
③ OC승진 : 승진대상자들에 비해 해당 직위가 부족한 경우에, 조직의 변화를 통해서 직위계층을 늘려서 승진의 기회를 부여하는 방식을 말한다.

22 다음 내용에 해당하는 용어는 무엇인가?

> • 조직이 단순하게 배치를 바꾸는 것이 아니라, 기업이 필요로 하는 시점에 필요한 직무를 계획적으로 체험시키는 인사관리상의 구조를 말한다.
> • 업무 자체의 내용을 변화시키기보다 직군이 다른 업무로의 로테이션, 즉 동종의 직군 안에서 다른 직무로의 로테이션 또는 같은 직군 안에서 다른 곳으로의 로테이션을 말한다.

① 역직승진
② 대용승진
③ OC승진
④ 직무순환(Job Rotation)

23 ① 속인 기준으로는 신분자격승진과 직능자격승진이 있다.
③ 조직변화승진(OC승진)에 대한 내용이다.
④ 직위승진에 대한 내용이다.

23 다음 중 승진의 종류에 대한 설명으로 옳은 것은?

① 속인 기준으로는 역직승진과 직위승진이 해당된다.
② 직능자격승진은 종업원이 가진 보유 지식, 능력, 태도 등의 잠재능력을 평가하여 자격제도상의 상위자격으로 승진시키는 것을 의미하며, 연공주의와 능력주의를 절충한 형태이다.
③ 승진대상자에 비해 승진할 직위가 부족한 경우 조직변화를 통해 조직계층 자체를 늘려 조직구성원에게 승진기회를 확대해주는 승진제도는 역직승진이다.
④ 직무주의적 능력주의에 따라 직무를 분석한 후, 그에 맞게 확립된 직계제도에 따라 직무 적격자를 선정하여 승진시키는 제도는 대용승진이다.

24 ①·②·④ 사외교육훈련(OFF JT)의 장점에 대한 내용이다.

24 사내교육훈련(OJT)의 장점에 대한 설명으로 옳은 것은?

① 다수의 종업원들에게 교육이 가능하다.
② 전문가에게 교육을 받을 수 있다.
③ 실무 위주의 훈련이 가능하다.
④ 현재의 업무와는 별개로 예정된 계획에 따라 실시가 가능하다.

정답 22 ④ 23 ② 24 ③

25 교육 기법에 따른 분류에 대한 설명으로 옳지 <u>않은</u> 것은?

① 액션러닝 : 일정한 장소에서 교육자와 피교육자가 일대일로 훈련하는 방식으로, 수련의 또는 수련공들의 교육 시에 많이 사용된다.

② 역할연기법 : 롤플레잉 기법이라고도 불리며, 다른 직위에 해당하는 구성원들의 특정 역할을 연기해보면서 각각의 입장을 이해하도록 하는 방법을 의미한다.

③ 감수성훈련 : 주로 관리자훈련의 기법으로 사용되며, 나와 타인의 감정을 이해함으로써 집단을 받아들이도록 하는 훈련기법에 해당한다.

④ 그리드훈련 : 관리자 격자훈련이라고도 불리며, 생산에 대한 관심과 인간에 대한 관심을 모두 극대화할 수 있는 가장 이상적 리더인 9.9형을 전개하는 교육훈련 방법을 말한다.

26 맥그리거의 XY 이론 중 Y론적 인간관의 특징에 해당하는 것은 무엇인가?

① 인간은 근본적으로 일하기를 꺼려한다.

② 지시받기를 원하고, 책임에 대해 회피하고자 하는 경향을 보인다.

③ 조직구성원에 대한 통제 및 철저한 감독이 필요하다.

④ 조직의 목표에 동의를 하면 동기부여를 스스로 하여 자기통제 및 자기지시를 발휘한다.

---

25 ①은 도제훈련에 대한 내용이다. 액션러닝은 교육 참가자들이 소규모 집단을 구성하여 팀워크를 바탕으로 경영상 실제문제를 정해진 시점까지 해결하도록 하는 혁신적인 교육기법으로 교육훈련의 제3의 물결이라고도 불린다.

26 ① · ② · ③ X론적 인간관에 해당되는 내용이다.

정답 25 ① 26 ④

27 직무설계의 요소는 크게 3가지로 나누며, 조직적·환경적·행위적 요소로 구분한다. 제시문에 나열된 하위개념들은 각각 ㉠ 조직적 요소, ㉡ 환경적 요소, ㉢ 행위적 요소에 해당한다.

27 직무설계의 요소에 따른 하위개념들에 대한 설명에서 괄호 안의 들어갈 용어를 순서대로 바르게 나열한 것은?

- (㉠) : 기계적 접근법, 작업흐름, 인간공학, 작업관행
- (㉡) : 종업원의 능력과 수급, 사회적 기대
- (㉢) : 과업정체성, 피드백, 과업중요성, 기능다양성, 자율성

	㉠	㉡	㉢
①	조직적 요소	개인적 요소	행위적 요소
②	개인적 요소	환경적 요소	행위적 요소
③	조직적 요소	행위적 요소	개인적 요소
④	조직적 요소	환경적 요소	행위적 요소

28 조직문화는 순기능뿐만 아니라 역기능도 가지고 있으며, 역기능은 다음과 같다.
- 조직구성원들의 환경변화에 따른 적응문제의 발생과 새로운 조직가치 등의 개발이 요구될 시에 내부적으로 대립하게 되는 저항의 문제가 있다.
- 종업원 개개인의 문화와 회사 조직 간 문화의 충돌이 우려된다.
- 타 조직 간의 인수 합병 시에 두 조직문화 간의 갈등으로 인한 충돌이 우려된다.

28 다음 중 조직문화에 대한 설명으로 옳지 않은 것은?

① 조직문화는 일반적으로 조직구성원 간에 공유되고 전수되는 가치관과 신념 및 규범으로서 조직구성원의 행동 형성에 영향을 미치는 요소라고 정의된다.

② 강한 조직문화는 타 조직이 감히 모방할 수 없는 조직 고유의 역량으로서 지속적인 경쟁우위를 가질 수 있는 원천이 된다.

③ 조직문화에 역기능은 없고, 순기능만을 가진다.

④ 조직문화에 의해 조직구성원들에게 공통의 의사결정 기준을 제공하게 되므로, 내부적인 단합과 결속이 유도될 수 있다.

정답 27④ 28③

29 다음 중 성과급제에 대한 설명으로 옳지 <u>않은</u> 것은?

① 종업원에게 합리성 및 공정함을 제공하고, 종업원들의 작업능률을 꾀할 수 있다.

② 종업원의 직무성과의 양이나 질에 관계없이 실제 노동에 종사한 시간에 따라 임금을 지급하는 제도를 말한다.

③ 종업원 작업성과에 따라 임금을 지급해서 종업원들의 노동률을 자극하려는 제도를 말한다.

④ 작업량 위주의 방식으로 흘러가서, 제품의 품질 저하가 나타날 수 있다.

30 다음 내용에 해당하는 카페테리아식 복리후생제도의 종류는 무엇인가?

> 종업원 개개인에게 주어진 복리후생의 예산 범위 내에서 종업원들 각자가 자유롭게 복리후생의 항목들 중에서 선택하도록 하는 제도를 말한다.

① 선택적 지출 계좌형
② 핵심 추가 선택형
③ 모듈형
④ 홀리스틱 복리후생

---

29 ②는 시간급제에 대한 설명이다.

30 ② 핵심 추가 선택형 : 복리후생에 대한 핵심항목들을 기업이 제공하고, 추가된 항목들에 대해서 각 종업원들에게 선택권을 부여하는 것을 말한다.
③ 모듈형 : 기업 조직이 몇 개의 복리후생 내용들을 모듈화시켜서 이를 종업원들에게 제공한 후에, 각 종업원들이 자신들에게 제일 적합한 모듈을 선택하도록 하는 것을 말한다.
④ 홀리스틱 복리후생 : 종업원들이 전인적 인간으로서 균형된 삶을 추구할 수 있도록 지원하는 제도로, 조직·개인·가정의 삼위일체를 통한 삶의 질 향상을 강조하고 있는 제도이다.

정답 29 ② 30 ①

31 제시문은 스톡옵션(Stock Option)에 대한 내용이다.
① 종업원지주제도(Employee Stock Ownership Plans ; ESOPs) : 근로자들이 자기회사의 주식을 소유함으로써 자본의 출자자로서 기업경영에 참여하는 제도를 말한다.
② 성과배분참가 : 기업이 생산성 향상에 의해 얻어진 성과를 배분하는 제도를 말한다.
③ 노사협의제 : 노동자 및 사용자 대표가 서로 간의 분쟁을 피하기 위해 일상적인 대화로써 협의점을 찾고자 설치한 제도를 말한다.

31 **다음 내용에 해당하는 경영참가 방식은 무엇인가?**

> 기업이 경영자 및 종업원에게 장래의 자사 주식을 사전에 약정된 가격으로 일정수량을 일정기간 내에 매입할 수 있도록 권리를 주는 제도를 말한다.

① 종업원지주제도(Employee Stock Ownership Plans ; ESOPs)
② 성과배분참가
③ 노사협의제
④ 스톡옵션(Stock Option)

32 ② 사기조사(Morale Survey)에 대한 내용이다.
③ 종업원 상담제도(Employee Coun-selling)에 대한 내용이다.
④ 사기조사 중 통계적 방법에 대한 내용이다. 고충처리제도는 기업에서 근로조건이나 대우에 대해 종업원이 갖는 불평이나 불만사항 등을 접수하여 처리하는 제도이다.

32 **다음 중 인간관계 관리제도의 종류와 그 설명이 올바르게 연결된 것은?**

① 제안제도(Suggestion System) : 기업 조직체의 운영이나 작업의 수행에 필요한 여러 가지 개선안이나 아이디어 등을 일반 종업원들로 하여금 제안하도록 하는 제도이다.
② 종업원 상담제도(Employee Counselling) : 사기의 상태나 사기를 저해할 수 있는 요소들을 밝혀가는 과정을 의미한다.
③ 사기조사(Morale Survey) : 조직 내에서 종업원이 문제를 스스로 해결할 수 있도록 도움을 줄 목적으로 종업원과 함께 문제를 토론해서 해결해 나가는 것을 말한다.
④ 고충처리제도 : 종업원의 직무활동과 성과를 기록하여 계속적으로 그려지는 추세와 갑작스런 변화에 주의하여 종업원들의 근로의욕 및 태도 등을 파악하는 방법에 해당하며 다양한 지표를 가지고 조사한다.

정답 31 ④ 32 ①

33 숍(Shop) 시스템 중 근로자 채용 시 비조합원도 자유롭게 고용할 수 있으나, 일단 고용된 노동자는 일정기간 내에 노동조합에 반드시 가입하여야 하며, 만약 가입을 거부하거나 제명될 시 기업으로부터 해고를 당하게 되는 제도는 무엇인가?

① 에이전시 숍(Agency Shop)
② 유니언 숍(Union Shop)
③ 메인터넌스 숍(Maintenance Shop)
④ 프리퍼렌셜 숍(Preferential Shop)

33 ① 대리기관 숍 제도라고도 불리며, 조합원이 아니더라도 채용된 모든 종업원들이 노동조합에 일정액의 조합비를 납부하도록 하는 제도이다.
③ 조합원 유지 숍 제도라고도 하며, 노동조합에 가입된 이후 일정기간 동안 조합원 자격을 유지해야 하는 제도이다.
④ 특혜 숍 제도라고도 하며, 종업원 채용 시 조합원들에게 채용에 대한 우선권을 부여하는 제도이다.

34 노동쟁의의 유형에 대한 표에서 괄호 안에 들어갈 용어를 순서대로 나열한 것은?

유형	해당 내용
(㉠)	노동조합 안에서의 통일적 의사결정에 따라 근로계약상 노동자가 사용자에게 제공해야 할 의무가 있는 근로의 제공을 거부하는 쟁의 수단을 의미한다.
(㉡)	노동조합이 형식적으로는 노동력을 제공하지만 의도적으로 불성실하게 노동을 제공함으로써 작업능률을 저하시키는 행위를 의미한다.
(㉢)	노조의 쟁의행위를 효과적으로 수행하기 위한 것으로, 이는 비조합원들의 사업장 출입을 저지하고, 이들이 파업에 동조하도록 호소하여 사용자에게 더 큰 타격을 주기 위해 활용되는 것을 말한다.

	㉠	㉡	㉢
①	파업	태업	피켓팅
②	태업	파업	피켓팅
③	피켓팅	태업	파업
④	파업	준법투쟁	피켓팅

34 각각 ㉠ 파업(Strike), ㉡ 태업, ㉢ 피켓팅(Piketting)에 대한 설명이다. 준법투쟁은 노동조합이 법령·단체협약·취업규칙 등의 내용을 정확하게 이행한다는 명분하에 업무의 능률 및 실적을 떨어뜨려 자신들의 주장을 받아들이도록 사용자에게 압력을 가하는 집단행동을 의미한다.

정답 33 ② 34 ①

35 ①·② 성과배분참가에 해당한다.
④ 의사결정참가에 해당한다.

35 경영참가제도의 종류 중 자본참가에 해당하는 제도는 무엇인가?

① 생산성 이득배분(Gain Sharing)

② 이윤분배제도(Profit Sharing)

③ 종업원지주제도(Employee Stock Ownership Plans ; ESOPs)

④ 노사협의제(Join Consultation Committees)

36 ①·② 실사의 기준(Standards of Field Work)에 해당한다.
④ 보고기준(Standards of Reporting)에 해당한다.

36 인적자원감사기준 중 '일반기준(General Standards)'에 대한 설명에 해당하는 것은?

① 감사는 시기적절하게 계획이 짜여져야 한다.

② 존재하고 있는 내부통제에 대한 적절한 연구 및 평가는 반드시 있어야 한다.

③ 감사자들은 자신들의 정신자세에 있어 독립적인 자세를 가져야 한다.

④ 문제점 개선을 위한 뚜렷한 목표의 제시가 되어야 한다.

37 ① A 감사(Administration)에 대한 설명이다.
③·④ C 감사(Contribution)에 대한 설명이다.

37 ABC 감사에 대한 내용 중 'B 감사(Budget)'에 대한 설명으로 옳은 것은?

① 인적자원정책의 경영 측면(내용)을 대상으로 실시되는 감사를 의미한다.

② 인적자원정책의 경제 측면(비용)을 대상으로 실시되는 예산 감사를 의미한다.

③ 인적자원관리의 효과를 대상으로 하는 감사를 말한다.

④ 인적자원과 관련한 제반 정책들의 실제효과를 대상으로 조사하고, 이를 종합하여 새로운 정책을 수립하는 데 있어 유용한 자료를 제공한다.

정답 35 ③ 36 ③ 37 ②

38 다음 내용에서 괄호 안에 들어갈 인적자원관리 이론은 무엇인가?

> (   )을 통해 경영이나 조직에 대한 안목이 폐쇄체계에서 개방체계로 바뀌게 되었으며, 조직에서의 복잡한 개념을 하위시스템으로 구분하여 보다 쉽게 이해할 수 있도록 하였다.

① 인간관계론
② 과학적 관리론
③ 행동과학론
④ 시스템이론

39 전략적 인적자원 스태프의 역할 중 종업원 옹호자로서의 역할에 대한 설명으로 옳은 것은?

① 종업원들에게 발생하는 각종 문제들을 이해하고 해결해 나가며, 종업원들의 조직에 대한 사기를 높이고 그들에게 조직몰입을 하도록 해 줌으로써 결국엔 해당 조직의 성과에 기여하게 하는 것을 말한다.

② 경영 관리자와 종업원들을 위해 필요로 하는 각종 서비스 및 지원을 하는 역할을 수행할 수 있도록 하는 것을 말한다.

③ 인적자원 스태프가 조직 내 각종 변화를 일으키고, 종업원들의 능력을 개발시키는 역할을 담당한다.

④ 인적자원 스태프가 조직의 전략과정에 참여함으로써 인적자원관리를 기업의 경영전략과 맞물리게 하는 활동을 한다.

38 ① 인간관계론 : 기업 조직구성원들의 심리적·사회적인 욕구와 기업조직 내의 비공식집단 등을 중요시하며, 기업 조직의 목표 및 조직구성원들의 목표 간 균형의 유지를 지향하는 민주적이면서 참여적인 관리 방식을 추구하는 이론이다.
② 과학적 관리론 : 과학 및 과학적 방법을 활용한 합리화와 능률성의 극대화를 기반으로 하는 관리법이다.
③ 행동과학론 : 조직의 공식적·비공식적 측면을 모두 고려하여 인간의 활동을 과학적으로 분석하며 객관적으로 연구하고 측정하여 생산성 및 인간성을 동시에 추구하고자 한 이론이다.

39 ② 행정전문가로서의 역할에 대한 설명이다.
③ 변화담당자로서의 역할에 대한 설명이다.
④ 전략적 동반자로서의 역할에 대한 설명이다.

정답 38 ④ 39 ①

40 ① 인적자원관리기법 : 종업원들이 기업 조직의 인사 정책을 변화시키거나 이를 분석 가능하도록 하는 연구방법을 의미한다.
③ 인간관계기법 : 조직 내 종업원들의 인간관계를 향상시키고자, 집단 또는 개개인 간의 상호작용을 통해 문제를 효율적으로 처리할 수 있는 능력을 키우는 데 그 목적이 있다.
④ 기술 구조적 기법 : 조직의 생산성·효율성 등을 높이기 위한 기술 구조적인 개입을 의미한다.

40 다음 내용에 해당하는 전략적 인적자원관리에 의한 조직변화 기법은 무엇인가?

> 기업 조직 내 구조 및 전략, 문화 등의 내부 환경과 조직 외부환경과의 적합성을 이루기 위한 조직개발 프로그램을 의미한다.

① 인적자원관리기법
② 전략적 기법
③ 인간관계기법
④ 기술 구조적 기법

정답 40 ②

제 1 장

인사관리의 기초개념

교육은 우리 자신의 무지를 점차 발견해 가는 과정이다.

– 윌 듀란트 –

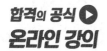
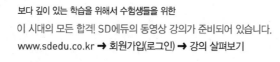

제 1 장 | 인사관리의 기초개념

조직의 목적을 달성하기 위하여 효율적으로 활용하여야 하는 자원 중에서 인적자원의 획득 및 개발에 관한 활동으로 '기업의 장래 인적자원의 수요를 예측하여, 기업전략의 실현에 필요한 인적자원을 확보하기 위해 실시하는 일련의 활동'이라고 정의되고 있다. 다시 말해, 조직이 필요로 하는 인력을 조달, 유지, 개발, 활용하는 활동을 계획하고 통제하는 관리활동의 체계로서 그 목표를 수행하는 활동의 효과성, 효율성과 긴밀한 관계를 가진다.

제1절 인사관리의 의의와 성격

(1) 인적자원관리의 개념

통상적으로 인적자원관리(Human Resource Management)는 조직을 구성하는 구성원들이 스스로 조직의 목적 달성에 있어 적극적으로 기여하도록 유도함으로써 조직의 발전과 함께 조직 구성원 개개인의 안정과 발전도 아울러 달성케 하는, 조직에서 사람을 다루는 철학과 이를 실현하는 제도 및 기법의 체계를 말한다. 즉, 인적자원관리는 조직 목표달성에 있어 필요한 업무를 제대로 수행할 수 있는 인력을 찾아 해당 조직에 참여시키며, 그 인력이 해당 업무에 잘 적응해서 능력을 표출할 수 있도록 이끄는 과정이라 할 수 있다.

☑ 참고 인적자원관리(Human Resource Management)

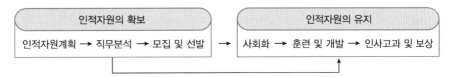

(2) 인적자원관리의 중요성

기업 조직에 있어 인적자원관리는 해당 **기업의 추후 성과를 나타내는** 활동이기에 그 중요성 또한 매우 크다고 할 수 있다. 무엇보다도, 기업 조직에 있어서의 인적자원관리는 해당 **기업이 추구하는 목표 및 이를 이루기 위한 종업원 개개인의 행복을** 양립시키는 데 있어 근본이상이 있다고 할 수 있다.

(3) 인적자원관리의 성격 기출

① 기업 조직의 인적자원관리에 있어서의 **관리대상은 인간이다.** 개인의 기업 조직에 대한 노동력을 가지는 사람들의 의지에 의해 조직에 대한 기여도는 크거나 또는 작을 수 있다. 그래서 중요한 것은 이러한 인간의 의지를 발현할 수 있도록 하는 인간의 의지관리라 할 수 있다. 이러한 의지는 개인의 조직발전에 대한 능력의 발휘로 나타난다.

② 인적자원관리의 **주체는 인간이다.** 조직의 운영자는 인적자원관리에 필요한 각종 제도를 받아들임에 있어 인간의 인격 및 경험 등의 영향을 받게 된다. 그러므로 조직 운영자들이 생각하는 그들의 생각이나 능력 등은 조직 내 전반적인 인적자원관리의 특징을 나타내며, 이러한 것들은 쉽게 변화하기에는 다소 힘든 제약으로 나타날 수 있다.

③ 인적자원관리는 **주체 및 객체가 모두 인간이며, 이들의 상호작용관계로 볼 수 있다.** 즉, 경영환경을 감싸고 있는 사회적 전통이나 그에 따르는 조건 등의 영향에서 빠져나갈 수가 없다는 것이다. 결국, 이러한 전통 및 사회적 조건들이 인적자원관리의 주체 및 대상 등에 공통적으로 영향을 미치고, 그로 인해 똑같은 문화적 특성을 공유하면서, 공통적인 문화를 만들어 나가는 경향이 있다는 것이다.

④ 인적자원관리는 현 상태보다, 상태의 조작에 따른 **조직목적에 부합하는 제도 등을 만들어 운영해** 나감을 그 특징으로 하고 있다. 다시 말해, 인적자원관리는 현 조직원들이 가지는 개개인의 능력 및 특성의 활용도 중요하지만, 그와 동시에 개개인의 능력과 특성을 발전적으로 변화시켜 나가는 것이 무엇보다도 중요하다.

☑ 참고 현대적 인사관리와 전통적 인사관리의 비교 [기출]

구분	현대적 인사관리	전통적 인사관리
강조점	조직목표와 개인목표의 조화	조직목표만을 강조
중점	경력중심 인사관리	직무중심 인사관리
안목	인력을 육성·개발하는 장기적 안목	주어진 인력을 활용하는 단기적 안목
인간관	주체적, 자율적인 Y론적 인간관	소극적, 타율적인 X론적 인간관
노동조합	노사 간 상호협동에 의한 목적달성	노동조합의 억제(부정)

제2절 인사관리자의 역할 [기출]

인적자원관리자는 기업 조직의 불필요한 비용의 제거 및 해당 조직의 효율성을 높이고, 직무를 보다 잘 수행할 수 있는 방법을 찾는 활동 등을 하게 된다. 다시 말해 인적자원관리자는 효과적인 인적자원관리를 위해 이에 해당하는 관리 프로세스를 효율적으로 설계하고, 인적자원관리의 분야에 있어 '전문가'가 되어야 한다.

(1) 내부 관계에서의 역할

① **최고 경영자층에 대한 역할**

㉠ 인적자원관리자는 최고 경영자층의 정보원천이 되어야 한다. 이를 위해서 인적자원관리자는 기업 조직의 분위기 및 풍토가 어떤지, 조직 구성원들에게 영향을 끼치는 여러 가지 활동 및 의사결정 등에 대해 사람들은 어떤 생각 및 태도를 보이는지, 조직구성원들이 무엇을 생각하고 있는지 등에 대해서 분석·종합하여 최고 경영자층에 보고하여야 한다.

ⓛ 인적자원관리자는 최고 경영자층에 **실력 있는 인재**를 추천함과 동시에 그에 따르는 **공평한 평가 기준 및 신념**을 가지고 있어야 한다.

ⓒ 인적자원관리자는 최고 경영자층과의 잦은 접촉으로 인한 의견 충돌을 줄여야 하고, 동시에 발생되는 문제에 대해 **문제해결자로서의 역할**도 수행하여야 한다.

ⓔ 인적자원관리자는 종업원들의 인사부문이나 또는 노사관계에 있어서도 조직 구성원이나 경영자층의 어느 한쪽만을 지지하는 모습을 지양해야 하고, 설령 다루기 싫은 문제라고 해서 일선에서 알아서 처리하도록 하는 **책임에 대한 회피를 없애야** 한다.

② **조정자(부문 간 조정)로서의 역할**

ⓐ 기업 조직에서는 수직·수평적인 부분에서도 구성원들은 서로 각기 다른 생각 및 관점을 가진다. 이렇듯 인적자원관리자는 서로 **다른 관점의 생각을 조율하는 역할**을 수행한다. 예를 들면 어느 한 부서 사원의 불평 등을 해당 부서의 장들이 잘못 이해하는 일이 발생했을 때, 인적자원관리자는 이들 간의 커뮤니케이션을 조정 및 중재하는 역할을 수행하는 것이다.

ⓑ 인적자원관리자는 조정자로서 자신이 마주치는 여러 집단들의 입장과 요구사항 등을 이해해야 하고, 그런 각 집단들의 상황을 직시하여 어느 한 집단의 생각이 타 집단에 제대로 전달될 수 있도록 해서 집단 간의 **부정적인 마찰을 줄이는 교량역할**을 수행한다.

ⓒ 인적자원관리자는 조직 내 여러 부서에서 발생하는 문제가 무엇인지를 빠르게 파악하여 관련 문제가 발생한 부서에게 해당 부서의 문제점 등을 정확히 전달해야만 한다. 그럼으로써, 기업 조직 내의 부서 및 집단 간의 갈등 및 문제를 줄일 수 있다.

③ **라인(종업원)에 대한 서비스 역할**

ⓐ 인적자원관리자는 라인(종업원)에 대해서 인적자원관리자로서의 조언 등을 하게 된다. 하지만 전통방식의 스태프로서 기능은 조언에서 끝이 나고, 그 다음의 지시 및 결정 등은 하지 않지만, 요즘의 경영환경에서는 수동적인 역할만을 수행한다는 것은 너무나 비현실적이다.

ⓑ 인적자원관리자의 수동적 역할은 결국에 관리자로서의 지위 약화를 가져오고, 이는 다시 라인으로 하여금 인적자원관리자의 도움을 얻으려고 하는 욕구를 저하시킨다. 따라서 조직 안에서의 역학관계를 배려한 적절한 역할의 수행이 요구되는 것이다.

(2) 외부 관계에서의 역할 [기출]

① **경계연결자로서의 역할** : 기업 조직에 있어 인적자원관리자는 경영 외부환경과의 경계 연결의 역할을 수행한다. 또한, 이들은 소속 조직을 대표하는 특성을 가지는데, 그 이유는 인적자원관리자는 조직의 상황을 잘 인지하고 있기 때문이다. 또한, 인적자원관리자는 조직외부와 사회의 가치관 등을 해당 조직에 도입하는 역할을 수행한다. 이는 인간이 조직의 일원에서만 그치는 것이 아닌, 사회적 존재로서의 의미도 가지기 때문이다.

② **변화담당자로서의 역할** : 인적자원관리자는 스스로가 수행해야 하는 기본적인 역할 외에도 기술적·사회적인 변화에도 대응할 수 있도록 인간에 대해 관련된 각종 제도 등을 바꾸는 변화담당자로서의 역할도 수행한다. [기출]

제3절 인사관리의 전개과정

(1) 생산성 강조 시대

① **테일러의 과학적 관리론(Scientific Management Theory)** 기출

㉠ 테일러의 과학적 관리론은 기업 조직에 있어 **기획과 실행의 분리**를 기본으로 한다. 특히, 테일러에게 있어서 계획이라는 것은 관리자의 몫이고, 이것에 대한 실행은 노동자들의 몫이었다. 테일러는 노동은 집단적인 것이 아닌 개인적인 활동을 뜻하며, 또한 그렇게 취급되어야 한다는 견해를 가지고 있었다. 그래서 이러한 과학적 관리론은 종업원들에 대한 동기부여에 있어서 종업원 개개인의 물질적인 이익에 호소하는 차별적 성과급제를 원칙으로 하고 있다.

㉡ 테일러는 자신의 조직관리 이론이 산업전반의 갈등에 대한 과학적인 해법이라고 주장하였는데, 그가 말하는 능률적인 작업방식은 기업 조직의 생산성을 높임과 동시에, 종업원들에게 적절한 보상이 뒤따를 것이라 판단했기 때문이다.

㉢ 테일러의 과학적 관리론은 **기계적·폐쇄적 조직관 및 경제적 인간관**이라는 가정을 기반으로, 기업 조직의 기술주의 사고방식을 뿌리내리게 하고 이를 확대 적용시킴으로써 권위주의적인 조직관으로의 이행을 촉진시켰다는 비판을 받고 있다. 하지만 가장 큰 문제는 사람이 사회심리적 존재임에도 불구하고, 이를 인정하지 않고 관심을 두지 않았다는 데 있었다. 이렇듯 과학적 관리론은 **인간의 신체를 기계처럼 생각하고 취급하는 철저한 능률위주의 관리이론이다.**

㉣ 테일러의 과학적 관리론의 4가지 원칙 기출

• 주먹구구식의 방법을 대체할 수 있는 개개인별 작업요소에 대한 과학을 개발한다.

• 조직의 종업원들을 과학적으로 선발한 후에 종업원들에게 과학적인 교육 및 훈련, 개발을 시킨다.

• 일련의 모든 작업들이 과학적인 원리에 따라 실행될 수 있도록 확인하기 위해서 종업원들과 진심으로 협력한다.

• 운영자와 종업원 간의 책임을 균등하게 배분하고, 종업원들에게는 높은 임금을, 운영자에게는 많은 이익창출의 효과를 줌으로써 운영자와 노동자 모두에게 번영을 줄 것이라고 주장한다.

㉤ 과학적 관리론의 내용

• 시간 및 동작연구 : 종업원들의 하루 작업량(표준과업)을 과학적으로 하기 위해서 시간연구·동작연구를 하였다.

• 차별성과급제 : 테일러는 종업원들에 대한 임금도 작업량을 달성한 사람에게는 높은 임금을 주고, 그렇지 못한 사람에게는 낮은 임금을 적용하는 등의 능률증진을 꾀하였다.

• 종업원 선발 및 교육 : 과학적 관리론에 부합하는 근로자에 대한 선발방식 및 교육훈련 방식을 마련하였다.

• 직능식 제도와 직장제도 : 공장의 조직을 기존의 군대식에서 직능식으로 바꾸고, 직장제도를 끌어들여 종업원들과 운영자가 서로의 직책에 따라 업무를 수행하여 일을 하고 협력할 수 있게 하였다.

② **포드 시스템(Ford System)** 기출

㉠ 개념 : 포드는 1914년 자신이 소유하고 있던 자동차 공장에 컨베이어 시스템(Conveyor System)을 도입하여 대량생산을 통한 원가를 절감할 수 있었다. 포드의 컨베이어 시스템은 모든 작업을 단순작업으로 분해하여 분해된 작업의 소요시간을 거의 동일하게 하여 일정한 속도로 이동하는 컨베이어로 전체 공정을 연결하여 작업을 수행하였는데, 이렇게 컨베이어 시스템을 도입함으로 인해 대량생산이 가능하였고, 더 나아가 자동차의 원가를 절감하여 그로 인한 판매가격을 인하시킬 수 있었다. 이러한 유동작업을 기반으로 하는 새로운 생산관리 방식을 포드 시스템(Ford System) 또는 동시관리(Management by Synchronization)라고 한다.

㉡ 구체적 내용

- 포드 시스템은 테일러의 과학적 관리론보다 진화된 것이지만, 이 두 가지 방식은 모두 시간연구와 동작연구를 기반으로 하고 있다. 하지만 이념에 있어 뚜렷한 차이를 나타내고 있다. 테일러는 저임금에 의한 이윤추구를 종업원과 경영자가 서로 대립각을 세우는 관계라고 말하는 반면에, 포드는 자신의 경영이념을 사회에 봉사하는 것으로 기준을 정하고, 이러한 경영이념을 달성하기 위해 경영의 지표로 저가격, 고노무비(Low Price, High Pay)를 주 내용으로 삼았다. 다시 말해, 포드는 제품 및 서비스를 저렴하게 소비자들에게 제공함으로써 이를 소비자들에 대한 봉사로 인식하고, 또한 노동자들에게는 고임금을 지불함으로써 봉사를 하겠다는 것이었다. 그러나 이러한 저가격과 고노무비는 서로 상충관계(Trade Off Relation)에 있기 때문에 지금까지의 생산방법에 의해서는 달성이 불가능하다고 판단하고, 새로운 생산방식인 동시관리에 의해서 가능하다는 것임을 발표했다.
- 포드는 기업을 영리조직이 아닌 사회의 봉사기관으로 보았으며, 경영의 목적을 이윤 극대화가 아닌 사회에 대한 봉사로 보았다. 그러나 포드가 기업의 이윤을 부정한 것은 아니다. 오히려 기업에 있어서 이윤이라는 것은, 사회에 대한 봉사의 대가로 기업의 존속성과 발전을 위해서는 반드시 필요한 요소라고 인정하였다. 하지만 포드의 기업의 이윤 관점은 사회에 대한 봉사가 이윤에 선행되어야 한다는 점에서 과거에 추구하던 이윤과는 분명 차이가 있는 것이다.
- 포드는 자신의 경영이념을 실천하기 위해서는 경영합리화에 의해서만 달성이 가능하다고 주장을 하면서, 경영합리화의 구체적인 방법으로 생산의 표준화와 이동조립법의 실시를 언급하고 있다.

> ☑ **참고** **생산의 표준화와 이동조립법**
> - 생산의 표준화 : 포드가 주장하는 벨트컨베이어 시스템에 의한 이동조립법에 의해 생산을 하기 위해서 무엇보다도 생산의 표준화가 선행되어야 한다. 생산 표준화의 내용은 제품의 표준화, 제품구조의 단순화, 제조공정의 전문화 등이 있다.
> - 이동조립법의 실시 : 과거의 조립작업은 정지조립법이었는데 이는 작업 대상물이 정지하여 있고 작업자가 이동하는 방법이다. 이러한 정지조립법의 문제점은 부품이나 재료의 운반과 공구의 준비 및 처리 등에 있어 상당한 시간과 노력을 소비한다는 것이다. 정지조립법의 불필요한 노동량을 줄이고, 그에 따른 불필요한 노동력을 줄이기 위해서 포드는 이동조립법을 고안하였다. 하지만 이런 방법의 경우에 생산과정이 고도로 기계화되므로 노동자들의 숙련의 필요성이 계속적으로 감소되어, 사회적으로 볼 때 결국 노동을 평준화시키고 노동자들을 단순한 기계의 일부분으로 전락시켜서 기술 발전에 저해요소로 작용을 한다는 문제점이 있다.

> **더 알아두기**
>
> 테일러와 포드 시스템의 비교
>
> | 테일러(F. W. Taylor) | 포드(H. Ford) |
> |---|---|
> | • 테일러리즘
• 과업관리
• 차별적 성과급 도입 – 객관적인 과학적 방법을 사용한 임률
• 표류관리를 대체하는 과학적 관리방법을 도입, 표준화를 의미
• 작업의 과학화와 개별생산관리
• 인간노동의 기계화 시대 | • 저가격 · 고임금의 원칙
• 동시관리
• 작업조직의 철저한 합리화에 의하여 작업의 동시적 진행을 기계적으로 실현하고 관리를 자동적으로 전개
• 컨베이어 시스템, 대량생산 시스템
• 공장 전체로 확대
• 인간의 작업능력에 의해서가 아닌 기계에 의하여 인간의 작업을 좌우 |

(2) 인간성 중시 시대

① 인간관계론(Human Relations Approach) 기출

기존의 기업 조직의 경영은 과학적 관리론에 입각한 능률 위주였으므로 노동자들은 오로지 생산을 위한 기계화 또는 부품화된 도구에 지나지 않았다. 그래서 인간의 어떠한 주체성이나 개성 등은 당연히 무시되었던 것이다. 하지만, 산업이 발달하고 기업의 대규모화가 진전되어 감에 따라 능률을 위주로 한 기업의 생산성은 점차 한계점에 도달했음을 인식하게 되었고, 과학적 관리론에 대한 회의 및 불평, 불만이 일어나기 시작했으며 그것이 불안전하고 비합리적이라는 사실을 증명하기에 이르렀다. 다시 말해 기업조직 안에서 종업원 개개인의 존재는 경제 논리적인 존재가 아니라, 단지 협력 체제라는 사회적 인간관의 시각에서만 인정되었으며, 이는 종업원의 사회 · 심리적인 욕구를 충족시킴으로써 기업의 생산성이 상승될 수 있다는 인식을 갖게 하는 계기가 되었다. 이러한 기업의 인간화가 곧 인간관계론의 출발점이 되었던 것이다.

○ 메이요의 호손 실험
- 성립계기 : 인간관계론은 1924년부터 1932년에 걸쳐 미국의 시카고에 있는 호손 공장에서 호손 실험을 실시한 결과를 토대로 발전되었는데, 호손 실험은 하버드 대학의 심리학 교수였던 메이요(Elton Mayo) 교수가 중심이 되어 이루어졌다.
- 내용
  인간관계론의 요지는 기업 조직구성원들의 생산성은 생리적 또는 경제적 유인으로만 자극을 받는 것이 아니라, 사회 · 심리적 요소에 의해서도 크게 영향을 받는다는 것이다. 이러한 비경제적 보상을 위해서는 대인관계, 비공식적 집단 등을 통한 종업원들의 사회 · 심리적 욕구의 충족이 중요함과 동시에 이를 위해서는 조직 내에서의 의사전달 및 참여가 존중되어야 한다. 이 같은 인간관계론은 현대 조직이론에 지대한 영향을 미쳤다.
- 호손 실험 결과의 의미
  - 종업원들의 작업능률을 결정하는 것은 단순히 종업원들에게 임금 또는 노동시간 등의 노동 조건 또는 조명, 환기와 같은 작업환경으로서의 물리적인 조건보다는 그 반대로 실질적으로 일을 하는 종업원들이 느끼는 감정 및 그들이 취하는 태도에 있다.

- 종업원 개개인의 감정 및 태도를 결정하는 것은 사회적 환경, 개인적 환경이나 종업원이 속한 비공식조직의 힘 등이다.
- 물리적 측면의 개선에 의한 효과보다는 종업원들에게 있어 그들이 가지는 심리적인 요소들이 더 중요하다.
- 기업 조직 내의 비공식조직이 공식조직에 비해서 생산성 향상에 있어 주요한 역할을 한다.

(3) 생산성 및 인간성의 동시 추구 시대(행동과학) 기출

기존의 과학적 관리론과 인간관계론이 종업원들의 사회적 관계와 공식적 구조의 영향을 무시했기 때문에 나타나는 여러 가지 단점을 보완하기 위해서 행동과학 이론은 이들의 근접을 융합하고, 더불어 이는 인간관계에 대한 연구의 결과들이 행동과학 이론을 성립시키는 계기가 되었다. 이것은 인간과 노동력, 성과와 만족 등이 따로따로가 아닌 동시적이면서도 서로 조화를 이루어야 한다는 것이다. 다시 말해, 행동과학이론에서는 조직에서 인간의 행위에 영향을 미치는 각종 다양한 요소들의 중요성을 강조하고 있다.

제4절 인사관리의 연구접근법

(1) 인적자원 접근법

이 관점에서는 인간에 대한 무한한 능력이 인정되고, Y 이론의 인간관이 더해지면서 종업원에 대한 지속적인 능력개발과 동기부여 등이 상당히 중요한 요소로 작용하고 있다. 동시에 이러한 접근법은 조직의 종업원들을 미래의 잠재적인 자원으로 파악하고 있으며, 또한 기업 조직과 종업원들을 같이 존중하고, 한발 더 나아가 종업원들에 대한 능력을 향상시키는 데에 있어서 그 책임은 경영자에게 있다.

(2) 과정 접근법

기업 조직에서 인적자원관리의 제반 기능과 조직 내 인력들의 흐름을 기반으로, 연구과제를 설정, 분석하는 것을 말한다. 다시 말해, 새로운 인력의 확보에서부터 그가 이직에 이르는 각 과정들에 대해서 관리하는 절차를 말한다. 이 방식의 대표적 학자인 플리포는 이를 관리기능 및 업무기능으로 분류하고, 인적자원관리자는 조직의 업무기능과는 별개로 관리의 기본적인 기능들을 수행해야 한다고 했다. 그러한 관리기능으로 계획, 지휘, 조직, 통제를 들었고, 업무기능으로는 확보, 개발, 보상, 통합, 유지, 이직 등을 들었다. 또한, 이 접근법은 기능을 중요시하므로 기능적 접근법이라고도 한다.

(3) 시스템 접근법

인적자원관리를 하나의 시스템 관점에서 바라보고, 인적자원관리시스템을 설계하려는 것으로, 각각의 하위시스템들을 묶어서 하나의 전체적인 연결을 갖도록 하는 방법이다. 이 접근법에 대한 대표적인 학자로는 피고스와 마이어스, 데슬러 등이 있다.

※ 다음 지문의 내용이 맞으면 ○, 틀리면 ✕를 체크하시오. [1~8]

01 기업 조직의 인적자원관리에 있어 관리대상은 인간이다. (   )

02 인적자원관리의 주체는 인간이고, 객체는 기계이다. (   )

03 전통적 인사관리는 조직목표와 개인목표의 조화를 강조한다. (   )

04 인간관계론은 인간의 신체를 기계처럼 생각하고 취급하는 철저한 능률위주의 관리이론이다.

(   )

05 전통적 인사관리는 직무중심의 인사관리에 중점을 둔다. (   )

06 과학적 관리론의 주된 내용으로는 차별성과급제, 시간 및 동작연구, 직능식 제도와 직장제도 등이 있다. (   )

07 포드는 기업을 사회봉사기관이 아닌 영리조직으로 파악하였다. (   )

08 호손 실험의 결과 기업 조직 내 공식조직이 비공식조직에 비해 생산성 향상에 있어 주요한 역할을 한다. (   )

정답과 해설 01 ○ 02 ✕ 03 ✕ 04 ✕ 05 ○ 06 ○ 07 ✕ 08 ✕

02 인적자원관리의 주체 및 객체는 모두 인간이다.
03 전통적 인사관리는 조직목표만을 강조한다.
04 과학적 관리론은 인간의 신체를 기계처럼 생각하고 취급하는 철저한 능률위주의 관리이론이다.
07 포드는 기업을 영리조직이 아닌 사회의 봉사기관으로 파악하였다.
08 호손 실험의 결과 기업 조직 내 비공식조직이 공식조직에 비해 생산성 향상에 있어 주요한 역할을 한다.

01 다음 내용이 설명하는 것은?

> 기업의 장래 인적자원의 수요를 예측하여, 기업전략의 실현에 필요한 인적자원을 확보하기 위해 실시하는 일련의 활동이다.

① 회계관리
② 마케팅관리
③ 물류관리
④ 인적자원관리

01 인적자원관리는 조직의 목표를 이루기 위해 사람의 확보, 개발, 활용, 보상 및 유지를 하며, 이와 더불어 계획, 조직, 지휘, 통제 등의 관리체제를 이룬다.

02 다음 중 인적자원관리의 성격에 대한 설명으로 틀린 것은?

① 인적자원관리의 주체는 조직이다.
② 인적자원관리에 있어서의 관리대상은 인간이다.
③ 인적자원관리는 주체 및 객체가 모두 인간이다.
④ 인적자원관리는 조직목적에 부합하는 제도 등을 만들어 운영해 나간다.

02 인적자원관리의 주체는 인간이다.

03 인적자원관리자의 최고 경영자층에 대한 역할로 옳지 않은 것은?

① 문제해결자로서의 역할을 수행한다.
② 인재의 추천 및 공평한 평가기준에 따른 신념을 가져야 한다.
③ 상황에 따라 책임에 대한 회피를 할 수 있다.
④ 최고 경영자층의 정보원천이 되어야 한다.

03 인적자원관리자는 책임에 대한 회피를 없애야 한다.

정답 (01 ④ 02 ① 03 ③)

04 인간성의 중요성을 부각시킨 이론은 메이요의 호손 공장의 실험에서부터 이다.

04 테일러의 과학적 관리론에 대한 설명으로 옳지 <u>않은</u> 것은?

① 인간의 신체를 기계처럼 생각하고 취급하는 철저한 능률위주의 관리이론이다.
② 기업 조직에 있어 기획과 실행의 분리를 기본으로 한다.
③ 기계적·폐쇄적 조직관 및 경제적 인간관이라는 가정을 기반으로 한다.
④ 인간성의 중요성을 부각시킨 대표적인 이론이다.

05 과학적 관리론의 주요 내용
• 시간 및 동작연구
• 차별성과급제
• 과학적 관리론에 부합하는 종업원의 선발 및 교육
• 직능식 제도와 직장제도

05 과학적 관리론의 주요 내용으로 틀린 것은?

① 차별성과급제
② 직능식 제도 및 직장제도
③ 인간성의 존중
④ 시간 및 동작연구

06 메이요 교수를 중심으로 펼쳐진 호손 실험은 인간성의 중요성을 부각시킨 인간관계론의 출현을 성립시키는 실험이었다.

06 다음 실험이 의미하는 것과 관련이 있는 것은 무엇인가?

> 1924년부터 1932년에 걸쳐 미국의 시카고에 있는 호손 공장에서 호손 실험을 실시한 결과를 토대로 발전되었는데, 호손 실험은 하버드 대학의 심리학 교수였던 메이요(Elton Mayo) 교수가 중심이 되어 이루어졌다.

① 과학적 관리론
② 인간관계론
③ 행동과학론
④ 시스템이론

정답 04 ④ 05 ③ 06 ②

07 다음 중 현대의 인적자원관리는 어느 단계에 속하는가?

① 조직목표의 강조
② 생산성의 강조
③ 인간성의 강조
④ 생산성 및 인간성의 조화

07 인적자원관리의 단계
1기(생산성의 강조) → 2기(인간성의 강조) → 3기(생산성 및 인간성의 조화)

08 현대의 인적자원관리에서 인적자원이념으로 가장 적절한 것은 무엇인가?

① 기계론적 인간관
② X 이론 인간관
③ Y 이론 인간관
④ 경제인적 인간관

08 현대 사회에서의 인적자원관리에 대한 이념은 Y 이론 인간관이라 할 수 있다.

09 다음 중 시스템 접근법을 강조한 학자가 <u>아닌</u> 것은?

① 피고스
② 마이어스
③ 데슬러
④ 테일러

09 시스템 접근법을 주장한 학자로는 피고스, 마이어스, 데슬러 등이 있다.

10 다음 중 인사관리 연구접근법 중에서 과정 접근법을 강조한 학자는?

① 테일러
② 플리포
③ 메이요
④ 마이어스

10 과정 접근법을 주장한 학자는 플리포이다.
① 테일러 – 과학적 관리론
③ 메이요 – 인간관계론
④ 마이어스 – 시스템 접근법

정답 07 ④ 08 ③ 09 ④ 10 ②

⇥ 전통적 인사관리와 현대적 인사관리의 비교

구분	현대적 인사관리	전통적 인사관리
강조점	조직목표와 개인목표의 조화	조직목표만을 강조
중점	경력중심의 인사관리	직무중심 인사관리
안목	인력을 육성·개발하는 장기적 안목	주어진 인력을 활용하는 단기적인 안목
인간관	주체적, 자율적인 Y론적 인간관	소극적, 타율적인 X론적 인간관

⇥ 과학적 관리론

- 기계적·폐쇄적 조직관 및 경제적 인간관이라는 가정
- 인간 신체를 기계처럼 생각하고 취급하는 등 철저한 능률위주의 관리이론
- 시간 및 동작연구, 차별성과급제, 직능식 제도와 직장제도

⇥ 인간관계론

- 종업원의 사회, 심리적인 욕구를 충족시킴으로써 기업의 생산성이 상승될 수 있다는 인식을 갖게 하는 계기
- 구성원들의 생산성은 생리적 또는 경제적 유인으로만 자극을 받는 것이 아니라, 사회·심리적 요소에 의해서도 크게 영향을 받는다는 것과 이러한 비경제적 보상을 위해서는 대인관계, 비공식적 집단 등을 통한 종업원들의 사회·심리적 욕구의 충족이 중요함과 동시에 이를 위해서는 조직 내에서의 의사전달 및 참여가 존중되어야 하는 것

⇥ 행동과학론

- 인간과 노동력, 성과와 만족 등이 동시적이면서도 서로 조화를 이루어야 한다는 것
- 조직에서 인간의 행위에 영향을 미치는 각종 다양한 요소들의 중요성을 강조

⇥ 과정 접근법

기업 조직에서 인적자원관리의 제반 기능과 조직 내 인력들의 흐름을 기반으로 연구과제를 설정, 분석하는 것

⇥ 시스템 접근법

인적자원관리를 하나의 시스템 관점에서 바라보고, 인적자원관리시스템을 설계하려는 것

제 2 장

인사관리의 개념모형

교육이란 사람이 학교에서 배운 것을 잊어버린 후에 남은 것을 말한다.

− 알버트 아인슈타인 −

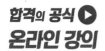
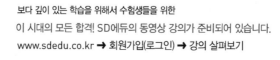

제 2 장 │ 인사관리의 개념모형

제1절 │ 인사관리 개념모형의 설계

(1) 개념모형의 의미

인사관리 개념모형은 기업 조직의 목적을 달성하기 위해, 인적자원에 대한 '확보 → 개발 → 활용 → 보상 → 유지' 등의 일련 과정을 계획 및 조직하고 이를 통제하는 체제이다.

(2) 인적자원관리

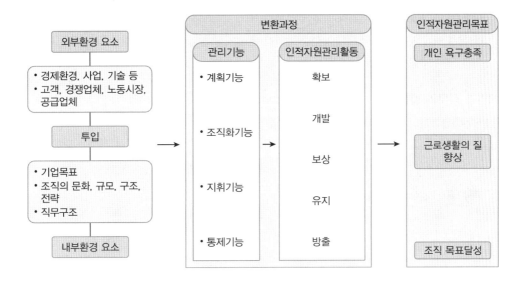

> ☑ **참고** 인적자원관리의 모형
> • 개념모형은 인적자원에 대한 '확보 → 개발 → 활용 → 보상 → 유지 활동' 등이 체계적으로 이루어져 가는 것을 나타낸다.
> • 개념모형은 종업원 개개인과 직무 사이의 통합적 가능성을 나타낸다.
> • 개념모형은 추후에 인적자원관리활동을 조정하는 기초자료로서 활용된다.
> • 개념모형은 인적자원관리가 개방체제적인 시각에서 이루어져야 한다는 것을 나타낸다.

(3) 인적자원관리의 활동 `기출`

① **인적자원의 확보** : 인적자원관리 과정에서 가장 먼저 이루어지는 과정이며, 기업 조직의 목표를 달성함에 있어서 필요한 인력의 내용 및 수를 조직이 확보해 나가는 과정이다. 이 단계에서는 주로 인적자원의 (충원) 계획에 따른 모집이나 선발 및 배치관리가 주로 이루어진다.

② **인적자원의 개발** : 확보단계에서 선발된 인력이 자신의 능력을 최대로 끌어올리도록 하는 단계로서 조직의 유효성을 올리는 과정이다. 이 단계에서는 주로 종업원들의 경력관리 및 이동·승진관리, 그들의 교육훈련 등의 내용이 이루어진다.

③ **인적자원의 활용** : 실력이 향상된 조직 구성원들을 효과적으로 활용하기 위해 구성원들의 능력에 맞는 해당 조직의 설계 및 그에 맞는 조직문화와 조직분위기(조직풍토)의 조성이 필요한 과정이다. 이 단계에서는 주로 조직 입장에서의 효율적인 조직설계 및 직무에 대한 설계 등의 내용이 이루어진다.

④ **인적자원의 보상** : 업무에 있어 활용되고 있는 종업원들의 공헌에 대해 이를 공정하게 보상을 하는 과정이다. 이 단계에서는 주로 종업원들에 대한 임금 및 복지후생관리의 내용이 이루어진다.

⑤ **인적자원의 유지** : 기업 조직에서 종업원들이 직무를 수행함에 있어서 나타나는 여러 가지 문제점들을 헤쳐 나가고, 그들이 최대의 능력을 발휘할 수 있게끔 종업원들을 유지하는 과정이다. 이 단계에서는 주로 구성원들의 인간관계관리 또는 노사관계관리 등의 내용이 이루어진다.

(4) 개인과 직무의 결합

① **직무측면에서의 특성(직무요건 및 직무보상)**

㉠ 직무요건 : 기업 조직의 입장에서, 해당 직무를 수행하기 위해 요구되는 기능을 말한다.

㉡ 직무보상 : 해당 직무에서 나타나게 되는 결과를 의미한다.

> ☑ **참고** **직무특성 모형**

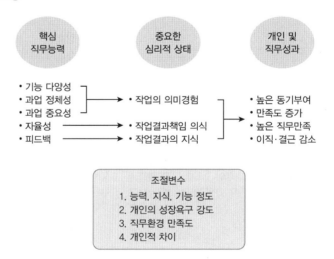

(5) 인적자원관리의 결과

인적자원관리에서의 결과는 종업원들의 유효성의 기준이나 지표를 대표하는데, 이러한 인적자원관리 결과에는 직무만족, 직무성과, 높은 출근율과 근속기간 등이 포함된다.

① **직무만족** : 조직구성원인 개인은 직무에 있어 연관되는 보상을 찾아감으로써, 스스로가 충족시키고 자 하는 어떤 특정한 욕구를 가지고 있다는 것을 기초로 한다.

② **직무성과** : 조직구성원인 종업원들이 훨씬 더 효율적으로 일을 할수록 기업 조직에 대한 공헌도가 점점 커진다.

③ **높은 출근율 및 근속기간** : 종업원들의 해당 조직 및 직무에 대한 지속적인 몰입을 나타내 주는 것으로, 끊임없이 과업을 수행하게 하는 역할을 한다.

제2절　인사관리의 목표와 방침

(1) 인적자원의 목표 [기출]

① **생산성목표** : 조직구성원인 종업원들의 만족과 같은 인간적인 면보다는 그들에게 주어진 과업 자체를 달성하기 위한 조직의 목표를 의미한다. 즉, 전통적 인적자원관리의 목표라고 할 수 있다.

② **유지목표** : 기업 조직의 과업이 아닌 단지 조직자체의 유지 및 인간적인 면에 관련한 목표라 할 수 있다.

(2) 근로생활의 질(Quality of Work Life) 충족 [중요]

직장과 근로 현장에서 질을 높이려는 QWL의 주요목적은 구성원들이 수행하는 직무를 재구성하여 만족을 느끼도록 유도하고 그 직무를 통하여 자신을 개발할 수 있는 기회를 제공하는 데 있다. QWL을 실시하기 위해서는 장기간의 시간이 소요되고 많은 전문 인력 등을 필요로 하는데, 시간과 인력의 부족으로 인하여 제대로 수행되지 못하는 경우가 많다. 또한 이는 경영자들이 변화담당자에게 권한을 이양하는 것을 꺼리기 때문에 실시하는 데 많은 어려움을 가지고 있는 문제점이 있다.

> **더 알아두기**
>
> **근로생활의 질(Quality of Work Life)** [중요] [기출]
> 산업화에 따른 종업원들의 작업의 전문화 및 단순화에서 나타나는 단조로움, 소외감, 인간성 상실 등에 대한 반응 또는 빠르게 변화하는 경영환경 아래에서의 새로운 기술의 발달로 인한 업무환경의 불건전성 등의 문제에 대한 반응으로 나타난 개념이다. 이는 기업 조직에서 인적자원관리자가 근로생활의 질을 충족시켜 줌으로써, 기업조직의 목표와 구성원인 개개인의 목표를 함께 추구하게 된다.

(3) 인적자원관리 이념

① **개념** : 조직의 경영자가 인간(조직 내 종업원)을 다루기 위한 기본적인 사고방식을 의미한다. 다시 말해, 조직의 경영자가 구성원인 종업원들을 경영 목적에 합류시키기 위해 경영활동에서 보여지는 일관된 성향으로 표현된다.

② **내용**

  ㉠ 현대의 경영에 있어 구성원인 개인 및 조직을 어떠한 방식으로 통합하느냐의 문제에 대한 해결방 안은 기존과는 다른 새로운 경영이념에 의해서 가능하다.

  ㉡ 현대의 경영이념 및 인적자원 이념의 형태는 민주적 유형이어야 하고, 이는 맥그리거의 Y 이론 및 리커트의 관리시스템 4를 지향해야 한다.

  ㉢ 인적자원관리 이념이 효율적으로 사용되기 위해서는 주관적 신념인 동시에 객관적 타당성이 존 재해야만 한다.

③ **인적자원관리 방침** : 기업 조직의 인적자원관리 이념을 이루기 위한 인적자원관리 활동의 기본원칙 및 방향을 의미한다. 이러한 인적자원관리 방침은 기업 조직의 입장에서 보면, 합리적이어야 하고, 조직 구성원인 종업원들의 동의를 얻어 내야 하는 측면에서 이 2가지 내용을 충족시키지 않으면 안 된다.

> **☑ 참고** **인적자원관리 방침의 기준** 기출
> • 기업 조직의 내·외부의 모든 관점에서 인적자원에 대한 공정성을 평가받아야 한다.
> • 미래에 대한 상황을 예측한다.
> • 경영철학을 반영한다.
> • 갑자기 발생하는 상황에 대해 그에 맞는 대응책을 제시할 정도로 현실성이 있어야 한다.
> • 배후의 의도에 대해 종업원들에게 제대로 이해되어야 한다.

제3절   인사관리의 환경 기출

(1) 인적자원관리의 내부환경

통상적으로 인적자원관리의 내부환경으로는 크게 노동력 구성의 변화, 가치관의 변화 및 조직규모의 확대 등으로 구분된다.

① **노동력 구성의 변화** : 현재의 사회에서는 종업원들의 노동력에 있어 그 구성체제가 기존과는 다른 양상을 띠고 있는데, 그러한 문제들로는 종업원들의 연령문제에 있어서의 고령화 문제와 그에 따른 기업의 인건비 지급의 부담, 기존과는 달라진 전문직·관리직의 증가, 여성노동인력의 참여 및 증 가, 파견직 및 임시직(비정규직)의 증가 등이 있다.

② **가치관의 변화** : 현대의 인적자원관리에서 어떠한 조직보다는 종업원 개개인을 우선시하는 경향이 뚜렷해지는 방향으로 가치관의 변화가 일어나고 있다. 또한 노동의 가치관 변화 및 개인중시 경향과 더불어 민주주의의 확대에 따른 구성원들의 어려움을 줄이는 것이 기업조직의 새로운 숙제로 등장하였는데, 이러한 것들을 줄이고자 직무의 재설계 및 대인관계 개선방안의 도입, 종업원들에 대한 객관적 평가 제도 도입, 종업원들의 승진이나 보상기준 등의 재정립, 마지막으로 종업원들의 근로생활에 있어서의 질의 향상이라는 내용을 안고 있다.

③ **조직규모의 확대** : 조직규모의 확장에 따른 인적자원관리의 직능분화는 뒤따라 생겨나는데, 첫 번째 단계는 기업 조직의 경영자와 관리자 사이의 조직 계층적 분화가 있고, 두 번째 단계는 전문적인 부분으로서의 인적자원관리 담당부서의 탄생을 보게 되는 것이라 할 수 있다.

(2) 인적자원관리의 외부환경

통상적으로 인적자원관리의 외부환경으로는 정부개입의 증대, 경제여건의 변화, 노동조합의 발전, 정보기술의 발전 등으로 구분된다.

① **정부개입의 증대** : 기업 조직에 대한 정부의 개입은 종업원들에 대한 각종 내용(채용, 임금인상, 성별 및 학력에 의한 보수의 차이 등)에 걸쳐 영향을 미치게 된다.

② **경제여건의 변화** : 해당 국가 경기의 호·불황은 기업 조직의 인적자원관리에 영향을 미치게 되는데, 경기가 호황일 경우에는 노동인력의 확보, 승진 및 복지후생, 임금 등의 고용조건들에 있어서 향상을 가져오는 반면에, 경기가 불황일 경우에는 사회적 실업을 야기시킨다.

③ **노동조합의 발전** : 기업 조직 노동조합의 진척에 따라 인사스태프의 충원 및 인적자원관리의 기능분화 및 규정화, 제도화 등의 인적자원관리에 있어 체계적인 정비가 이루어진다.

④ **정보기술의 발전** : 정보기술의 발달로 인해 인적자원관리의 정보화 및 인력의 효율화가 요구되고 있는 가운데, 기업 조직의 사무자동화 및 공장자동화를 추진하기 위한 지식 및 기술 등을 겸비한 인재를 선발하고, 그에 따른 투자를 적극적으로 이행해야 한다.

○✕로 점검하자 | 제2장

※ 다음 지문의 내용이 맞으면 ○, 틀리면 ✕를 체크하시오. [1~6]

01 인적자원관리의 개념모형은 인적자원에 대한 '확보 → 활용 → 개발 → 유지 → 보상활동' 등이 체계적으로 이루어져 가는 과정을 나타낸다. ( )

02 근로생활의 질(QWL)은 기업 조직이 목표와 개인의 목표를 동시에 추구해야 한다는 것을 의미한다. ( )

03 인적자원관리의 내부환경으로는 정부개입의 증대, 경제여건의 변화, 노동조합의 발전 등이 있다. ( )

04 인적자원관리의 외부환경으로는 종업원들의 노동력 구성의 변화, 조직규모의 확대 등이 있다. ( )

05 인적자원관리 모형은 인적자원관리가 개방체제적인 시각에서 이루어져야 한다는 것을 의미한다. ( )

06 인적자원관리 개념모형은 직무와 종업원 사이의 개별적인 가능성을 나타낸다. ( )

정답과 해설   01 ✕   02 ○   03 ✕   04 ✕   05 ○   06 ✕

01 인적자원관리의 개념 모형은 인적자원에 대한 '확보 → 개발 → 활용 → 보상 → 유지활동' 등이 체계적으로 이루어져 가는 과정을 나타낸다.
03 인적자원관리의 내부환경으로는 가치관의 변화, 조직규모의 확대 등이 있다.
04 인적자원관리의 외부환경으로는 경제여건의 변화, 노동조합의 발전, 정보기술의 발전 등이 있다.
06 인적자원관리 개념모형은 직무와 종업원 사이의 통합적인 가능성을 나타낸다.

01 다음 중 인적자원관리 모형에 대한 설명으로 옳지 <u>않은</u> 것은?

① 직무와 종업원 개개인의 통합을 나타낸다.

② 개방적인 시각에서 이루어져야 한다.

③ 인적자원관리에 대한 체계적인 활동의 흐름을 나타낸다.

④ 인적자원을 조정하는 자료로서 활용되지 않는다.

01 인적자원관리의 개념모형은 추후에 인적자원관리 활동을 조정하는 기초 자료로서 활용된다.

02 다음 중 인적자원관리 활동의 전개과정으로 옳은 것은?

① 확보 → 활용 → 개발 → 유지 → 보상

② 확보 → 개발 → 활용 → 보상 → 유지

③ 확보 → 유지 → 보상 → 개발 → 활용

④ 확보 → 보상 → 유지 → 활용 → 개발

02 인적자원관리의 활동(전개과정)
인적자원의 확보 → 개발 → 활용 → 보상 → 유지

03 다음 내용이 의미하는 것은?

> 직장과 근로 현장에서 질을 높이려는 것으로 주요목적은 구성원들이 수행하는 직무를 재구성하여 만족을 느끼도록 유도하고 해당 직무를 통하여 자신을 개발할 수 있는 기회를 제공하는 데 있다.

① 인적자원관리

② 과업의 향상

③ 근로생활의 질

④ 인간관계론

03 산업화에 따른 종업원들 작업의 전문화 및 단순화에서 나타나는 단조로움, 소외감, 인간성 상실 등에 대한 반응으로 나타난 개념이다.

정답 (01 ④ 02 ② 03 ③)

04 인적자원관리의 목표는 조직과 개개인의 목표를 기반으로 생산성의 향상 및 QWL의 향상이 있다.

04 다음 중 인적자원관리의 목표와 거리가 먼 것은 무엇인가?

① 조직목표만의 강조
② 종업원 개개인의 목표 및 조직목표와의 조화
③ QWL의 충족
④ 유지목표와 생산성 목표의 조화

05 맥그리거의 X 이론은 전통적인 경영이념에서 지향하고 있는 이론이다.

05 현 인적자원이념 및 경영이념에 대한 설명으로 틀린 것은 무엇인가?

① 리커트의 관리시스템 4를 지향해야 한다.
② 민주적이어야 한다.
③ 맥그리거의 X 이론을 지향해야 한다.
④ 맥그리거의 Y 이론을 지향해야 한다.

06 현대의 경영이념 및 인적자원이념의 형태는 민주적 유형이어야 하고, 이는 맥그리거의 Y 이론 및 리커트의 관리시스템 4를 지향해야 한다.

06 다음 설명에서 괄호 안에 들어갈 내용으로 적절한 것은?

> 통상적으로 인적자원관리 이념은 X 이론과 Y 이론으로 나누어지는데, 현대의 기업들에게 요구되는 인적자원관리로서의 이념은 (   )이다.

① Y 이론
② C 이론
③ A 이론
④ X 이론

정답 (04 ① 05 ③ 06 ①)

07 다음 내용이 의미하는 것은?

> 기업 조직의 인적자원관리 이념을 이루기 위한 인적자원관리 활동의 기본원칙 및 방향을 의미한다.

① 인적자원관리 이념
② QWL
③ 인적자원관리 방침
④ 인적자원관리 환경

08 다음 중 인적자원관리의 내부환경 요소로 옳지 <u>않은</u> 것은?

① 조직규모의 확대
② 가치관의 변화
③ 정부개입의 증대
④ 노동력 구성의 변화

09 다음 중 인적자원관리의 외부환경 요소로 옳지 <u>않은</u> 것은?

① 정보기술의 발전
② 노동력 구성의 변화
③ 노동조합의 발전
④ 경제여건의 변화

07 인적자원관리 방침은 기업 조직의 입장에서 보면 합리적이어야 하고, 조직 구성원인 종업원들의 동의를 얻어내야 한다.

08 정부개입의 증대는 인적자원관리의 외부환경 요소에 속한다.

09 노동력 구성의 변화는 인적자원관리의 내부환경 요소에 속한다.

정답 07 ③　08 ③　09 ②

→ 인사관리 개념모형

인적자원 확보 → 개발 → 활용 → 보상 → 유지

→ 인적자원관리의 결과

- 직무만족
- 직무성과
- 높은 출근율 및 근속기간

→ 근로생활의 질(Quality of Work Life)

산업화에 따른 종업원들 작업의 전문화 및 단순화에서 나타나는 단조로움, 소외감, 인간성 상실 등에 대한 반응 또는 빠르게 변화하는 경영환경 아래에서의 새로운 기술의 발달로 인한 업무환경의 불건전성 등의 문제에 대한 반응으로 나타난 개념

→ 인적자원관리의 내부환경

- 노동력 구성의 변화
- 가치관의 변화
- 조직규모의 확대

→ 인적자원관리의 외부환경

- 정부개입의 증대
- 경제여건의 변화
- 노동조합의 발전
- 정보기술의 발전

→ 인적자원관리 방침의 기준

- 기업 조직의 내·외부의 모든 관점에서 인적자원에 대한 공정성을 평가받아야 한다.
- 미래에 대한 상황을 예측한다.
- 경영철학을 반영한다.
- 갑자기 발생하는 상황에 대해 그에 맞는 대응책을 제시할 정도로 현실성이 있어야 한다.
- 배후의 의도에 대해 종업원들에게 제대로 이해되어야 한다.

제 3 장

직무분석과 직무평가

우리 인생의 가장 큰 영광은 결코 넘어지지 않는 데 있는 것이 아니라
넘어질 때마다 일어서는 데 있다.

– 넬슨 만델라 –

제 3 장 │ 직무분석과 직무평가

기업 조직에서 효율적인 인사관리를 하려면 무엇보다도 먼저 직무분석을 하여 직무를 정의하고, 이를 바탕으로 필요한 인력에 대한 계획을 하고 선발, 배치, 평가, 이동, 훈련 및 보상을 해야 하는 것을 원칙으로 해야 한다. 다시 말해, 사람 중심의 관리가 아닌 일 중심의 인사관리를 하기 위해서는 기본적으로 직무분석이 선행되어야 함을 의미한다. 일반적으로 직무와 연관된 정보는 직무의 내용, 조건에 대한 정보로 나누어 볼 수 있다. 직무라는 말은 흔히 쓰는 용어이지만, 세분화시켜 보면 상당히 복잡한 개념이 될 수 있다. 직무는 기업 조직의 목표를 이루기 위해 조직과 인간을 연결시켜 주는 가교의 역할을 수행하고 조직에서 없어서는 안 될 중요한 요소이다. 다시 말해 직무가 모여서 기업 조직을 형성하고, 직무를 통해서 조직의 목표가 달성된다고 할 수 있다. 직무분석은 직무를 이해하려는 노력이라 할 수 있다. 이러한 이해과정의 결과로 직무기술서(Job Description) 및 직무명세서(Job Specification)도 도출되는 것이다. 직무기술서와 직무명세서는 직무를 이해시키기 위한 하나의 커뮤니케이션 수단이지 직무분석의 대명사가 되는 것은 아니다. 하지만 이런 기본적인 전제가 무시되는 경우가 많다. 이는 직무에 대한 고찰이 조직 전체의 맥락에서 이루어지고 있지 않기 때문이라 할 수 있다. 우리나라 기업의 경우에는 과업이 없는 것이 문제라기보다는 과업을 수행해야 할 타당성을 상식적으로 설명할 수 있는 정보의 부재가 문제다. 조직과 직무를 수행하는 사람 사이에 부족한 커뮤니케이션을 활발하게 진행하기 위해서는 직무정보에 대한 정확한 창출 작업이 중요하다고 할 수 있다. 직무분석을 하게 되면 각 개별 직무에 대하여 정보들을 얻게 되어 조직과 개인 간의 커뮤니케이션이 명확해진다.

제1절 직무분석

(1) 직무분석의 개념 [기출]

직무분석이란 직무의 성격, 내용에 연관되는 각종 정보를 수집·분석·종합하는 활동을 말한다. 즉, 기업 조직이 요구하는 일의 내용들을 정리·분석하는 과정을 의미한다.

(2) 직무분석의 목적 [기출]

인사관리를 합리적으로 수행하기 위해서는 직무를 중심으로 하여 직무와 인간의 관계를 명확하게 밝혀야 한다. 그러기 위해서는 우선 각 직무의 내용과 특질을 정확하게 파악해야 한다. 정리하면, 직무분석은 **사람 중심의 관리가 아닌 일 중심의 인사관리를 하기 위해서 기본적으로 직무분석이 선행되어야 한다.**

☑ 참고   직무분석에서의 기초개념 중요 기출

구분	개념
과업 (Task)	과업은 기업 조직에서 **독립된 목적으로 수행되는 하나의 명확한 작업 활동을** 의미한다. 직무분석에서는 가장 최소의 단위를 의미한다. 예 버스를 운전하는 것, 비행기를 조종하는 것 등
직위 (Position)	특정 시점에서 특정 조직의 한 개인이 수행하는 하나 또는 그 이상의 의무로 구성된다. 그러므로 직위는 특정 **개인에게 부여된 모든 과업의 집단을** 의미한다. 다시 말해, 여러 가지 과업들을 모으게 되면 한 사람 이상의 작업자들이 필요 하게 되는데, 결국 이 한 사람에게 할당된 작업의 집단을 직위라고 한다. 예 어느 사무실의 총무부에 3명의 경리가 존재하면, 3명이 '경리'라는 직위를 가지고 있는 것이며, 이에 대한 직무는 '경리'의 한 가지라는 의미이다.
직무 (Job)	직무란 작업의 종류 및 수준이 비슷한 **직위들의 집단을** 의미하며, 직책이나 직업상의 맡은바 임무를 의미한다. 어떤 경우에는 유사한 직위가 없기 때문에 한 직위만으로 이루어지기도 한다.
직군 (Job Family)	직군은 비슷한 종업원의 특성을 요구하거나 또는 비슷한 과업을 포함하고 있는 두 가지 이상 **직무의 집단을** 말한다. 다시 말해, 유사한 직무들의 집합이다. 예 마케팅직군, 물류직군, 영업직군 등
직무기술서 (Job Description)	직무기술서란 직무분석의 결과를 토대로 직무수행과 관련된 과업 및 직무행동을 일정한 양식에 따라 기술한 문서를 의미한다. 여기에는 직무의 내용과 범위, 각 직무별 필요로 하는 전문지식이나 전문기술 또는 권한이나 책임, 직원들의 인원수 등 관리하는 조직의 규모 등을 상세하게 기재한다.
직무명세서 (Job Specification)	직무명세서란 직무분석의 결과를 토대로 특정한 목적의 관리절차를 구체화하는 데 있어 편리하도록 정리하는 것으로, 이는 각 직무수행에 필요한 종업원들의 행동, 기능, 능력, 지식 등을 일정한 양식에 기록한 문서를 의미하며, 특히 인적요건에 초점을 둔다.

(3) 직무분석의 절차 및 방법 중요

① **직무분석의 절차** : 직무분석의 절차는 분석에 필요한 배경정보 수집, 대표직위의 선정, 직무정보의 획득, 직무기술서 작성, 직무명세서 작성 등의 총 5가지의 과정을 거친다. 기출

ㄱ 배경정보 수집 : 예비조사의 단계로서, 기업의 조직도·업무분장표·존재하는 직무기술서와 직무명세서 등과 같은 사용 가능한 배경정보를 수집하는 것을 말한다.

ㄴ 대표직위 선정 : 비용이나 시간 등의 문제로 인해 통상적으로 이를 대신할 수 있는 대표직위를 선정해서 이를 중점적으로 분석해 나가는 것을 말한다.

ㄷ 직무정보 획득 : 직무정보의 획득 단계를 일반적으로 직무분석이라고 하는데, 이는 각 직무의 성격이나 직무수행에 있어 필요한 각 종업원들의 행동 및 인적조건 등을 분석하는 단계를 말한다.

ㄹ 직무기술서 작성 : 기존 단계에서 취합한 정보를 토대로 직무기술서를 만드는 단계인데, 여기에서는 각 직무의 주요한 특성 및 각 직무의 효과적인 수행에 필요로 하는 활동 등에 대해 기록한 문서를 의미한다.

ㅁ 직무명세서 작성 : 종업원들에 대해 각 직무수행에 있어 요구되는 인적자질, 특성 및 지능, 경험 등을 구체적으로 기술한 문서를 말한다.

② **직무분석의 방법** : 직무분석의 방법에는 관찰법, 면접법, 질문지법, 중요사건 서술법, 작업 기록법, 워크 샘플링법 등이 있다. 더불어서 직무분석 시에 목적과 특정 조직에서 현실적으로 적용 가능한 방법인지를 반드시 고려해서 가장 효과적인 방법을 선택해야 한다. `기출`

ⓐ 관찰법(Observation Method) : 직무분석자가 직무수행을 하는 종업원의 행동을 관찰한 것을 토대로 직무를 판단하는 것으로서, 간단하게 실시할 수 있는 반면에 정신적 집중을 필요로 하는 업무의 활용에는 다소 어려우며 피관찰자의 관찰을 의식한 직무수행 왜곡으로 인해 신뢰성의 문제점이 생길 수 있다.

ⓑ 면접법(Interview Method) : 해당 직무를 수행하는 종업원과 직무분석자가 서로 대면해서 직무 정보를 취득하는 방법으로서, 적용직무에 대한 제한은 없으나, 이에 따른 면접자의 노련미가 요구되며, 피면접자가 정보제공을 기피할 수 있다는 문제점이 생길 수 있다.

ⓒ 질문지법(Questionnaire) : 질문지를 통해 종업원에 대한 직무정보를 취득하는 방법으로서, 이의 적용에는 제한이 없으며 그에 따르는 시간 및 비용의 절감효과가 있는 반면에 질문지 작성이 어렵고 종업원들이 무성의한 답변을 할 여지가 있다.

ⓓ 중요사건 서술법(Critical Incidents Method) : 종업원들의 직무수행 행동 중에서 중요하거나 또는 가치가 있는 부분에 대한 정보를 수집하는 것을 말하며, 장점으로는 종업원들의 직무행동과 성과 간의 관계를 직접적으로 파악이 가능한 반면에 시간 및 노력이 많이 들어가고 해당 직무에 대한 전반적인 정보획득이 어렵다는 문제점이 있다.

ⓔ 워크 샘플링법(Work Sampling Method) : 관찰법의 방식을 세련되게 만든 것으로서 이는 종업원의 전체 작업과정이 진행되는 동안에 무작위로 많은 관찰을 하여 직무행동에 대한 정보를 취득하는 것을 말한다. 더불어, 이는 종업원의 직무성과가 외형적일 때 잘 적용될 수 있는 방법이다.

ⓕ 작업기록법 : 직무수행자인 종업원이 매일매일 작성하는 일종의 업무일지로 수행하는 해당 직무에 대한 정보를 취득하는 방법으로서, 비교적 종업원의 관찰이 곤란한 직무에 적용이 가능하고, 그에 따른 신뢰성도 높은 반면에 직무분석에 필요한 정보를 충분히 취득할 수 없다는 문제점이 있다.

(4) 직무기술서와 직무명세서

통상적으로, 기업에서 여러 직무분석법 등을 통해 나타난 결과를 토대로 문서화시켜 작성된 것은 **직무기술서**(과업요건에 초점을 맞춤)와 **직무명세서**(인적요건에 초점을 맞춤)로 구성된다.

① **직무기술서(Job Description)** : 종업원의 직무분석 결과를 토대로 직무수행과 관련된 각종 과업 및 직무행동 등을 일정한 양식에 따라 기술한 문서를 의미한다. `기출`

ⓐ 직무기술서에 포함되는 내용
- 직무에 대한 명칭
- 직무에 따른 활동과 절차
- 실제 수행되는 과업 및 사용에 필요로 하는 각종 원재료 및 기계
- 타 작업자들과의 공식적인 상호작용
- 감독의 범위와 성격
- 종업원들의 작업조건 및 소음도, 조명, 작업 장소, 위험한 조건과 더불어 물리적인 위치 등

• 종업원들의 고용조건, 작업시간과 임금구조 및 그들의 임금 형태와 부가적인 급부, 공식적인 기업 조직에서의 직무 위치, 승진이나 이동의 기회 등

ⓒ 직무기술서의 작성 시 주의사항 [기출]

• 기재되어야 하는 **내용과 표현**이 간단명료해야 한다.

• 직무를 정의하기에 앞서, 수행해야 할 일의 성격 및 범위가 정확하게 명시되어야 한다.

• 명확하면서도 **구체적**이어야 한다.

• **감독책임**을 나타내어야만 한다.

> ☑ 참고   직무기술서 양식의 예

직무기술서

직무번호		직무명		소속	
직군		직종		등급	
직무개요					

■ 수행 요건일반

일반요건	남녀별 적성		최적연령범위	
	기초학력		특수자격	
	전공계열		전공학과	
	필요 숙련기간		전환 가능부서/직무	
	기타			
	지식	종류	세부 내용 및 소요정도	
	학술적 지식			

■ 수행업무

직무내용	직무절차 및 방법
교육 프로그램 기획	

② **직무명세서(Job Specification)** : 직무분석의 결과를 토대로 특정한 목적의 관리절차를 구체화하는 데 있어 편리하도록 정리하는 것을 말한다. 각 직무수행에 필요한 종업원들의 행동이나 기능, 능력, 지식 등을 일정한 양식에 기록한 문서를 의미하며, 직무명세서는 특히 인적요건에 초점을 둔다. [기출]

직무명세서 양식의 예

직무명세서

■ 작성자 정보

성별		직책	
작성자		소속	
전화/팩스		근무지	
이메일			

■ 직무명세 정보

직군 및 직렬	
직무	
고용 형태	
직무 개요	
현직무 개시일	
보고자	
필요 교육요건	
필요 자격요건	
인적 요건	
임무 및 책임	
요구 경력	

더 알아두기

직무기술서 및 직무명세서의 차이점
- 직무기술서는 수행되어야 할 과업에 초점을 두며, 이는 직무분석의 결과를 토대로 직무수행과 관련된 과업 그리고 직무행동을 일정한 양식에 기술한 문서를 의미한다.
- 직무명세서는 인적 요건에 초점을 두며, 이는 직무분석의 결과를 토대로 직무수행에 필요로 하는 작업자들의 적성이나 기능 또는 지식, 능력 등을 일정한 양식에 기록한 문서를 의미한다.

---

(5) 직무분석에 있어서의 오류

① **직무환경 변화** : 새로운 공정, 다시 말해 인간과 기계 간의 상호작용이 일어나는 공정의 도입과 연관되어 있다.

② **종업원의 행동변화** : 보통 기업 조직에서의 종업원 행동에 대한 정보의 취득은 어느 한 시점에서 이루어진다.

③ **반응세트** : 사람이 예상하거나 또는 왜곡된 방법으로 질문에 대해서 극히 일률적으로 답할 때 발생한다.

④ **부적절한 표본추출** : 전통적 방법으로 관련된 여러 과업영역 전체를 조사하지 않거나 또는 직무분석 질문지 같은 개괄적인 방법에서 관련한 과업영역을 확실하게 해 두어야 한다.

제2절 직무평가

직무평가는 일반적으로 조직 내에서 각 직무들의 상대적인 크기를 정하는 것이라 할 수 있다. 하지만 모든 기업 조직들이 자신들만의 고유한 목적을 이루기 위해서는 그에 따르는 다양한 기능 및 역할 등을 감수해야 한다. 또한 기업 조직은 각각의 직무에 대해서 기대하는 역할이 있으며, 종업원들이 그러한 역할을 성실히 수행하게 되면 이는 조직에 공헌하게 됨을 의미한다. 이러한 기대역할과 공헌도는 각 직무에 따라 다르다. 일반적으로 조직 안에서 기대되는 공헌도의 크기를 직무의 크기라고 말한다. 결국 여기에서 말하는 직무평가는 기업 조직 안에서 종업원들에게 기대하는 공헌도의 크기를 어느 일정한 기준에 의거해서 이를 각각의 직무별로 정하는 것이라고 할 수 있다.

〈직무평가 방법의 비교〉

비교기준 \ 비교대상	구체적 직무요소	직무전반
직무 대 직무	요소비교법(Factor Comparison Method)	서열법(Ranking Method)
직무 대 기준	점수법(Point Method)	분류법(Classification Method)

(1) 직무평가의 개념

직무평가는 기업 조직에서 각 직무의 숙련도, 노력, 책임, 작업조건 등을 분석 및 평가하여 다른 직무와 비교한 직무의 상대적 가치를 정하는 체계적인 방법을 의미한다.

> ☑ 참고 직무평가의 목적
> • 공정한 임금체계(임금격차)의 확립 : 기업 조직에서의 직무평가는 종업원 직무의 상대적 가치에 따라서 조직의 합리적이면서도 공정한 임금시스템을 마련하는 기반을 제공할 뿐만 아니라, 이는 임금과 연관되는 종업원들 간의 갈등을 최소화시킬 수 있으며 직무급 실시에 있어서 초석이 된다.
> • 종업원들의 적재적소 배치를 실현 : 조직에서 직무의 중요성, 난이도 및 직무의 가치에 따라 종업원의 능력을 기준으로 효과적인 적재적소 배치가 실현가능하다. 다시 말해 직무가치가 높은 직무들에 대해서는 보다 실력 있는 종업원을 배치할 수 있다.
> • 핵심역량 강화지표 설계 : 조직의 직무평가는 직무 그 자체의 가치를 평가하는 것일 뿐, 종업원을 평가하기 위한 것이 아니다. 즉, 직무에 국한된 핵심역량지표를 추출하는 데 강조를 두어야 할 부분이다.
> • 노사 간의 임금협상의 기초 : 합리적인 직무평가의 결과는 노사 간의 임금교섭을 할 때 협상의 초석이 될 수 있다.
> • 인력개발에 대한 합리성 제고 : 조직 인력개발의 주요 수단인 경력경로를 설계할 때 기업 안의 각 직무들 간의 중요성 및 난이도 등의 직무가치 정도에 따라 보다 더 효율적인 이동경로를 설계할 수 있다.

(2) 직무평가의 방법

현재 기업 조직들은 각 직무별 가치에 대한 차별성을 인정하고, 이에 따른 임금수준을 각기 다르게 구성하는 '직무급'을 도입해서 사용하고 있는데, 이렇게 하기 위해서는 이전에 직무평가의 단계가 절대적으로 선행되어야 한다. 동시에 이는 기업에서 어떤 가치판단으로 직무의 가치를 볼 것인가를 결정하는 단계로 어려운 작업이기도 하다.

① **비량적 방법**

㉠ 서열법(Ranking Method) : 직무평가의 방법 중에서 가장 간편한 방법으로, 이는 각 직무의 상대
적 가치들을 전체적이면서 포괄적으로 파악한 후에 순위를 정하는 방법을 말한다. 기출

장점	단점

• 직무평가방법 중에서 가장 쉬우면서도 간편하다.
• 비용이 저렴하다.
	• 평가대상의 직무수가 많으면, 활용하기가 어렵다.
	• 분류법과 마찬가지로 평가 시 평가자의 주관이 개입
	  될 수 있는 비계량적 방법이다.
	• 절대적 성과차이를 구별할 수 없다. 이는 전반적인 평
	  가이기 때문에 종업원들에 대해 피드백을 통한 능력
	  개발에는 한계가 있다.

㉡ 분류법(Job Classification Method) : 등급법이라고도 하는데 이는 서열법을 발전시킨 것으로 미
리 규정된 등급 또는 어떠한 부류에 대해 평가하려는 직무를 배정함으로써 직무를 평가하는 방법
을 말한다. 분류법에 의해 직무평가를 하기 위해서는 직무등급의 수와 각각의 등급에 해당되는
직무의 특성을 명확하게 해 놓은 직무등급 기술서가 있어야 한다. 그 후에 평가자가 평가하려는
직무가 직무등급 기술서상의 어느 등급의 직무하고 비슷한가를 따져서 평가하게 된다. 기출

장점	단점

• 분류법은 서열법보다 직무를 훨씬 더 명확하게 분류
  가능하고, 기업 조직의 직원 및 관리자들이 여러 직무
  사이의 공통적 요소를 발견하기가 수월하다.
• 임금이나 급료문제에 대해 납득이 쉽다.
	• 분류자체에 대한 정확성을 보장할 수 없다.
	• 직무들의 수가 점점 많아지고 내용 또한 복잡해지게
	  되면, 정확한 분류가 어려워진다.
	• 고정화된 등급 설정으로 인해 사회적·경제적·기술
	  적 변화에 따른 유연성이 부족하다.

㉐ 직무등급 기술서

직무등급	특성
1등급	단순하면서도 지극히 반복적인 일, 구체적 지시하에 이루어지며, 그에 따른 훈련 등이 거의 필요치 않으며, 그에 따른 책임이나 재량권이 요구되지 않는다. 예 수위
2등급	단순하면서도 반복적이다. 또한 구체적 지시하에 이루어지며, 그에 따른 훈련 및 기능 등을 필요로 하고, 약간의 책임 및 재량권이 요구된다. 예 컴퓨터 워드프로세서
3등급	단순하면서도 예외적인 일들이 거의 일어나지 않는다. 이는 개략적인 지시하에 이루어지며 약 간의 훈련 및 기능만이 요구되고, 그에 따른 최소한의 책임 및 약간의 주도권이 요구된다. 예 기계에 급유하는 일
4등급	수행하는 작업이 복잡하며, 약간의 예외적인 부분들이 발생한다. 이는 개괄적인 지시하에 이루 어지며, 높은 수준의 기능 또한 요구되는 부분들이다. 또한, 장비나 안전에 대한 각종 책임과 재량권이 요구된다. 예 선반 견습공

5등급	작업이 복잡함과 동시에 변화도 많다. 전반적 지시하에 수행하며 고도의 능력이 요구되는 부분이다. 장비 및 안전부분에 대한 전반적인 책임을 안고 있으므로 이에 따른 고도의 재량권이 요구되는 부분이다. 예 선반 전문가

② **양적 방법**

⊙ 점수법(Point Rating Method) : 각 직무를 여러 가지 구성요소로 나누어서(숙련도, 책임, 노력, 작업조건 등) 중요도에 따라 각 요소들에 점수를 부여한 후에, 그렇게 각 요소에 부여한 점수를 합산해서 해당 직무에 대한 전체 점수를 산출해서 평가하는 방법을 말한다. 그리고 이렇게 결정된 직무의 평가치, 다시 말해 총 점수를 상호비교해서 점수의 대·소에 따라 각각의 직무 단계, 서열을 정하는 것이다. 기출

장점	단점
• 임금률을 알고 있는 분석가가 있기 때문에 왜곡될 우려가 적다. • 종업원 및 감독자 모두 쉽게 이해할 수 있다. • 각 평가요소의 중요도가 사전에 마련되어 있어 평가에 대한 객관성 확보가 쉽다.	• 각 평가요소의 종목의 선택과 가중치를 산정하는 데 있어 어려움이 있다. • 각 평가요소를 선정하는 데 있어 시간과 노력이 많이 소요된다.

> **더 알아두기**
>
> **직무평가 요소**
> • 숙련도(Skill) : 지식, 교육, 경험
> • 노력(Effort) : 정신적·육체적 노력
> • 책임(Responsibility) : 설비책임, 감독책임, 자재책임
> • 직무조건(Job Condition) : 위험도, 작업환경

예 요인, 가중치 척도 점수를 활용한 점수법

요소	등급					가중치
숙련도	1	2	3	4	5	40%
노력	1	2	3	4	5	30%
책임감	1	2	3	4	5	20%
근무환경	1	2	3	4	5	10%

예 직무 ✕

요소	등급					✕	가중치	=	점수
숙련도	1	2	③	4	5	✕	40%	=	120
노력	1	②	3	4	5	✕	30%	=	60
책임감	1	2	3	④	5	✕	20%	=	80
근무환경	1	2	3	4	⑤	✕	10%	=	50
									310

직무 X의 점수 = 310

ⓛ 요소비교법(Factor Comparison Method) : 기업 조직 내에서 가장 기준이 되는 기준직무를 선정하고, 그 다음으로 평가자가 평가하고자 하는 직무에 대한 평가요소를 기준직무의 평가요소와 비교해서 그 직무의 상대적 가치를 결정하는 것을 말한다. 정리하면 직무평가의 한 방법으로서 기업 조직에서 가장 중심이 되는 직위, 즉 대표 직위(Key Position)를 선정해서 대표 직위의 보수액을 평가 요소별로 배분해 제시한 후에, 이러한 보수액의 차이를 직무의 상대적 가치를 나타내는 등급으로 해서 결정하는 기법을 말한다. 요소비교법은 서열법, 분류법, 점수법 등에 비해 늦게 사용된 직무평가 방법인데, 요소비교법은 직위의 상대적 수준을 현재의 임금액과 연관시켜 평가하므로 금액가중치 방식(Money Weight Method)이라 불린다.

장점	단점
• 직무 가치의 기준을 합리적으로 정하면 다른 여러 직무와 비교평가를 할 수 있다. • 평가결과가 임금액으로 나오기 때문에 임금결정에 있어 공정성의 확보가 가능하다. • 평가방법이 비교적 정교하여 타당성과 신뢰성이 높은 편이다.	• 기준직무의 가치가 이상하게 측정되면 다른 직무의 평가 자체를 그르치게 된다. • 기준직무의 내용이 변경될 시에는 평가척도 전체를 변경시켜야 한다. • 시간과 비용이 과다 소요된다. • 평가방법이 복잡하여 각 종업원들의 이해가 어렵다.

(3) 직무평가의 유의점

① **인간관계적 측면에서의 유의점** : 직무평가는 유효성에 있어서 기업 조직 종업원의 만족에 대한 영향을 확인함으로써 확정되어야 함을 의미한다.

② **기술적 측면에서의 유의점** : 직무분석 자료를 토대로 평가요소들을 선정하는 과정에서 판단상의 오류를 범할 수 있다. 또한 점수법은 주어진 가중치와 요소들 간의 비중에 따른 판정상의 오류를 범할 수 있다.

③ **평가계획상 유의점** : 직무평가에 있어서 대상이 많거나 또는 서로 상이할 때 발생할 수 있는 문제점이다.

④ **평가위원회의 조직** : 직무평가를 수행함에 있어 평가위원회 조직을 구성하는데, 이에 참여하고자 하는 경영자를 추출하는 과정에서 발생할 수 있는 문제점이다.

⑤ **직무평가 결과 및 노동시장평가의 불일치** : 직무평가에서 가치가 높음에도 불구하고, 노동 시장의 현 임금이 낮은 경우는 노동에서 공급이 수요를 초과했을 때이며, 이와는 반대급부로 직무평가에서 가치가 낮음에도 불구하고 노동시장에서 직무의 임금이 높은 것은 수요가 공급을 초과하는 경우에 발생함을 말하는데, 이같이 직무평가의 결과와 직무가 가지는 상대적 가치가 반드시 일치하지 않을 수도 있다는 것을 말한다.

⑥ **평가빈도** : 기업 조직에 있어 적당한 직무평가의 빈도선정이 어렵다는 것을 말하는 것으로, 기업이 환경요소들의 변화에 따라 새로운 직무, 직무의 변경, 직무의 소멸 등의 문제점들이 발생할 수 있다는 것을 의미한다.

제3절 직무분류

(1) 직무분류의 개념

직무분류는 기업 조직에서 업무 내용이 비슷하거나 또는 조직에서 요구하는 자격요건이 비슷한 직무를 묶어서 체계적인 직무군으로 분류해 나가는 과정을 의미한다. 이러한 직무군은 보통 하나 또는 두 가지 이상의 능력승진의 계열을 따르며, 이는 각각 쉽게 대체될 수 없는 전문적인 지식 및 기능의 체계를 가진 것이라 할 수 있다.

(2) 직무분류의 목적

직무분류를 통한 비슷한 능력 및 적성을 필요로 하는 각 직무들을 하나의 집단으로 묶어서 직군으로 형성하며, 직무 내에서 순차적으로 승진·이동을 시킴으로써 새로운 직무에 대한 학습을 가능하게 할 수 있다.

① **직계조직** : 기업 조직에서의 직무평가에 따른 직무에 대한 상대적 가치를 결정하여 해당직무의 상대적 서열을 결정하며, 해당 직급에 맞는 직무를 담당하여 기업 조직에서의 지위나 임금이 결정되는 제도를 말한다.

② **자격제도** : 기업 조직의 직무분석을 기반으로 하여 조직 내의 종업원들이 갖추어야 하는 능력에 대한 수준을 각 직급별로 구체화하며, 종업원 개개인을 검사하여 종업원 개인의 조직에서의 지위 및 보수를 지급하는 제도를 말한다.

○✕로 점검하자 | 제3장

※ 다음 지문의 내용이 맞으면 ○, 틀리면 ✕를 체크하시오. [1~7]

01 직무분석이란 조직이 요구하는 인적자원에 대한 내용들을 일목요연하게 정리 및 분석하는 과정이다.
( )

02 질문지법은 질문지를 통해서 종업원들에 대한 직무정보를 취득하는 방법이다. ( )

03 종업원들의 직무행동과 성과 간 관계를 직접적으로 파악 가능한 방법은 중요사건 서술법이다.
( )

04 직무기술서의 작성 시 기재되어야 하는 내용 및 표현 등은 최대한 자세해야 한다. ( )

05 직무기술서는 인적 요건에 초점을 두며, 직무명세서는 수행되어야 할 과업에 초점을 둔다.
( )

06 직무평가의 방법에서 비량적 방법으로는 점수법, 요소비교법 등이 있다. ( )

07 직무평가의 방법에서 양적 방법으로는 분류법, 서열법 등이 있다. ( )

정답과 해설 01 ✕ 02 ○ 03 ○ 04 ✕ 05 ✕ 06 ✕ 07 ✕

01 직무분석이란 조직이 요구하는 일의 내용들을 정리 및 분석하는 과정이다.
04 직무기술서의 작성 시 기재되어야 하는 내용 및 표현 등은 간단명료해야 한다.
05 직무기술서는 수행되어야 할 과업에 초점을 두며, 직무명세서의 경우에는 인적 요건에 초점을 둔다.
06 직무평가의 방법에서 비량적 방법으로는 서열법, 분류법 등이 있다.
07 직무평가의 방법에서 양적 방법으로는 점수법, 요소비교법 등이 있다.

01 ① 과업
② 관찰법
④ 면접법

01 직무분석에 대한 설명으로 가장 적절한 것은 무엇인가?

① 기업 조직에서 독립된 목적으로 수행되는 하나의 명확한 작업 활동을 말한다.
② 직무분석자가 직무수행을 하는 종업원의 행동을 관찰한 것을 토대로 직무를 판단하는 것을 말한다.
③ 기업 조직이 요구하는 일의 내용들을 정리·분석하는 일련의 과정을 말한다.
④ 종업원과 직무분석자가 서로 대면해서 직무정보를 취득하는 방법을 말한다.

02 직군(Job Family)은 내용 및 성질이 비슷한 과업들의 집합을 의미한다.

02 다음 내용이 의미하는 것은?

비슷한 과업을 포함하고 있는 두 가지 이상 직무의 집단

① 직무(Job)
② 과업(Task)
③ 직위(Position)
④ 직군(Job Family)

정답 01 ③ 02 ④

03 다음 내용이 설명하는 것으로 옳은 것은?

> 특정 시점, 특정 조직의 한 개인이 수행하는 하나 또는 그 이상의 의무로 구성된다.

① 직위(Position)
② 직군(Job Family)
③ 직무기술서(Job Description)
④ 직무명세서(Job Specification)

04 다음 내용이 설명하는 것은?

> 작업의 종류나 수준 등에 있어 비슷한 직위들의 집단

① 직군(Job Family)
② 직위(Position)
③ 직무(Job)
④ 과업(Task)

05 직무분석의 목적에 해당되지 <u>않는</u> 것은 무엇인가?

① 기업 조직계획을 수립함에 있어 기초자료로 활용된다.
② 직무급 도입을 위한 기초 작업이 된다.
③ 인사고과의 기초가 된다.
④ 조직 업무개선에 있어 기초가 된다.

03 직위(Position)란 특정 개인에게 부여되는 모든 과업의 집단을 의미한다.

04 직무(Job)란 일반적으로 종업원들이 수행해야 할 작업의 종류 및 수준 등이 비슷한 직위들의 집단을 말한다.

05 직무분석의 목적
- 인적자원관리 활동에 있어서의 합리적 기초를 제공한다.
- 업무개선에 있어서 기초가 된다.
- 채용관리의 기초자료를 제공해 준다.
- 인사고과의 기초가 된다.
- 종업원들의 훈련이나 개발의 기준이 된다.
- 직무급의 도입을 위한 기초 작업이 된다.

정답 03 ① 04 ③ 05 ①

06 직무분석의 방법
- 관찰법(Observation Method)
- 면접법(Interview Method)
- 질문지법(Questionnaire Method)
- 중요사건 서술법
  (Critical Incidents Method)
- 워크 샘플링법
  (Work Sampling Method)
- 작업기록법

06 다음 중 직무분석의 방법에 해당하지 <u>않는</u> 것은?

① 질문지법(Questionnaire Method)
② 요소비교법(Factor Comparison Method)
③ 워크 샘플링법(Work Sampling Method)
④ 면접법(Interview Method)

07 워크 샘플링법(Work Sampling Method)은 종업원이 수행하는 전체 작업의 과정 동안에 무작위 간격으로 종업원들에 대한 많은 관찰을 해서 그들의 직무행동에 대한 정보를 얻어내는 방법을 말한다.

07 다음 내용이 의미하는 것은?

> 종업원의 전체 작업과정이 진행되는 동안에 무작위로 많은 관찰을 하여 직무행동에 대한 정보를 취득하는 것을 말한다.

① 워크 샘플링법(Work Sampling Method)
② 중요사건 서술법(Critical Incidents Method)
③ 면접법(Interview Method)
④ 관찰법(Observation Method)

08 관찰법(Observation Method)은 조직에서 기존의 잘 훈련된 직무분석자가 직무수행자를 직접 집중적으로 관찰함으로써 정보를 수집하는 방법을 말한다.

08 다음 내용이 설명하는 것으로 적절한 것은?

> 직무분석자가 직무수행을 하는 종업원의 행동을 관찰한 것을 토대로 직무를 판단하는 것

① 질문지법(Questionnaire Method)
② 작업기록법
③ 중요사건 서술법(Critical Incidents Method)
④ 관찰법(Observation Method)

정답 06 ② 07 ① 08 ④

09 **직무기술서(Job Description)에 대한 설명으로 올바른 것은?**

① 인적 요건에 중점을 두고 기술한 것이다.

② 직무수행에 필요한 종업원들의 행동이나 기능, 능력, 지식 등을 일정한 양식에 기록한 문서를 의미한다.

③ 직무수행과는 아무런 관련성이 없다.

④ 종업원의 직무분석 결과를 토대로 직무수행과 관련된 각종 과업 및 직무행동 등을 일정한 양식에 따라 기술한 문서를 의미한다.

10 **직무명세서(Job Specification)에 대한 설명으로 올바른 것은?**

① 직무요건에 중점을 두고 기술한 것이다.

② 직무분석의 결과를 토대로 특정한 목적의 관리절차를 구체화하는 데 편리하도록 정리한 것을 말한다.

③ 물적 환경에 대해서 기술한다.

④ 조직 종업원들의 행동이나 능력 등에 대해서는 별로 관련성이 없다.

11 **다음 중 직무분석 시에 발생하는 오류에 해당하지 <u>않는</u> 것은?**

① 반응세트

② 부적절한 표본추출

③ 종업원의 동일한 행동

④ 직무환경 변화

09 직무기술서는 조직 종업원들의 직무분석 결과를 토대로 해서 직무수행과 관련된 각종 과업이나 직무행동 등을 일정한 양식에 의거해서 기술한 문서를 의미한다.

10 직무명세서는 각 직무수행에 필요한 종업원들의 행동이나 기능·능력·지식 등을 일정한 양식에 기록한 문서를 의미한다.

11 **직무분석에 있어서의 오류**
- 직무환경 변화
- 종업원의 행동변화
- 반응세트
- 부적절한 표본추출

정답 09 ④ 10 ② 11 ③

12 반응세트는 종업원들이 어떠한 왜곡된 방법으로 질문했을 때 예상되는 방법으로 질문에 대해서 일률적으로 대답할 때 발생하는 오류이다.

12 다음 내용에 대한 설명으로 옳은 것은?

> 직무분석에 대한 오류 중에서 사람이 예상하거나 또는 왜곡된 방법으로 질문에 대해서 극히 일률적으로 답을 할 때 발생하는 오류의 형태이다.

① 부적절한 표본추출
② 종업원의 행동변화
③ 반응세트
④ 직무환경 변화

13 직무평가 방법

비량적 방법	서열법, 분류법
양적 방법	점수법, 요소비교법

13 다음 중 직무평가 방법에 있어서 양적 방법에 속하는 것으로 짝지어진 것은 무엇인가?

① 서열법, 점수법
② 분류법, 요소비교법
③ 서열법, 이분법
④ 점수법, 요소비교법

14 서열법은 평정 대상자를 서로 비교해서 순위를 정한다.

14 다음 내용이 설명하는 것은?

> 각 직무의 상대적 가치들을 전체적이면서 포괄적으로 파악한 후에 순위를 정하는 방법

① 서열법(Ranking Method)
② 분류법(Job Classification Method)
③ 점수법(Point Rating Method)
④ 요소비교법(Factor Comparison Method)

정답 12 ③ 13 ④ 14 ①

15 다음 내용이 의미하는 것은?

> 미리 규정된 등급 또는 어떠한 부류에 대해 평가하려는 직무를 배정하여 평가하는 방법

① 점수법(Point Rating Method)
② 분류법(Job Classification Method)
③ 요소비교법(Factor Comparison Method)
④ 서열법(Ranking Method)

15 분류법이란 등급법이라고도 하는데 이는 서열법을 발전시킨 방법이다.

16 다음 내용이 설명하는 것은?

> 직무를 여러 가지 구성요소로 나누어서 중요도에 따라 각 요소들에 점수를 부여한 후에, 각 요소에 부여한 점수를 합산해서 해당 직무에 대한 전체 점수를 산출해서 평가하는 방법이다.

① 분류법(Job Classification Method)
② 요소비교법(Factor Comparison Method)
③ 점수법(Point Rating Method)
④ 서열법(Ranking Method)

16 점수법은 총 점수를 상호비교해서 점수의 대·소에 따라 각각의 직무단계, 서열을 정하는 것을 말한다.

정답 15 ② 16 ③

17 점수법은 각 평가요소를 선정하는 데 있어 시간과 노력이 많이 소요된다.

17 점수법의 장·단점에 대한 설명으로 틀린 것은?

① 평가요소별로 중요도가 미리 마련되어 있으므로 평가에 대한 객관성을 확보할 수 있다.

② 각 평가요소를 선정하는 데 있어 시간과 노력이 상당히 줄어든다.

③ 종업원 및 감독자가 쉽게 이해할 수 있다.

④ 각 평가요소의 가중치를 산정하는 데 있어 많은 어려움이 존재한다.

18 요소비교법의 경우에는 기준직무의 가치가 이상하게 측정되면 다른 직무의 평가 자체를 그르치게 될 소지가 있다.

18 다음 중 요소비교법의 장·단점에 대한 설명으로 옳지 않은 것은?

① 기준직무의 가치가 이상하게 측정되더라도 다른 직무의 평가 자체를 그르치게 될 소지는 없다.

② 기준 직무의 가치를 합리적으로 설정하면 다른 여러 직무와 비교평가가 가능하다.

③ 시간과 비용이 과다 소요되는 문제가 있다.

④ 평가방법이 비교적 정교하여 타당성과 신뢰성이 높은 편이다.

정답 17 ② 18 ①

➡ **직무분석** : 기업 조직이 요구하는 일의 내용들을 정리·분석하는 과정

➡ **직무기술서** : 종업원의 직무분석 결과를 토대로 직무수행과 관련된 각종 과업 및 직무행동 등을 일정한 양식에 따라 기술한 문서

➡ **직무명세서** : 직무분석의 결과를 토대로 특정한 목적의 관리절차를 구체화하는 데 편리하도록 정리하는 것

➡ **직무평가** : 일반적으로 조직 내에서 각 직무들의 상대적인 크기를 정하는 것

➡ **직무평가의 방법**
　① 비량적 방법
　　㉠ 서열법 : 직무의 상대적 가치들을 전체적이면서 포괄적으로 파악한 후에 순위를 정함
　　㉡ 분류법 : 미리 규정된 등급 또는 어떠한 부류에 대해 평가하려는 직무를 배정함으로써 평가
　② 양적 방법
　　㉠ 점수법 : 각 직무를 중요도에 따라 나누고 각 요소에 점수를 부여한 후에 부여한 점수를 합산해서 해당 직무에 대한 전체 점수를 산출해서 평가하는 방법
　　㉡ 요소비교법 : 기준이 되는 기준직무를 선정하고, 평가자가 평가하고자 하는 직무에 대한 평가요소를 기준직무의 평가요소와 비교해서 그 직무의 상대적 가치를 결정하는 것

➡ **직무분류** : 기업 조직에서 업무 내용이 비슷하거나 또는 조직에서 요구하는 자격요건이 비슷한 직무를 묶어서 체계적인 직무군으로 분류해 나가는 과정

➡ **직계조직** : 직무평가에 따른 직무의 상대적 가치를 결정하여 직무의 상대적 서열을 결정하며, 직급에 맞는 직무를 담당함으로써 조직에서의 지위나 임금이 결정되는 제도

➡ **자격제도** : 직무분석을 기반으로 하여 종업원들이 갖추어야 하는 능력을 직급별로 구체화하며, 종업원 개개인을 검사함으로써 종업원 개인의 조직에서의 지위 및 보수를 지급하는 제도

SD에듀와 함께, 합격을 향해 떠나는 여행

제 4 장

인사고과

얼마나 많은 사람들이 책 한 권을 읽음으로써 인생에 새로운 전기를 맞이했던가.

− 헨리 데이비드 소로 −

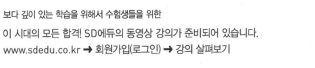

제 4 장 | 인사고과

기업 조직에서는 종업원이 현재의 업무 수행상 업적 및 업무태도와 이를 통한 개개의 종업원 미래에 대한 잠재적 능력 및 성격을 상위자가 측정 및 평가하도록 하는 제도로서, 종업원의 실무능력, 성격, 적성 및 장래성 등이 파악된다. 이는 임금률 조정, 적재적소 배치, 종업원의 특성 및 결함 파악, 이에 대한 적절한 지도 및 교육 등을 통하여 인사의 합리화·능률화를 기하는 것이 목적이다. 인사고과의 시초는 19세기 초 영국 스코틀랜드의 방적공장을 운영하던 로버트 오웬이었는데, 그는 성격수첩이라는 것을 공장 내 종업원들에게 나누어 주고, 종업원 개개인에게 근무상황을 매일매일 기록하게 하였다. 인사고과제도를 효율적이면서도 과학적으로 이용하게 되면, 기업조직 내의 종업원들의 직무수행의 개선과 종업원들의 불만 및 불평 등을 예방할 수 있고, 더불어서 관리하는 감독자의 분석·평가능력을 상승시킬 수 있다.

제1절 인사고과의 의의와 목적

(1) 인사고과의 개념

기업 조직 구성원들의 현재 및 미래의 업적과 능력을 비교·평가하는 것으로 이는 전통적인 고과방식과 현대적인 고과방식으로 구분된다. 정리하면 인사고과란 기업 또는 조직 등에 있어 종업원들의 능력이나 태도, 근무성적 등의 상대적 가치를 조직적이면서도 현실에 입각해서 객관적으로 평가해 나가는 절차를 말한다. 전통적 인사고과의 경우에는 과거지향적이면서 종업원들에 대한 상벌 개념의 방향으로 흐른 반면에, 현대적 인사고과의 경우에는 미래지향적이면서 동시에 종업원들에 대한 개발목적의 방향으로 흐르는 방식으로 가고 있다.

☑ 참고 전통적 고과관 및 현대적 고과관의 비교·구분 기출

구분	전통적 고과관	현대적 고과관
목적	• 과거지향적 • 상벌의 기초자료(통제적 목적)로 이용	미래지향적 고과로서 능력개발의 기초자료 (비통제적 목적)로 이용
기준	인물, 인성, 특히 인격을 강조함	• 직책과 목표 강조 • 업적(결과) 중심
강조점	일방적이고 하향적인 비밀고과	• 자기고과 기회의 부여 • 고과기준의 공동결정

☑ 참고 인사고과 기출

인사고과는 기업 조직 내의 종업원들이 가지고 있는 각종 능력, 소질, 장래성, 근무성적 등을 기반으로 해당 조직에 대한 유용성의 관점에서 평가한다. 조직 내 종업원 개개인에 대한 인사상 정보를 추출하여 종업원들이 조직 안에서 가지는 상대적 가치를 결정하는 것이다.

(2) 인사고과의 목적

통상적으로 인사고과는 기업 조직의 종업원들이 업무에 매진하고 능력을 지니며, 얼마나 업적을 올렸는지를 비교·평가하여 승진이나 승격, 배치이동 등과 같은 신분관련 의사결정, 좋은 인재를 육성하기 위한 교육상의 의사결정, 승급 및 인센티브의 복지후생 관련 의사결정 등을 위한 판단자료로 활용된다. 하지만 종업원에 관련한 인사상의 의사결정을 하기 위해 수집하는 정보의 차원은 전사적 의미에서 경영관리상의 효율성을 제고하기 위한 피드백 과정의 목적으로도 강조되고 있다.

> ☑ 참고   인사고과의 목적 기출
>
> 인사고과는 종업원의 가치를 명확히 측정하여 이상적인 인적자원관리를 운영하고 종업원의 능률을 도모하며, 동기유발을 하는 데 목적이 있다.
>
> | 적정배치 | 인력배치 및 이동 |
> | --- | --- |
> | 능력개발 | 종업원 개개인에 대한 성장기회 |
> | 공정처우 | 종업원들에게 적정하면서도 공정한 처우 실현 |

(3) 인사고과의 인적자원관리상의 위치

기업 조직에서의 인적자원관리에 있어서의 인사고과는 '사람'이라는 측면을 명확하게 하는 시스템이다. 다시 말해, 조직에서의 직무수행조건과 직무수행능력 사이의 차이가 나타나는지를 명확히 파악시켜 줌으로써, 파악된 결과를 토대로 그에 맞는 교육이나 훈련 또는 승진, 이동의 초석이 되고 있다. 직무 및 인간 사이의 관계에 따른 인적자원 시스템에서 보면, 직무와 인간이 '='인 상태가 되면 이는 적재적소에 인력이 배치된 것이고, 직무가 인간보다 더 큰 상태 '>'인 경우에는 종업원에 대한 교육훈련 및 그에 따른 지원이 필요하며, 직무가 인간보다 더 작은 상태 '<'인 경우에는 그에 맞게 이동 및 승격, 승진 등을 통해 조절을 할 수가 있다.

> ☑ 참고   인사고과의 기능 기출
> • 종업원들의 능력개발을 위한 자료가 된다.
> • 종업원들의 업적향상을 위한 자료가 된다.
> • 종업원들의 공정한 처우결정을 위한 자료가 된다.
> • 조직이 요구하는 인재상 정립을 위한 자료가 된다.

(4) 인사고과의 실시원칙

① **직무기준의 원칙**

인사고과자는 직무기준(담당직무, 내용, 자격요건 등)을 가지고, 피고과자의 직무수행 결과나 능력 등을 정확하게 평가해 나가야 한다.

② **공정성의 원칙**

인사고과자는 어떠한 편견 없이 공정한 원리와 기준에 맞게 피고과자의 직무수행 결과나 능력, 태도 등을 정확하게 평가해야 한다.

③ **독립성의 원칙**

인사고과의 실시 과정에서 내·외부의 압력이나 간섭 없이 인사고과자의 독립적인 위치에서 고과가 실시될 수 있어야 한다.

④ **납득성의 원칙**

인사고과의 과정과 결과에 대해서는 인사고과자와 피고과자 모두가 납득할 수 있어야 하며, 더 나아가 조직 내 모든 구성원들이 수용할 수 있도록 고과가 실시되어야 한다.

⑤ **인사고과자의 추측배제 및 고과 불소급의 원칙**

인사고과의 실시 과정에서 피고과자의 직무기준에 의한 객관적인 고과가 아닌, 기존 관행과 단순한 추측에 의한 고과는 지양되어야 한다는 원칙이 추측배제의 원칙에 해당된다. 고과 불소급의 원칙은 인사고과의 결과로 나온 부분에 대해서 기존의 결과에 소급하여 재적용하면 안 된다는 원칙을 말한다.

제2절 인사고과의 방법

기업 인사고과의 시행방법으로는 해당 기업 조직의 업태나 내용, 규모 및 특성 등에 의해서 자사만의 적합한 방법을 만들어야 한다. 무엇보다도 인사고과에 있어서 평가자의 주관 및 편견, 동시에 속단 등은 반드시 배제되어야 하며, 객관적이고도 공정한 방식으로 실시되어야 한다.

더 알아두기

인사고과 시 고려사항 기출
• 고과대상과 해당 목적에 맞는 평가요소를 선정해야 한다.
• 고과방법은 객관적이면서 비교가 가능해야 한다.
• 고과 시에 평가자가 적절해야 한다(적격자이어야 한다).
• 평가과정 중에 합리성을 유지해야 한다(심리적인 편향을 방지해야 한다).

---

(1) 고과자에 의한 분류

① **자기고과** : 종업원 개인이 자신의 업무성과에 대해 종업원 스스로가 평가하는 방법을 말한다. 즉, 자기고과는 종업원 자신의 능력개발을 목적으로 하면서, 개인이 가지고 있는 결함에 대한 파악 및 개선에 효과가 있어 종업원 자기 자신의 능력개발에 많은 도움이 된다. 또한, 이 방식은 관리층의 고과에 보충적 기법으로 쓰이는 방식이다. 기출

② **상급자에 의한 고과** : 직속 상사가 하급자를 고과하는 것으로서, 이는 수직적이면서도 하향식 고과를 나타낸다. 직속 상사가 하급자를 비교적 잘 알고 있다는 장점이 있으나, 그만큼 고과가 주관적으로 흐르기 쉽다는 단점이 있다.

③ **하급자에 의한 고과** : 하급자가 상사를 고과하는 방법인데, 하급자에 의한 고과는 고과자의 익명성이 중요하고, 그만큼 상사와 하급자 간의 신뢰관계가 있어야만 한다. 이 경우에는 상향식 고과를 나타낸다.

④ **동료에 의한 고과** : 상급자보다는 피고과자의 동료가 훨씬 더 정확히 평가할 수 있다는 견해이기는 하나, 피고과자의 동료들은 친구로서 또는 경쟁자로서 편파적일 수 있다는 문제점이 있다.

⑤ **외부 전문가에 의한 고과** : 고과의 객관성을 유지하기 위해 외부의 고과전문가에게 위탁하는 것으로, 현장토의법, 평가센터법 등이 이에 속한다.

⑥ **다면평가제** : 상급자 1인에 의해서만이 아닌 하급자, 동료, 피고과자 자신 및 고객 등에 의해서 여러 방면으로 인사고과가 이루어지는 방식을 말한다. 기출

☑ 참고 **현장 토의법(Field Review)**

현장 토의법이란, 기업 조직의 인사담당자가 감독자들과 토의하여 정보를 얻어 평가하는 기법으로 구체적 정보를 얻을 수 있고, 진지한 고과를 할 수 있으며 그와 동시에 평가기준을 안정시킬 수 있다는 장점이 있다. 반면에, 시간과 비용이 많이 소요되고 피고과자의 참여가 전혀 이루어지지 않아 불신감이 생길 수 있다는 단점이 있다.

☑ 참고 **평가센터법(Assessment Center ; AC), 인적평정센터법(Human Assessment Center ; HAC)**

개념	평가를 전문으로 하는 평가센터를 설립하여 피고과자의 직속상사가 아닌 특별히 훈련된 관리자들이 6~12명의 피고과자들을 동시에 합숙·훈련시키면서 여러 가지 평가를 하는 방법을 말한다. 평가 대상은 피고과자의 잠재적 능력을 주로 평가한다는 점에 그 특징이 있다.
특징	• 현대의 기업에서 경영자의 배출이 중요한 이슈로 등장하게 됨에 따라 주로 중간 관리층의 능력 평가를 위해서 실시하는 기법이다. • 잠재적인 직무능력의 확인을 위한 직무 외 절차(Off-the-job Procedure)이다. • 피고과자 집단을 구성해서 평가가 이루어지며, 보통 평가자도 다수로 이루어진다.
장점	• 피고과자의 재능을 표출하는 데 있어 동등한 기회를 가진다. • 여러 가지 평가기법 및 다수의 평가자가 동원되므로 평가에 대한 신뢰도가 높고, 피고과자의 업적이 아닌 잠재능력, 적성 등에 초점을 맞추어 승진의사 결정이나 교육훈련 및 인력 공급 예측에 적합하다.
단점	비용·효익의 측면에서 경제성이 의문시된다.

(2) 인사고과 기법에 따른 분류

① 전통적 고과기법

ⓐ 서열법(Ranking Method) : 조직의 종업원 근무능력 및 근무성적에 대해서 순위를 매기는 방법을 말한다. 여기에는 교대서열법과 쌍대서열법이 있는데, 실무에서는 교대서열법이 상당히 효과적이다.

• 교대서열법이란 가장 우수한 사람과 가장 열등한 사람을 추려 내면서, 남아 있는 사람들 중에서 역시나 같은 방식으로 가장 우수한 사람과 가장 열등한 사람을 추려 내는 과정을 되풀이해 나가며 서열을 결정하는 것을 말한다.

• 쌍대서열법이란 일일이 임의로 두 사람씩 짝을 지어서 비교하는 것을 되풀이하여 서열을 결정하는 것을 말한다.

• 장점 : 간단하면서도 실시가 용이하다. 비용이 저렴하다.

• 단점 : 피고과자의 수가 많게 되면 서열을 결정하기가 힘들고, 수가 너무 적게 되면 고과의 의미가 없게 된다. 또한, 동일한 직무에 대해서만 적용이 가능한 방법이다.

예 서열법의 예

평가요소 피평가자	직무의 양	직무의 질	지식	협조성	적극성	신뢰성	순위 합계	종합 순위
A	2	2	2	2	2	2	12	1
B	2	3	2	2	2	2	13	2
C	3	4	4	1	4	3	19	3
D	5	5	5	5	5	5	30	5
E	4	4	4	4	4	4	24	4

ⓛ 평정 척도법(Rating Scales, Graphic Rating Scales) : 종업원의 자질을 직무수행의 달성 가능한 정도에 따라 미리 마련된 척도를 근거로 평정자(고과자)가 체크하도록 하는 방법을 말한다. 근래에 들어서는 숫자 척도 및 평어법 등에 행동견본을 붙이는 복합적인 척도가 많이 쓰이고 있는 추세이다. 이 방법은 피고과자를 전체적으로 평가하지 않고 각 평가요소를 분석적으로 평가하므로 평가에 있어 타당성을 기할 수 있다. 반면에 평가요소의 선정과 서열자료의 계량화가 어렵다는 문제점이 있다.

ⓒ 대조표법(Check List Method) : 평가에 행동기준을 리스트에 설정·배열하여 피고과자의 능력이나 근무상태가 이 항목에 해당되는 경우에 체크하는 방법을 말한다. 이 방법은 고과요인이 실제직무와 밀접하게 연관되어 판단하기가 쉽고, 또한 부서 간의 상호비교도 가능하다는 장점이 있다. 하지만 행동기준의 선정이 어려우며, 점수화 절차가 다소 복잡하다는 단점이 있다.

② **현대적 고과기법** 기출

ⓐ 목표에 의한 관리방식(Management By Objectives ; MBO) : 종업원이 직속상사와 협의하여 작업 목표량을 결정하고, 이에 대한 성과를 부하와 상사가 함께 측정하고 또 고과하는 방법이다. 다시 말해, 조직의 종업원이 주체적이면서도 도전감을 갖도록 하고, 상사와의 협의에 의해 목표가 수립되며 지속적인 피드백이 가능한 목표를 기반으로 조직의 성과와 더불어 종업원 개인의 만족도를 동시에 향상시키는 현대적 경영관리 기법이라 할 수 있다. 이 방법은 상·하급자 간의 상호 참여적이면서, 구체적인 공동 목표의 설정에 의해 모티베이션이 증진된다는 장점이 있는 반면에, 목표설정의 곤란, 목표 이외 사항의 경시 가능성, 장기 목표의 경시 가능성 등의 문제점이 발생할 수 있다.

☑ 참고 목표에 의한 관리(MBO) 중요

목표조건	• 측정 가능함과 동시에 계량적인 목표이어야 한다. • 구체적인 목표 제시가 되어야 한다. • 설정된 목표에 대해 기대되는 결과를 확인할 수 있는 목표이어야 한다. • 현실적이면서 달성 가능한 목표이어야 한다. • 정해진 시간 안에 달성 가능한 목표이어야 한다.
성공조건	• 관리자층의 관심 및 지원, 변화하는 경영환경에 따른 교육으로 집단저항을 줄여야 한다. • 의사소통의 통로 및 종업원들의 태도와 그들의 행위변화에 대한 대책을 마련하여, 올바른 조직문화 형성에 노력을 아끼지 말아야 한다. • 목표에 의한 관리가 제대로 수행되어질 수 있도록 조직을 분권화하는 등의 조직시스템의 재정비가 뒤따라야 한다.

주의점	• 기업의 경우, 단기적인 목표와 그에 따른 성과에만 급급하여, 기업 조직의 사기 및 분위기나 문화 등이 경영환경에 대응해야만 하는 조직의 장기적 안목에 대한 전략이 약화될 수 있다. • 종업원들끼리의 지나친 경쟁과 리더의 역할갈등으로 인해 집단 저항의 우려가 있다. • 업무에 있어서의 성질 및 특성으로 인해 계량적 또는 개별적인 목표설정이 어려운 과업에 대해서는 도입하기가 힘들다.

    ゙ 인적 평정센터법(Human Assessment Center) : 평가를 전문으로 하는 평가센터를 설립하여 피고 과자의 직속상사가 아닌 특별히 훈련된 관리자들이 6~12명의 피고과자들을 동시에 합숙, 훈련시키면서 여러 가지 평가를 하는 방법을 말한다. 평가 대상은 피고과자의 잠재적 능력을 주로 평가한다는 점에 그 특징이 있다. 보통 평가센터법(Assessment Center ; AC)과 혼용해서 쓰인다.

    ゚ 행위기준 고과법(Behaviorally Anchored Rating Scales ; BARS) : 평정척도법의 결점을 시정·보완하기 위해서 개발된 것이고, 동시에 중요사실 서술법이 발전된 형태로서 직무와 관련된 피고과자의 구체적인 행동을 평가의 기준으로 삼는 고과방법을 말한다. 이때 행위기준 고과법은 관찰 가능한 종업원의 행동을 기반으로 평가 기준이 설정되어야 한다. 이러한 행위기준 고과법은 직무성과에 초점을 맞추기 때문에 높은 타당성를 유지하며, 피고과자의 구체적인 행동 패턴을 평가 척도로 사용하므로 신뢰성이 높다. 또한 고과자 및 피고과자 모두에게 성공적인 행동 패턴을 알려 줌으로써 조직의 성과향상을 위한 교육효과도 있어 수용성 또한 높은 편이다. 하지만 행위기준 고과법의 개발에는 많은 시간과 비용이 소요되며, 복잡성과 정교함으로 인해 소규모 기업에서는 적용이 어려워 실용성이 낮은 편이다.

    • 행위기준 고과법(BARS)의 특징

      – 각 직능별·직급별 특성에 맞추어져 설계되기 때문에, 올바른 행위에 대한 내용들을 종업원 개인에게 제시해 줄 수 있다.

      – 다양하면서도 구체적인 직무에 활용이 가능하다.

      – 목표에 의한 관리(MBO)의 일환으로 사용이 가능하므로 어떠한 행동들이 조직의 목표달성에 연관이 되는지를 알 수 있게 해 준다.

      – 척도를 실질적으로 활용하는 평가자가 개발과정에도 실제 적극적으로 참여하기 때문에 평가자가 최종 결과에 대한 책임을 부담하는 경우가 있다.

제3절   평가의 오류와 공정성 확보

(1) 분포적 오류

    ① **분포적 오류** : 고과에 있어 혹독화·관대화·범위제한·중심화 경향 등과 같이 고과자의 고과점수들의 분포가 업무성과의 분포와 다른 경우에 발생하는 것을 말한다. 예를 들어, 고과자가 수행한

여러 평가결과들의 평균값이 척도상의 중간치에서 지나치게 벗어난 경우에 고과자는 종업원들에 대한 평가를 지나치게 혹독(고과 평균이 낮거나)하게 했거나 또는 너무나 관대(고과 평균이 높거나)하다고 여겨질 수가 있다. 이런 주장들의 가정으로는 업무수준에 있어서 진실한 평균수준은 척도에 있어서의 중간점과 대략 일치한다고 할 수 있다.

> **☑ 참고** **측정에 내재되어 있는 가정에 대한 비판**
> - 업무성과에 대한 진실한 분포는 알 수 없고, 업무성과에 대한 분포가 정규분포를 따른다고 하는 가정을 실질적으로 정당화시킬 수도 없다. 다만, 통계적인 편의로 인해 정규분포가 가정되고 있을 뿐이라고 할 수 있다.
> - 기업 조직에 있어서의 성과분포가 비정규적으로 만들려고 하는 데 노력을 기울이고 있다. 또한, 종업원들에 대한 선발이나 훈련 및 동기부여 등 여러 가지 인적자원 활동들은 업무 성과의 분포에 있어서 한쪽만으로 몰리도록 하게 만든다. 기업 조직 내의 모든 종업원들이 훌륭한 업무 성과를 보인다면 조직 운영자의 입장에서는 좋을 수밖에 없다.
> - 위 가정들은 조직의 작업 집단 간의 평균적인 업무 성과의 차이가 없다고 가정을 한다. 예를 들어, 상사 A가 고과평균이 6.0이고, 상사 B의 고과평균이 5.3이라고 할 때 상사 A가 상사 B에 비해 관대하다고 할 수 있다. 하지만, 실질적으로 보면 상사 A의 종업원들이 상사 B의 종업원들보다 훨씬 더 나은 업무 성과를 이룰 수 있다. 다시 말해 조직의 리더십에 있어서 리더들의 효율성 등에 따라 각 집단의 성과는 눈에 띄게 달라진다고 할 수 있다. 그러므로 각종 자원이나 과업, 리더십 등과 상관없이 각 집단들이 같은 업무 성과를 나타낸다고 가정하는 것은 비논리적이라 할 수 있다.

② **분포적 오류에 대한 논리적 주장**: 분포적 오류에 대해서 논리적인 주장도 나타난다. 조직의 평가자들은 종업원인 피평가자들로부터 호감을 얻기 위해서, 부정적인 피드백에 대한 거부감 및 타 평가자들이 평가를 높게 해 줄 수 있다는 우려, 지나칠 정도로 높거나 또는 낮은 기준이라는 이유로 종업원들을 관대하게 평가할 수가 있는 것이다.

③ **중심화 경향 및 범위제한**: 중심화 경향 및 범위제한도 모험 등을 회피하고자 하거나 종업원들에 대한 관찰기회의 부족, 기업 조직 또는 피평가자들에게 역시 높거나 또는 낮은 평가 등을 정당화시키려는 노력의 회피 등의 이유로 발생할 수 있다.

(2) 상관관계적 오류

① **현혹효과(Halo Effect)**: 종업원들의 업무 성과 차원 간의 비슷한 평가는 각 성과 차원 간의 상관관계를 부풀리는 결과를 불러일으키게 되는데, 이를 다른 말로 후광효과라 한다. 즉, 현혹효과(후광효과)는 고과에 있어 피평가자들에 대한 전체적인 인상 등에 의해 구체적인 성과 차원에 대한 평가가 영향을 받게 되거나, 고과에 있어 평가자가 평가 차원 등을 구별하지 않으려는 경향에 의해 발생됨을 뜻한다.

> **☑ 참고** **현혹효과(후광효과)** 기출
> 현혹효과는 어떤 한 부분에 있어 어떠한 사람에 대해서 호의적인 태도 등이 다른 부분에 있어서도 그 사람에 대한 평가에 영향을 주는 것을 의미하는데, 예를 들어 종업원 선발 시 면접관에게 면접에서 좋은 인상을 준 사람에 대해 면접관들이 생각할 때 그 사람에게서 좋은 인상을 받은 만큼 업무에 대한 책임감이나 능력 등도 좋을 것이라고 판단하는 것을 말한다.

② **논리적 오류** : 현혹효과, 즉 후광효과와 비슷한 오류로, 논리적 오류가 있다. 이는 평가자가 논리적으로 놓고 볼 때 관련이 있다고 생각되는 특성(논리적인 관계가 있다고 착각하는)들 간에 비슷한 점수들을 주는 것을 말한다. 이러한 오류를 넘어서기 위해서 평가자는 객관적인 관찰이 가능한 사실들을 평가하고, 이에 따른 평가기준들을 확실하게 설정하며, 비슷한 평가요소들에 대해서는 시간적 간격을 두면서 평가하게 해야 한다.

③ **관대화 경향** : 종업원에 대한 근무성적평정 등에 있어서 평정 결과의 분포가 우수한 쪽으로 집중되는 경향을 의미한다. 관대화 경향은 평정자가 부하 직원과의 비공식적 유대관계의 유지를 원하는 경우 등에 나타난다. `기출`

④ **중심화 경향** : 인사고과의 결과가 고과상에서 중간으로 나타나기 쉬운 경향을 의미한다. 이런 의미에서 중심화 경향의 원인은 관대화 경향과 비슷하다. 이를 보완하기 위해서는 서열법 또는 강제할당법 등이 사용된다. `기출`

⑤ **규칙적 오류** : 가치판단상의 규칙적인 심리적 오류에 의한 것으로, 항시 오류라고도 하는데 어떠한 고과자는 타 고과자와 달리 좋은 고과를 하거나 또는 이와는 정반대의 고과를 나타내는 경우이다. 이때, 관리차원일 경우에는 높은 고과가 되기 쉽고, 감시차원일 경우에는 낮은 고과가 되기 쉽다.

⑥ **시간적 오류** : 고과자가 고과를 함에 있어서 쉽게 기억할 수 있는 최근의 실적 또는 능력중심으로 고과하려는 부분에서 생기는 오류를 말한다.

⑦ **대비오차** : 고과자가 스스로가 가지고 있는 특성과 비교하여 피고과자를 고과하는 것을 의미한다. 이런 경우는 고과자의 상투적인 태도와 편견에서 자주 나타난다.

⑧ **지각적 방어** : 스스로가 지각할 수 있는 사실들을 집중적으로 조사해 가면서 알고 싶어하지 않는 것들을 무시해 버리는 경향을 말한다.

⑨ **연공오류** : 피고과자의 학력, 근속연수, 연령 등 연공에 따라 평가하게 되는 오류이다. 예를 들어, 비슷한 능력을 가진 두 피고과자를 평가할 때 나이가 더 많은 사람에게 더 좋은 평가를 주는 경우가 해당된다.

(3) 인사고과의 공정성 확보

기업에서 능력과 자질을 갖춘 인재를 갖추고, 업무 수행에 대한 의욕을 제고하기 위해서는 종업원들이 성과에 따라 대우받을 수 있는 조직 여건을 구축하는 것이 필요하다. 이를 위해 고려되는 것이 성과 및 능력을 중심으로 하는 인사제도의 구축이다. 다시 말해, 근속이나 학력 등을 중심으로 한 기존의 연공주의에서 벗어나 성과와 능력을 중심으로 평가와 보상이 이루어지는 성과 지향적인 인사제도로 전환함으로써 종업원들의 업무 의욕을 제고할 수 있다. 이 같은 외재적인 보상은 종업원들의 업무 수행에 있어 적극적인 태도와 더욱 더 높은 실력발휘를 도모하기 위해서 필요한 것이다. 하지만 이러한 외재적 보상만으로 종업원들의 의욕을 제고하고자 할 경우에 여러 부작용을 초래할 수도 있다. 예를 들어, 차등 상여나 인센티브 등과 같은 외재적 보상은 한정된 자원과 자리 문제로 인해 결국은 누구에게 더 많은 보상을 주는가의 문제로 귀착되기가 상당히 쉽다. 이러한 현상으로 인해 외재적 보상이 제대로 운영되지 못하는 경우 조직원들에게 상대적인 박탈감을 줄 가능성 또한 배제할 수 없다. 사람은 기본적으로 과소 보상에 대해 더욱 민감하게 반응하게 마련이며, 이 때문에 잘 받은 사람의 만족보다는 상대적으로 못 받은 사람의 불만이 더욱 크게 나타나게 되는 것이 일반적이다. 따라서 고과에 있어 상향 평가, 동료 평가 등 피평가자의 업무와 관련된 다양한 계층, 분야의 동료 조직원들이 피평가자를 평가토록 하여 이로 인해 다양한 평가 정보를 확보하고, 또한 이를 근거로 보상함으로써 평가의 공정성 시비를 어느 정도는 줄일 수 있다. 평가의 공정성을 확보하기 위한 방안은 평가자와 피평가자 간의 신뢰감 확보이다. 많은 기업들의 사례를 볼 때 신뢰감 확보는 평가의 공정성을 확보하는 데 있어 가장 중요하고도 어려운 것으로 나타나고 있다.

(4) 고과 실시상의 문제점과 고과오류 감소대책

① 고과 실시상의 문제점

㉠ 고과의 기준이 불명확하거나 추상적인 경우가 많아 고과결과에 대한 신뢰성이 낮다.

㉡ 고과표가 형식화되어 있어, 점수방식의 고과표는 결과가 이미 예상되어 버린다.

㉢ 고과가 1회성의 점수부여에 의한 서열화로 인식되어서 고과결과가 사실상 그 목적에 맞게 사용되지 못하고 있는 경우가 많다.

㉣ 진실하게 고과하더라도 조정단계가 많아져서 그 실체를 알 수 없을 정도로 수정되기도 한다.

㉤ 기계적으로 언제나 똑같은 고과를 하게 되어, 노력하는 자에 대해 정확하게 판단하지 못하고 제대로 된 보상을 해주지 못하는 경우가 있다.

② 고과오류의 감소대책

㉠ 평가방법과 평가도구의 개발 : 평가에 주관적인 요소가 영향을 미치지 못하도록 최대한 정교하게 고과표를 구성하는 등 평가방법을 개발하여야 하며, 평가도구도 역시 같은 맥락에서 다양하게 개발되어야 한다.

㉡ 고과자 훈련 : 고과자에 대한 훈련을 통해 고과의 오류를 줄이고 그 정확성을 증대시켜야 한다. 직무에 대한 정확한 이해와 피고과자에 대한 편견 없는 태도의 습득이 선행되어야 객관적이고 중립적인 판단이 가능해지므로 이에 포커스를 맞추어 훈련되어야 한다.

○✕로 점검하자 | 제4장

※ 다음 지문의 내용이 맞으면 ○, 틀리면 ✕를 체크하시오. [1~7]

01 인사고과는 구성원들의 현재 및 미래의 업적과 능력 등을 비교·평가하는 것이다. ( )

02 전통적인 고과관은 직책과 목표를 강조한다. ( )

03 종업원의 직속상사가 하급자를 고과하는 것을 상급자에 의한 고과라고 한다. ( )

04 평정척도법, 대조표법, 서열법 등은 현대적 고과기법에 속한다. ( )

05 MBO, BARS 등은 전통적 고과기법에 속한다. ( )

06 고과자가 고과를 시행함에 있어 쉽게 기억할 수 있는 현재의 실적이나 능력 등을 중심으로 고과하려는 부분에서 발생하는 오류를 대비오차라고 한다. ( )

07 평정자가 하급 직원들과의 비공식적인 유대관계의 유지를 원하는 경우에 발생하게 되는 오류를 관대화 경향이라고 한다. ( )

정답과 해설 01 ○ 02 ✕ 03 ○ 04 ✕ 05 ✕ 06 ✕ 07 ○

02 전통적인 고과관은 인물, 인성, 그중에서도 인격을 강조한다.
04 평정척도법, 대조표법, 서열법 등은 전통적인 고과기법에 속한다.
05 MBO, BARS 등은 현대적인 고과기법에 속한다.
06 고과자가 고과를 시행함에 있어 쉽게 기억할 수 있는 현재의 실적이나 능력 등을 중심으로 고과하려는 부분에서 발생하는 오류를 시간적 오류라고 한다.

01 다음 중 전통적 고과관에 대한 설명으로 옳지 <u>않은</u> 것은?

① 과거지향적이면서, 상벌에 대한 기초자료로 사용된다.

② 평가의 기준에 있어서 해당 종업원의 업적을 중심으로 평가한다.

③ 평가의 기준에 있어서 해당 종업원의 인성 및 인물, 그중에서도 특히 인격을 강조하는 경향이 있다.

④ 전통적 고과관에서 평가의 강조점은 일방적인 면이 강하다.

01 현대적 고과관의 경우 해당 종업원에 대한 평가의 기준으로는 직책 및 목표의 강조, 업적 중심으로 평가한다.

02 다음 중 인사고과의 목적에 해당되지 <u>않는</u> 것은 무엇인가?

① 임금률 조정

② 공정한 처우

③ 능력의 개발

④ 적정한 배치

02 인사고과의 목적은 적정배치, 능력개발, 공정처우 등의 3가지로 구분된다.

03 다음 중 인사고과 시 고려해야 할 사항으로 틀린 것은?

① 종업원들에 대한 고과방법은 객관적이면서도 비교가 가능해야 한다.

② 종업원에 대한 고과 시에 이를 담당하는 평가자가 적절해야 한다.

③ 인사고과 시 평가자는 심리적 편향을 하는 것이 유리하다.

④ 종업원에 대한 고과 시에 고과대상과 해당 목적에 알맞은 평가요소를 선정해 놓아야 한다.

03 종업원들에 대한 인사고과 시에는 심리적인 편향을 해서는 안 되며, 절대적으로 합리성을 유지해야 한다.

정답 (01 ② 02 ① 03 ③)

04 자기고과 방식은 종업원 자신 스스로의 능력개발을 목적으로 하되, 개인이 가지고 있는 약점에 대한 파악 및 이를 개선하는 데 효과가 있어 종업원 자기자신의 능력개발에 많은 도움이 되는 방식이다.

04 다음 내용이 설명하는 것은 무엇인가?

> 종업원 개인이 자신의 업무성과에 대해 종업원 스스로가 평가하는 방법을 말한다.

① 상급자에 의한 고과
② 하급자에 의한 고과
③ 동료에 의한 고과
④ 자기고과

05 전통적 고과기법에는 서열법, 평정 척도법, 대조표법 등이 있다.

05 다음 중 전통적 고과기법에 속하지 <u>않는</u> 것은?

① 서열법(Ranking Method)
② 목표에 의한 관리방식(Management By Objectives ; MBO)
③ 평정 척도법(Rating Scales, Graphic Rating Scales)
④ 대조표법(Check-List Method)

06 조직의 고과요소의 선정에 있어서 고과요소는 직군 및 직급별로 세분화되어야 하고 각각의 직군 및 직종에 따라 서로 상이해야 하고 각 요소에 대한 가중치 또한 다르게 적용되어야 한다.

06 다음 중 고과요소의 선정기준에 대한 설명으로 옳지 <u>않은</u> 것은?

① 고과요소에 있어 누구라도 인정할 수 있는 객관적인 요소를 선정함과 동시에 모든 고과자들이 똑같이 인정할 수 있는 용어로 정확하게 개념을 부여해야만 한다.
② 각각의 평가요소들은 평가를 받는 전체 피고과자들에게 공통적으로 적용되어야 한다.
③ 고과요소는 각 직군·직급별로 동일시해야 하고, 각각의 직군 및 직종에 상관없이 서로 같아야 하며, 각 요소에 대한 가중치 또한 모두 똑같이 적용해야 한다.
④ 요소 선정에 있어서도 고과자가 하루하루 피고과자들의 직무수행에서 관찰이 가능한 것이어야 한다.

정답 04 ④ 05 ② 06 ③

07 다음 중 고과자의 지위와 수에 대한 설명으로 옳지 <u>않은</u> 것은?

① 종업원에 대한 고과는 이론적으로 보면 종업원들이 수행하는 직무와 해당 직무수행의 진행 상태를 파악할 수 있도록 1차 상사가 평가함을 원칙으로 한다.

② 실무에서 피고과자와 가까운 곳에서 지시 및 감독을 하고 있는 직제상의 1차 상사를 1차 고과자, 2차 상사를 2차 고과자로 활용하는 방식은 효율성이 떨어지므로 널리 쓰이지 못하고 있는 실정이다.

③ 종업원에 대한 고과자의 수가 늘어나면 늘어날수록 고과에 대한 정확하고도 객관적인 정보를 얻을 수 있으며, 그렇게 얻어진 고과결과에 대해서도 타당성이 있지만, 실질적으로 보면 바람직한 고과자의 수에 대해서는 의견이 취합되지는 않는 것이 현실이다.

④ 실무에 있어서 피고과자의 수에 대해서 조직 감독폭을 기반으로 고과단위를 정하는 것이 가장 적절한 방식으로 인정받고 있다.

07 고과자의 지위와 수에 있어서 현실적으로 실무에서도 피고과자와 가까운 곳에서 지시 및 감독을 하고 있는 직제상의 1차 상사를 1차 고과자, 2차 상사를 2차 고과자로 활용하는 방식이 널리 쓰이고 있는 실정이다.

08 고과자가 고과 시에 갖추어야 할 태도로 <u>틀린</u> 것은?

① 고과자는 직무의 중요성이나 직무수행 등에 있어 나타나는 난이성 등을 고려하여 피고과자들을 평가하여야 한다.

② 고과결과에 대해 종합적인 분석과 평가는 필수적이다.

③ 고과자는 자신의 뚜렷한 주관을 가지고, 고과자 개인적 입장에서 공정함과 타당성이 인정받도록 평가해야 한다.

④ 고과요소의 정의 및 착안점 등을 충분하게 숙지를 한 후에 평가를 해야만 한다.

08 고과자는 무엇보다도 자신의 주관을 버리고 객관적인 입장에서 공정함과 타당성이 인정받도록 평가를 해야 한다.

정답 07 ② 08 ③

09 1인 고과자의 주관이나 자의에 의해 발생할 수 있는 평정의 잘못을 최소한으로 줄이도록 하기 위해 평정자의 복수화를 사용한다.

인사고과 오류의 극복방법
• 명확한 평정기준
• 고과 기간의 준수
• 평정자의 복수화
• 1차 평정결과의 존중
• 공・사 혼동의 배제와 업적중시의 고과

10 MBO는 목표조건에서 측정 가능함과 동시에 계량적인 목표이어야 한다.

09 ①   10 ②

09 인사고과 오류의 극복방법으로 옳지 <u>않은</u> 것은 무엇인가?

① 평정자의 단수화
② 정확한 고과 기간의 준수
③ 1차 평정결과의 존중
④ 평정기준의 명확화

10 목표에 의한 관리(MBO)에 대한 설명으로 옳지 <u>않은</u> 것은?

① MBO에 대한 목표조건으로는 설정된 목표에 대해 기대되는 결과를 확인할 수 있는 목표이어야 한다.
② MBO는 목표면에서 측정만 가능하면 되므로, 계량적이지 않아도 된다.
③ MBO가 제대로 정착하기 위해서는 의사소통의 통로 및 종업원들의 태도와 그들의 행위 변화에 대한 대책까지 마련하여, 올바른 조직문화 형성에 노력을 해야 한다.
④ MBO에서 주의할 점은 조직 업무에 있어서의 성질이나 특성으로 인해 계량적 또는 개별적인 목표설정이 어려운 과업에 대해서는 도입하기가 힘들다는 것이다.

11 다음 내용이 설명하고 있는 것은?

> 평가자가 논리적으로 놓고 볼 때 관련이 있다고 생각되는 특성(논리적인 관계가 있다고 착각하는)들 간에 비슷한 점수들을 주는 것을 말한다.

① 논리적 오류
② 관대화 경향
③ 후광효과
④ 중심화 경향

12 다음 내용이 설명하는 것은?

> 종업원에 대한 근무성적평정 등에 있어서 평정 결과의 분포가 우수한 쪽으로 집중되는 경향을 의미한다.

① 중심화 경향
② 논리적 오류
③ 규칙적 오류
④ 관대화 경향

11 논리적 오류는 평가자가 논리적으로 놓고 볼 때 관련이 있다고 생각되는 특성들 간에 비슷한 점수들을 주는 것을 말한다.

12 관대화 경향은 평정자가 부하 직원과의 비공식적 유대관계의 유지를 원하는 경우 등에서 흔히 나타난다.

정답 11① 12④

⇥ **인사고과** : 기업 또는 조직 등에 있어 종업원들의 능력이나 태도, 근무성적 등의 상대적 가치를 조직적이면서도 현실에 입각해서 객관적으로 평가해 나가는 절차

⇥ **인사고과의 목적**
- 적정배치
- 능력개발
- 공정처우

⇥ **전통적 고과기법**
- 서열법 : 조직의 종업원 근무능력 및 근무성적에 대해서 순위를 매기는 방법
- 평정 척도법 : 종업원의 자질을 직무수행의 달성 가능한 정도에 따라 미리 마련된 척도를 근거로 평정자(고과자)가 체크하도록 하는 방법
- 대조표법 : 평가에 행동기준을 리스트에 설정·배열하여 피고과자의 능력이나 근무상태가 이 항목에 해당되는 경우에 체크하는 방법

⇥ **현대적 고과기법**
- 목표에 의한 관리방식 : 종업원이 직속상사와 협의하여 작업 목표량을 결정하고, 이에 대한 성과를 부하와 상사가 함께 측정하고 또 고과하는 방법
- 인적평정센터법 : 평가를 전문으로 하는 평가센터를 설립하여 피고과자의 직속상사가 아닌 특별히 훈련된 관리자들이 6~12명의 피고과자들을 동시에 합숙·훈련시키면서 여러 가지 평가를 하는 방법
- 행위기준 고과법 : 평정척도법의 결점을 시정·보완하기 위해서 개발된 것이고, 동시에 중요사실 서술법이 발전된 형태로 직무와 관련된 피고과자의 구체적인 행동을 평가의 기준으로 삼는 고과방법

⇥ **현혹효과(후광효과)** : 고과에 있어 피평가자들에 대한 전체적인 인상 등에 의해 구체적인 성과 차원에 대한 평가가 영향을 받게 되거나, 고과에 있어 평가자가 평가 차원 등을 구별하지 않으려는 경향에 의해 발생

인적자원의 확보관리

지식에 대한 투자가 가장 이윤이 많이 남는 법이다.

– 벤자민 프랭클린 –

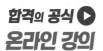

제 **5** 장 │ 인적자원의 확보관리

인력계획은 기업이 필요로 하는 기술을 가진 인재가 어느 정도 필요한지를 명확하게 하는 과정이다. 이때에는 직무의 분석 및 업무 분장을 파악한 후에, 그에 따른 적절한 자격 요건을 명확히 하면서, 적재적소에 인재를 배치할 수 있도록 하는 것이 중요한 것이다. 또한, 기업에서는 현재의 인적자원에 대한 계획을 다른 말로 정원 계획이라고도 하는데, 중요한 것은 기업에서의 정원계획은 예측을 필요로 하지 않는다는 부분에서 정태적 계획이다.

제1절 | 인력계획

(1) 인적자원계획의 중요성

인적자원계획은 기업에서 필요로 하는 인적자원의 확보에서부터 모집 및 선발 그리고 배치의 전제가 되는 중요한 요소이다. 이러한 인적자원의 계획은 종업원들의 승진이나 이동 및 그에 따른 각종 훈련계획 및 지불해야 하는 임금계획과도 상당한 연관을 가진다.

① 경영계획의 기초에 있어서의 중요성

인력계획은 기업의 경영계획에 있어 시작의 의미를 갖는다. 다시 말해, 인력계획에 의한 인적자원의 적정배치가 제대로 이루어지지 않는다면 이는 조직계획, 직무계획, 작업계획, 기타 여러 경영계획의 수립에서 생산성 및 기타 효율성 등에 있어 차질을 빚게 된다.

② 임금관리에 있어서의 중요성

인력계획은 기업 인건비의 부담과 직접적인 연관이 있다고 할 수 있는데, 이는 인력 과잉은 기업에 게 부담이 된다. 또한 저임금정책은 종업원의 사기가 크게 저하되어 생산성의 저하를 불러일으킬 뿐만 아니라 우수한 인재의 확보에도 커다란 지장을 초래하게 되는 문제점을 낳게 된다.

③ 승진·이동 및 훈련계획에 있어서의 중요성

인력계획이 종업원에게 적절한 동기부여를 불러일으키기 위해서 기업은 종업원에 대한 적절한 승진 및 이동관리 등이 효과적으로 이루어져야 한다. 그러므로 종업원에 대한 효율적인 승진 및 이동의 업무를 효과적으로 수행하기 위해서는 이에 따른 적절한 인력계획이 필수요소로 작용한다.

④ 기타 환경에 따른 중요성

현대의 급격한 과학 기술의 발전과 경쟁력의 급진전, 저성장과 불황기에 능동적으로 대처하기 위해 서는 그에 걸맞은 유능한 인적자원의 확보와 그러한 인력의 적재적소의 배치가 무엇보다도 중요한 요소로 작용한다.

(2) 인적자원계획의 개념 `기출`

주어진 환경의 현재 및 장래의 각 시점에서 기업이 필요로 하는 종류의 인원수를 사전에 예측하고 결정하며, 이에 대한 사내 · 외의 공급인력을 또한 예측하고 계획하는 것을 말한다.

또한, 인력계획은 확보관리를 위한 것뿐만 아니라 승진이나 이동관리, 훈련계획, 임금계획 등과 밀접한 관련이 있다고 할 수 있다.

> ☑ **참고** 직무와 인력 사이의 관계

직무와 인재의 정보

업무분장	자격요건		인재특성
단기적 특정 직무	필요한 지식 기술 자세 경험	경력개발 및 계획	현재 보유한 지식 기술 자세 경험
단기적 직무 분야			
장기적 특정 직무			현재 파악하고 있는 능력
장기적 직무 분야			

(3) 인적자원계획의 목적

종업원들의 생산성 및 경쟁력 향상을 통한 조직목표달성에 기여함과 동시에 조직 내 집단 간의 상호 이익을 위한 이해 및 조정이 필요하며, 각 종업원들의 인격 및 개성의 존중을 통한 인간성 확보가 있어야 하고, 종업원들의 성과 및 능력중심의 관리를 통한 창조적이고 혁신적인 사고 개발을 효과적으로 창출해 내야 한다. 정리하면 인적자원계획의 목적에는 무엇보다도 합리적인 인적자원의 확보관리에 있으며, 이렇게 확보된 인적자원에 맞는 체계적인 교육훈련관리가 이루어져야 하고, 인적자원의 능력에 맞는 합리적인 이동 · 승진관리 시스템이 존재해야 하며, 그러한 결과로 나온 각 종업원들에 대한 임금관리가 이루어져야 함을 의미한다.

> ☑ **참고** 인력계획의 내용
> * 인력소요계획: 기업경영의 목적을 달성하기 위해 단기 및 중 · 장기적으로 요구되는 기업의 양적 · 질적 인재들을 해당 소요시기에 따라 계획하는 것을 의미한다.
> * 인력확보계획: 기업의 인력 소요계획에 의해 기업에서 어떠한 방식으로 필요한 인재를 모집 · 선발할 것인가를 결정하는 계획을 의미한다. 이러한 인력 확보계획에는 이동, 승진 등의 방법인 기업 내 확보방법과 또는 기업 외부에서의 신규 채용 등의 방법과 같은 기업 외 확보방법으로 나누어진다.
> * 인력적응계획: 기업에서 확보한 인력을 개인 및 조직의 능력에 맞게 적재적소에 배치시키는 계획을 말한다. 효과적인 인력적응계획을 위해서는 각 직무에 필요한 자질과 확보한 인적자원의 능력을 서로 비교해서 이루어져야 한다.
> * 인력개발계획: 선발된 구성원의 능력을 어떻게 효과적으로 향상시킬 것인지에 대한 계획을 의미한다. 이는 전문화 · 정보화의 발달에 따라 그 입지가 더욱 더 중요한 요소로 작용하고 있다. 따라서 이런 기술이 고도로 발달한 시대에 효율적으로 대처하기 위해서는 인적자원의 계속성, 유연성 및 통합성이 요구된다.
> * 인력비용계획: 선발된 인력에 대해 미래에 소요될 비용을 비롯하여 전체 경영에서 인적자원에 투하될 총비용을 계획하는 것을 의미한다.

☑ 참고   **인적자원계획의 효과**
- 적정한 수의 인적자원 확보를 통한 노동비용의 감소 및 그에 따른 충원비용의 절감효과가 이루어진다.
- 적정한 교육훈련계획의 수립이 가능하다.
- 새로운 사업기회의 확보능력이 증대된다.
- 효과적인 인적자원 계획으로 인한 종업원의 사기와 만족이 증대된다.
- 불필요한 노동력의 감소와 증대에 따른 통제가 용이하며, 기업의 전반적인 인적자원 유지전략이 상당히 용이하다.

(4) 인적자원의 수립(예측)기법

인적자원의 수립계획은 기업의 내·외부의 환경변화와 사업계획 등의 요소를 고려하여 그에 필요한 인적자원들을 적절히 확보하기 위한 과정들을 확정하는 과정이며, 이렇게 필요한 인력들을 제때에 확보하기 위해서 기업은 장기적인 관점에서 시기적절하게 인력을 결정하고, 현재 내부인력을 점검하며 인력의 부족 및 잉여상태를 파악해야 한다. 그래서, 이를 토대로 필요한 인적자원을 외부에서 받아들일 것인지, 또는 내부이동을 통해서 할 것인지를 결정할 수 있다.

☑ 참고   **인적자원계획의 수립과정**

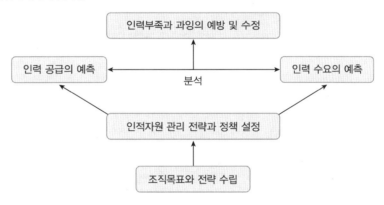

① **기업의 환경분석** : 기업조직에 있어 영향을 미치는 정치·경제적, 사회·문화적, 법적·기술적 환경 등의 외부환경이 기업조직에서 인력의 수요 및 공급에 어떤 영향을 미치는지를 객관적으로 분석하고, 또는 외부환경적인 요소와 내부환경적인 요소로 나누어 분석하는 것 등이 있다.

② **인적자원의 수요예측** : 기업의 인력수요계획은 현재 및 장래에 있어 기업조직이 필요로 하는 종류의 인원수를 예측하는 것인데 다시 말해, 이는 기업조직이 추후에 필요로 하는 인적자원의 양과 질을 추정하는 과정을 의미한다. 기출

 ㉠ 거시적 방법(하향적 인력계획) : 하향적 인력계획이라고 하는데, 이는 기업조직 전체의 인력예측을 통해서 총원을 정하고, 이를 다시 여러 부서별로 인력을 분할하는 것을 말한다.

 ㉡ 미시적 방법(상향적 인력계획) : 상향식 인력계획이라고도 하는데, 기업조직의 인력수요계획에 있어서 미시적 계획은 각 직무와 작업에 필요로 하는 인력을 예측하는 것을 말한다. 기출

ⓒ 회귀분석 : 기업조직의 인적자원에 대한 수요량 및 매출액, 서비스, 생산량, 예산 등과 같은 여러 변수들과의 관계를 고려해서 이들을 함수관계로 나타내 분석하는 것을 말한다. 기업의 현재 자료를 통해 미래에 대해서 보다 더 과학적으로 예측할 수 있지만, 반면에 회귀방정식 도출에 있어서 필요한 충분한 과거의 자료가 있어야 하며 설명변수와 인력수요 사이의 유의한 상관관계가 존재해야 하는 부분이 있다.

ⓔ 시계열분석 : 기업의 과거 인력수요의 흐름을 기반으로 해서 인력예측을 수행하는 것으로, 시계열 분석에는 추세변동, 계절적 변동, 순환변동, 불규칙변동 등이 있다.

ⓜ 비율분석 : 기업조직의 핵심부서 인력을 예측한 후에 스탭 부서의 인력은 핵심부서들에 대한 비율로 예측하는 것을 말한다.

③ **인적자원의 공급예측** : 인력공급계획은 인력수요예측과 인력공급예측을 실시하여 순수 부족 인력을 조직의 내·외부에서 조달하는 계획을 말한다. 즉, 인적자원의 공급예측은 인적자원에 대한 수요예측 후에, 필요한 인적자원을 어떻게 조달할 것인가 결정하는 것을 말한다. 이러한 인력공급계획의 기법으로 승진 도표, 인력(기능) 재고표, 마코프 체인법 등이 있다.

더 알아두기

인적자원의 공급예측 기출

인력의 내부공급	내용
승진 도표 (Replacement Chart)	구성원 개인의 상이한 직무에 대한 적합성을 기록한 것으로서 현재 인원의 상태를 능력 면에서 자세히 파악하여 개개인 승진, 이동 시기, 순위, 훈련 등의 조건을 명시해 두고, 이를 확인하여 내부인력의 변화를 예측하는 방법을 말한다.
인력 재고표 (Skills Inventory)	구성원 개인의 직무적 합성에 대한 정보를 정확하게 찾아내기 위한 장치인데, 보유기능, 조작이 가능한 기계·장비·도구, 현재 맡고 있는 직무의 내용 및 책임의 정도, 교육수준, 경력, 교육훈련, 직무성과, 강점 및 약점 등을 포함한다. 즉, 개개인의 능력평가표를 의미한다.
마코프 체인법 (Markov Chain Method)	내부인력예측의 한 방법으로서, 시간의 흐름에 따른 각 종업원들의 직무이동확률을 알아보기 위해서 개발된 것인데, 이는 내부노동시장의 안정적 조건하에서 승진, 이동, 퇴사의 일정 비율을 적용하여, 미래 각 기간에 걸친 직급별 현 인원의 변동을 예측하는 OR기법이다.

④ **인적자원 수급 불균형 해소**

기업의 인적자원의 수급 불균형에서 인력부족 문제의 경우에는 기업 외부에서 신규인력의 투입이나 임시직·아웃소싱 등의 외부 인력공급에 의한 방식으로 해야 하며, 인력과잉 문제의 경우에는 인력을 감소시켜야 하는데 정리해고 및 조기정년 등의 방식으로 문제를 해결해야 한다.

제2절 　모집관리

모집은 보통 종업원을 모집하고 선발하기 이전에 인적자원계획의 수립과 직무분석을 실시해야한다. 인적자원의 계획화는 경영자가 인적자원에 대한 그들의 현재 및 미래의 수요를 예측하기 위해 참여하는 모든 활동을 포함한다.

(1) 모집의 개념 [기출]

모집이란 외부노동 시장으로부터 기업의 공석인 직무에 관심이 있고, 자격(능력)이 있는 사람들을 구별하고 유인하는 일련의 과정을 말한다. 모집활동은 인적자원계획이 완료된 후에 실시하는 활동으로, 이는 기업에서 선발을 전제로 양질의 인력을 조직적으로 유인해 가는 과정인데, 선발비율(선발예정자 수 / 총 응모자 수)을 낮출 목적으로 수행된다. 모집방법은 통상적으로 모집 대상자의 확보를 기업 내·외부의 어디에서 찾느냐에 따라 사내 모집과 사외 모집으로 나뉘어진다.

(2) 모집원 [기출]

모집원은 상황에 따라 사내 모집과 사외 모집으로 나뉘어진다.

① **사내 모집** : 기업 내의 모집은 통상적으로 기업의 입장에서는 간편하면서, 기존의 종업원에 대한 인사고과기록 등을 보유하고 있으며, 기존 종업원이 기업을 잘 알고 있어 이로 인한 추가적인 홍보활동이 필요 없으며, 종업원들의 사기에 긍정적인 영향을 미친다. [기출]

   ⊙ 인사부분에서 **기능목록** 또는 **인력배치표**를 이용해서 해당 직위에 적합한 인물을 찾아내는 방법이 있는데, 이 경우에는 선발과정이 마무리될 때까지 종업원들에게 알려지지 않은 채 이루어진다.

   ⓒ 공개모집제도 이용의 경우에는 조직이 외부인들에게 신문광고 등을 통해 모집을 알리는 것과 마찬가지로 기업이 사보나 사내게시판을 통해 충원해야 할 직위를 종업원들에게 알려서 관심 있는 사람들이 응모하게 만드는 방법인데, 이러한 방식은 각 종업원에게 균등한 기회를 부여한다는 점에서 긍정적으로 받아들여지고 있는 방식이다.

   ⓒ 장점 : 비용이 저렴하며, 조직 구성원들의 정확한 정보를 바탕으로 **적임자를 발견**할 수 있으며, 기존 **종업원들의 사기를 상승**시키는 효과를 가져온다.

   ⓔ 단점 : 기존 구성원들에게서 **새로운 능력이나 기술** 등을 기대하기가 힘들다.

② **사외 모집** : 기업이 종업원들을 외부에서 모집할 때, 기업의 경영정책이나 직무내용 등에 따라 모집방향이 달라진다.

   ⊙ 광고로 인한 모집활동 : 신문이나 잡지 등에 광고를 할 때에는 모집부문에 맞는 집단에 집중적으로 광고를 할 수 있어 기업에 대한 이미지를 심어 주는 효과가 발생한다.

   ⓒ 직업소개소를 이용한 모집활동 : 비영리로 운영하는 공공기관과 영리적으로 운영하는 일정 정도의 수수료를 받고 소개를 해 주는 방식을 말한다.

   ⓒ 종업원의 추천에 의한 모집활동 : 기업에 종사하고 있는 종업원의 추천을 한 경우, 추천한 종업원은 추천 대상자와 기업의 관한 것을 모두 잘 알고 있으므로 그에 따른 정보전달이 용이하다.

   ⓔ 교육기관과의 협력에 의한 모집활동 : 기업이 학교나 교수들과의 협력으로 모집하는 방법인데, 기업과 학교가 연계하는 방식의 산학연이 대표적인 케이스라 할 수 있다.

제3절　선발관리

(1) 선발의 개념

현재 기업에 주어진 환경에 능동적으로 대처하기 위해서 유능한 인재의 확보가 필수적인데, 그만큼 기업에 있어서 양질의 종업원 확보가 기업의 성패를 좌우할 수 있게 되므로 기업에서 종업원의 선발관리는 중요한 부분 중 하나라고 할 수 있다. 즉, 선발이란 모집활동을 통해 획득한 지원자들을 대상으로 미래에 수행할 직무에 대해 가장 적합한 지원자를 선별하는 과정을 의미한다.

(2) 선발과정

보통 기업들이 어떠한 절차를 거쳐서 지원한 응모자들 중에서 해당 직무에 맞는 응모자를 선발하고 있는가에 대해서는 일반화시키기는 어렵다. 이는 각 나라별로, 기업별로 선발하고자 하는 직종이나 응모자의 수에 따라서 다르기 때문이라 할 수 있다. 또한, 기업에 따라서는 필기시험을 폐지하고, 대신에 적성검사 또는 직무능력평가 등으로 대체하는 경우가 늘어나고 있는 추세이다.

(3) 선발도구

선발도구는 많은 수의 응모자를 기업의 실제업무를 수행시켰을 때, 훨씬 나은 결과를 낼 수 있는 사람을 선별하는 데 활용되는 것으로, 이는 미래의 결과를 예측하는 데 쓰이는 일종의 측정도구라 할 수 있다. 그러므로 기업에서는 선발도구를 만들 때 이에 따른 신뢰성 및 타당성을 기반으로 하는 것이 매우 중요하며, 이의 효과적인 활용을 위한 선발비용 및 선발비율도 반드시 고려해야 할 요소이다.

① **시험** : 응모자들의 선발정보를 얻는 수단으로, 이는 응모자에 대한 정보를 얻는 중요한 선발도구라 할 수 있다.

② **면접** : 두 사람 사이에 어떤 목적을 가지고 행해지는 대화 등의 커뮤니케이션을 말한다. 보통 면접자는 응모자가 선발에 적합한 인물인지를 파악하기 위해 해당 직무에 대한 능력을 분석한다. 면접도 개인면접과 집단면접으로 나누어진다. 면접은 그 중요성이 날로 더해지고 있는데, 이는 비지시적 면접, 패널 면접, 집단 면접, 스트레스 면접 등으로 나누어진다.

> ☑ **참고**　**면접의 종류** 기출
> • 비지시적 면접 : 다른 말로 비정형적 면접 또는 비구조적 면접이라고도 하는데, 이는 피면접자에게 의사표시에 대한 자유를 주고, 그에 따라 피면접자에 대한 정보를 수집하는 방식을 의미한다.
> • 패널 면접 : 여러 명의 면접자가 한 명의 피면접자를 상대로 하는 방식을 말한다.
> • 집단 면접 : 특정 문제에 대한 토론을 통해 지원자의 태도 등을 파악하는 방식이다.
> • 스트레스 면접 : 피면접자에 대해 면접자가 무시하거나 또는 극한 상황을 제시해서 피면접자로 하여금 당황하게 만들도록 하여, 처해진 환경에서 상황을 극복하고, 얼마나 인내심을 발휘하는지를 알아보는 방법을 말한다.

(4) 합리적 선발도구의 조건 [기출]

보통 선발도구의 조건에는 신뢰성, 타당성, 선발비율 등이 포함된다.

① **신뢰성** : 어떠한 선발도구를 활용해 얻어진 결과치가 언제 또는 누가 측정을 했든지 간에 측정하려는 요소가 변하지 않는 한 동일하게 나타나는 정도를 말한다. 다시 말해 어떠한 시험을 동일한 환경에서 동일한 사람이 이를 몇 번이나 보았을 때, 결과가 서로 일치하는 정도를 의미한다. 즉, 일관성을 유지한다는 것이다.

　㉠ 신뢰성 측정방법
　　• 시험–재시험법 : 같은 상황에서 같은 대상에 대해서 동일한 선발도구를 시기를 달리하여 두 번 측정해서 그 결과치를 비교하는 것을 말한다. 여기에서 얻어진 상관계수를 통해 신뢰성을 추측할 수 있다.
　　• 대체형식방법 : 신뢰도를 알아보기 위해 만들어진 선발도구와 비슷한 또 하나의 선발도구를 만들어 놓고, 이와 본래의 선발도구를 동일한 대상에게 적용하여 신뢰성을 추측하는 방식이다.
　　• 양분법 : 선발도구의 항목을 임의로 해서 반으로 나누고, 각각의 독립된 두 가지의 척도로 활용하여 신뢰성을 측정하는 방법을 말한다. 이 방식은 일반적으로 짝수항목과 홀수항목으로 양분하거나 무작위 상태에서 항목의 반을 추출하고, 나머지를 다른 하나의 척도로 만드는 식을 사용한다.

② **타당성** : 어떠한 시험이 측정하는 내용이나 대상을 정확히 검증하는 정도를 의미한다.

　㉠ 타당성 측정방법 [기출]
　　• 기준관련 타당성 : 선발도구를 통해 얻어진 예측치와 직무성과와 같은 기준치의 관련성을 말한다. 이때 예측치는 선발이나 면접에 의해 구해진 점수를 의미하고, 기준치란 선발된 인원이 담당직무를 수행한 결과로 드러낸 직무성과를 의미한다. 또한, 기준관련 타당성은 동시 타당성과 예측 타당성으로 구분되어진다.
　　　– 동시 타당성 : 현재 근무 중인 종업원들을 대상으로 시험을 실시해서 그들의 시험점수와 직무성의 상관관계를 분석하여 나온 정도에 따라 시험의 타당성 여부를 측정하는 것을 말한다.
　　　– 예측 타당성 : 종업원들의 선발시험의 결과를 예측치로 하고, 직무수행의 결과를 기준치로 삼아 예측치와 기준치를 비교함으로써 선발시험의 타당성 여부를 결정하는 방법이다. [기출]
　　• 내용 타당성 : 선발도구의 내용이 측정하고자 하는 취지를 얼마나 반영하고 있는지를 나타내는 것을 말한다.
　　• 구성 타당성 : 측정도구가 실제로 무엇을 측정했는지 또는 측정도구가 측정하고자 하는 대상을 실제로 적절하게 측정했는지를 나타내는 것을 말한다. 또한, 구성 타당성은 논리적 분석과 이론적 체제에서 각 개념들 간의 관계를 밝히는 데 기준을 두고 평가하며, 측정 그 자체보다는 측정되는 대상이나 그 속성에 대해서 이론적으로 충실하게 수행되었는지의 여부를 평가하는 데 사용된다.

③ **선발비율(SR)** : 전체 응모자 수에 대한 선발예정 인원수의 비율을 의미하는데, 여기에서 선발비율이 1에 가까울수록(응모자 전원 고용일 때) 기업의 입장에서는 바람직하지 않고, 반대급부로 보면 선발비율이 0에 가까울수록(응모자 전원이 고용되지 않는 경우) 기업의 입장에서는 바람직하다고 할 수 있다.

> **더 알아두기**
>
> **1종 오류와 2종 오류**
>
> 1종 오류는 채용 후에 성과를 낼 수 있는 지원자를 불합격시켰을 때 발생할 수 있는 오류를 말한다. 2종 오류는 채용이 되었을 경우 성과를 낼 수 없는 지원자를 합격시키는 오류를 의미한다. 이러한 오류를 줄이기 위해서는 선발도구의 신뢰성과 타당성을 높여야 한다.

제4절 배치관리

(1) 배치의 개념

배치란 여러 직무와 여러 개인들의 관계를 잘 연결시켜, 이를 기업 조직의 성과 내지 각 개인의 만족도를 높이도록 해당 직무에 종업원들을 배속시키는 것을 의미한다. 다시 말해, 선발된 인원들을 그들의 적성이나 능력에 맞추어 그에 걸맞은 직무에 맞춰 주는 것을 말한다.

(2) 배치의 원칙 기출

① **실력주의** : 종업원들에게 그들의 실력을 발휘하도록 할 수 있는 영역을 제공하며, 해당 업무에 대해 정확하게 평가하고, 그렇게 평가된 종업원들의 실력 및 이루어 낸 업적들에 대해 그들이 만족할 수 있는 대우를 하는 것을 말한다.

② **적재적소주의** : 기업이 종업원에게 그가 가지고 있는 능력 내지 성격 등에서 그에 맞는 최적의 직위에 배치되어 커다란 능력을 발휘할 것을 기대함을 의미한다.

③ **균형주의** : 직장에서 전체 실력의 증진과 더불어 사기를 상승시키는 의미로서, 구성원 전체와 각 개인의 조화를 충분히 고려하는 것이라 할 수 있다.

④ **인재육성주의** : 인력을 소모시키면서 사용치 않고 인력을 성장시키면서 사용한다는 내용으로, 이것은 경력관리에 있어 후에 경력의 자각과 자기관리하고 연관된다.

※ 다음 지문의 내용이 맞으면 ○, 틀리면 X를 체크하시오. [1~6]

01 조직구성원 개개인의 상이한 직무에 대한 적합성을 기록한 것을 인력 재고표라고 한다.
( )

02 시간의 흐름에 따라 각 종업원들의 직무이동 확률을 알아보기 위해 개발된 것을 승진 도표라고 한다. ( )

03 모집이란 기업에서 선발을 전제로 해서 양질의 인력을 조직적으로 유인해 가는 과정을 말한다.
( )

04 사외모집의 형태로는 광고로 인한 모집활동, 종업원의 추천에 의한 모집활동, 직업소개소를 이용한 모집활동 등이 있다. ( )

05 지시적 면접이란 피면접자에게 의사표시에 대한 자유를 주고, 그에 따라 피면접자에 대한 정보를 수집하는 방식을 말한다. ( )

06 통상적인 선발도구의 조건으로는 타당성, 신뢰성, 선발비율 등이 포함된다. ( )

정답과 해설 01 X 02 X 03 ○ 04 ○ 05 X 06 ○

01 조직구성원 개개인의 상이한 직무에 대한 적합성을 기록한 것을 승진 도표라고 한다.
02 시간의 흐름에 따라 각 종업원들의 직무이동 확률을 알아보기 위해 개발된 것을 마코프 체인법이라 한다.
05 비지시적 면접이란 피면접자에게 의사표시에 대한 자유를 주고, 그에 따라 피면접자에 대한 정보를 수집하는 방식을 말한다.

01 인력계획(인적자원계획)은 사내·외 공급인력을 예측하고 계획을 하며, 단순한 인적자원의 확보관리뿐만이 아닌 그들의 승진 및 이동관리·훈련계획·임금계획 등과도 깊은 연관이 있으며, 인력계획은 인적자원의 확보에서 모집·선발·배치 등의 요소에 대한 전제가 되는 중요 요소이다.

01 인력계획(인적자원계획)에 대한 설명으로 옳은 것은?

① 사내의 공급인력만을 예측하고 계획한다.

② 기업이 현재 또는 차후 각 시점에서 기업이 필요로 하는 종류의 인원수를 사전에 예측하고 결정하는 것이다.

③ 인적자원에 대한 확보관리만을 위해서 실행된다.

④ 인적자원의 출발점인 확보에서부터 모집 및 선발은 배치의 전제가 되지 않는 중요하지 않은 요소이다.

02 기업조직이나 각 직장단위에 대한 인력을 예측하는 것으로서 통상적으로 거시적 인력계획이라 한다.
② 회귀분석
③ 시계열분석
④ 비율분석

02 인적자원의 수요예측 중 거시적 인력계획이란 무엇인가?

① 기업조직 전체의 인력예측을 통해서 총원을 정하고, 이를 다시 여러 부서별로 인력을 나누는 것을 의미한다.

② 기업조직의 인적자원에 대한 수요량 및 매출액, 생산량, 서비스, 예산 등과 같은 여러 변수들과의 관계를 배려해서 이들을 함수관계로 나타내어 분석하는 것을 의미한다.

③ 기업에서 기존의 인력수요의 흐름을 기반으로 해서 인력예측을 수행하는 것을 의미한다.

④ 기업조직의 핵심부서 인력을 예측한 후에, 스탭 부서의 인력은 핵심부서들에 대한 비율로 예측하는 것을 의미한다.

정답 (01 ② 02 ①)

03 다음 중 인력의 내부공급예측에 해당하지 <u>않는</u> 것은?

① 인력 재고표(Skills Inventory)

② 시계열분석(Time Series Analysis)

③ 마코프 체인법(Markov Chain Method)

④ 승진 도표(Replacement Chart)

04 다음 내용은 어떤 면접에 대한 설명인가?

> 여러 명의 면접자가 한 명의 피면접자를 상대로 하는 면접방식이다.

① 비지시적 면접

② 집단 면접

③ 패널 면접

④ 스트레스 면접

05 다음 중 선발도구의 조건에 있어 신뢰성의 측정방법에 해당하지 <u>않는</u> 것은?

① 대체형식방법

② 양분법

③ 시험–재시험법

④ 타당성

03 시계열분석은 인적자원의 수요예측에 해당하는 요소이다. 인력의 내부공급예측에 해당하는 요소로는 승진 도표(Replacement Chart), 인력 재고표(Skills Inventory), 마코프 체인법(Markov Chain Method) 등이 있다.

04 패널면접은 여러 명의 면접관이 한 명의 피면접자를 상대로 면접을 보는 방식을 말한다.

면접의 종류
- 비지시적 면접 : 비정형적 면접 또는 비구조적 면접이라고도 하는데, 이는 면접관이 피면접자에게 의사표시에 대한 자유를 주면서, 그에 따라 피면접자에 대한 정보를 수집하는 방식
- 집단 면접 : 특정 문제에 대한 토론을 통해 지원자의 태도 등을 파악하는 방식
- 스트레스 면접 : 피면접자에 대해 면접관이 피면접자를 무시하거나 또는 극한 상황을 제시해서 피면접자로 하여금 당황하게 만들도록 하여, 피면접자가 처해진 환경에서 어떻게 상황을 극복하고, 얼마나 인내심을 발휘하는지를 알아보는 방법

05 신뢰성 측정방법의 종류
- 시험–재시험법
- 대체형식방법
- 양분법

정답 (03 ② 04 ③ 05 ④)

06 우선적으로 인력계획은 조직의 인적
자원에 대한 확보에서부터 모집 및
선발, 배치의 전제가 되며, 이러한 인
력계획은 인적자원의 확보를 포함한
그들의 승진이나 이동관리 및 훈련
·임금계획과도 연관된다.

06 기업 조직의 인적자원에 대한 모집·선발·배치의 기본 전제가 되는 것은?

① 인력계획
② 경력계획
③ 인력공급
④ 인력구조

07 배치의 기본원칙
• 실력주의
• 적재적소주의
• 균형주의
• 인재육성주의

07 배치의 기본원칙에 속하지 않는 것은?

① 구조주의
② 적재적소주의
③ 실력주의
④ 인재육성주의

08 사내 모집(내부모집)은 기능목록 및
인력 배치표 등이 주요 원천이다.

08 다음 중 사내 모집에 있어 그 원천에 해당하는 것은 무엇인가?

① 광고 등의 모집활동
② 직업소개소 등의 모집활동
③ 기능목록 또는 인력 배치표
④ 교육기관 등의 모집활동

정답 (06 ① 07 ① 08 ③)

09 다음 중 사내 모집의 장점에 해당하지 <u>않는</u> 것은 무엇인가?

① 기존의 구성원들에 대해서 새로운 능력을 기대할 수 있다.

② 기존의 데이터를 기반으로 적임자를 발견할 수 있다.

③ 기존의 종업원들의 사기를 상승시키는 효과를 가져온다.

④ 비용 면에서 저렴하다.

10 다음 중 사외 모집의 형태에 속하지 <u>않는</u> 것은?

① 산학연 등의 교육기관과의 협력에 의한 활동

② 사내게시판을 이용한 모집활동

③ 직업소개소 등을 이용한 활동

④ 신문 및 잡지 등을 이용하는 광고 모집활동

11 다음 내용이 설명하는 것은?

> 기업 조직이 모집활동을 통해 획득한 지원자들을 대상으로 미래에 수행할 직무에 대해 가장 적합한 지원자를 선별해 나가는 과정이다.

① 모집

② 유지

③ 선발

④ 보상

09 사내 모집의 경우에 기존 직원들에게서는 사외 모집에 비해서 어떤 새로운 능력이나 기술 등에서 기대하기가 상당히 어렵다.

10 사내게시판 및 사보에 의한 모집은 사내 모집의 형태에 속한다.

11 기업 조직에 있어서 양질의 종업원 확보는 기업의 성패를 좌우할 정도로 그 의미가 크므로, 선발은 기업의 입장에 있어 차후 수행할 직무에 대해 가장 적합한 지원자를 선별해 나가는 과정을 의미한다.

정답 09 ① 10 ② 11 ③

12 소속된 기업 조직의 성과 및 각 개인의 만족도를 높이도록 해당 직무에 종업원들을 배속시키는 것을 의미한다.

12 다음 중 배치에 대한 설명으로 옳은 것은?

① 응모자들의 선발정보를 얻는 수단으로, 이는 응모자에 대한 정보를 얻는 데 있어 중요한 것이다.

② 두 사람 사이에 어떤 목적을 가지고 그들로 하여금 행해지는 대화 등의 커뮤니케이션을 말한다.

③ 기업에 주어진 환경에 대해 능동적으로 대처하기 위해서 유능한 인재의 확보가 필수적인데, 이렇게 적합한 사람들을 추려내는 과정을 말한다.

④ 선발된 인원들이 지니고 있는 적성 및 능력에 맞추어 그에 걸맞은 직무에 맞춰 주는 것을 말한다.

13 공개모집제도는 해당 기업이 사보 또는 게시판을 통해 충원해야 할 직위를 조직 내 종업원들에게 알려서 많은 사람들이 응모하게 하도록 하는 제도이다.

13 다음 내용이 의미하는 것은?

> 사내 모집원 충원기법으로서, 조직이 외부인들에게 신문광고 등을 통해 모집을 알리는 것과 마찬가지로 기업이 사보나 사내게시판을 통해 충원해야 할 직위를 조직 내 종업원들에게 알려서 이에 대해 관심 있는 사람들이 응모하게 만드는 방법을 말한다.

① 사외 모집

② 공개모집제도

③ 인력계획

④ 광고모집

정답 (12 ④ 13 ②)

➡ 인적자원계획의 효과
- 노동비용의 감소 및 그에 따른 충원비용의 절감효과
- 교육훈련계획의 수립이 가능
- 사업기회의 확보능력이 증대
- 종업원의 사기와 만족이 증대
- 불필요한 노동력의 감소와 증대에 따른 통제가 용이
- 인적자원 유지전략이 상당히 용이

➡ **마코프 체인법** : 내부노동시장의 안정적 조건하에서 승진, 이동, 퇴사의 일정 비율을 적용하여, 미래 각 기간에 걸친 직급별 현 인원의 변동을 예측하는 OR기법

➡ **승진 도표** : 현재 인원의 상태를 능력 면에서 자세히 파악하여 개개인 승진, 이동 시기, 순위, 훈련 등의 조건을 명시해 두고, 이를 확인하여 내부인력의 변화를 예측하는 방법

➡ **모집활동** : 인적자원계획이 완료된 후에 실시하는 활동으로, 이는 기업에서 선발을 전제로 양질의 인력을 조직적으로 유인해 가는 과정

➡ **선발** : 모집활동을 통해 획득한 지원자들을 대상으로 미래에 수행할 직무에 대해 가장 적합한 지원 자를 선별하는 과정

➡ **선발도구의 조건** : 신뢰성, 타당성, 선발비율

➡ **신뢰성 측정방법** : 시험-재시험법, 대체형식방법, 양분법

➡ **배치의 원칙** : 실력주의, 적재적소주의, 균형주의, 인재육성주의

SD에듀와 함께, 합격을 향해 떠나는 여행

제 6 장

인적자원의 개발관리

행운이란 100%의 노력 뒤에 남는 것이다.

- 랭스턴 콜먼 -

제 **6** 장 | 인적자원의 개발관리

제1절 경력관리

기존의 조직에서 연공서열적 또는 보편적인 인사관리에서 실력주의에 따른 개별적 관리가 요구되는 오늘날의 기업조직의 규모 확대와 더불어 업무내용의 다양화 속에서 수많은 종업원을 각자의 능력이나 지식 또는 경험에 있어 가장 적합한 직무에 배치하는 것은 인사관리상 중요하고, 또한 어려운 과제이기도 하다. 그러므로 조직 구성원 개개인의 직무경력을 기초로 잠재능력 등을 휴먼 인벤토리 방식으로 파악하여 기업에서는 이를 효율적으로 활용해야 할 필요성이 대두되고, 그에 따라 조직의 직무분석의 발달과 컴퓨터 도입에 의한 경력관리 제도가 발전되고 있는 추세이다.

(1) 경력관리의 개념 [기출]

경력관리(Career Development Program ; CDP)는 종업원들 개개인의 직무에 대한 경력, 교육훈련 등의 경력 또는 능력, 적성 등의 데이터를 각 개인별로 관리하여, 조직의 인사이동 시에 적정배치 및 인력개발의 기초자료로 활용한다. 다시 말해, 경력관리는 **기업 조직의 목표와 구성원 개개인의 목표가 조화**되도록 하는 것을 의미한다.

(2) 경력개발의 개념

어떤 조직에서 개인의 경력목표를 설정하고, 설정된 목표를 달성하기 위해 경력계획을 구상하여, 이를 조직의 욕구와 개인의 욕구가 서로 합치될 수 있도록 하는 각 조직구성원 개인의 경력을 개발하는 것을 의미한다. 그래서 이러한 경력개발에는 기업 조직과 구성원 개인 모두의 협력이 필요하고, 조직의 욕구 및 각 개인의 욕구를 통합하는 데에 기업의 성패를 좌우할 수 있다고 할 수 있다. 다시 말해, 경력개발이란 '개인이 경력목표를 설정하고, 이를 달성하기 위한 경력계획을 수립하여 조직의 요구와 개인의 요구가 합치될 수 있도록 각 개인의 경력을 개발하고 지원해 주는 활동'이라고 정의되고 있는데, 이것은 조직 구성원인 개인과 조직의 공동참여를 중요시하며, 구성원 개개인의 경력개발계획(직업의 선택 또는 직장의 선택 및 직무의 선택 등)과 조직의 경력개발지원(모집 및 선발과 인력의 배치, 인사평가, 교육훈련)이라는 두 축으로 구성되고 있다.

(3) 경력관리의 조건

통상적으로 조직에서는 구성원 개개인의 능력을 최대한 발현시켜 이를 조직의 경력기회에 적용시킴으로써, 구성원 개인의 경력욕구를 충족시켜 주는 것과 동시에 그들에게 경력기회를 제공하는 조직측에서는 시기적절하게 조직의 적소에서 이렇게 개발된 개인의 능력을 활용함으로써 조직의 유효성을 높이는 것을 말한다.

① **인재육성 및 직무능력향상** : 기업 조직 내에서 구성원 개개인의 Career Vision에 대한 자아실현욕구와 기업의 인재육성에 대한 Needs를 서로 일치시켜서 이를 조직 내 인적자원의 합리적인 개발을 통해 체계적인 인재육성 및 직무능력향상을 지원하고, 나아가 개인능력을 최대한 개발시켜 이것을 조직의 경력기회에 적용시킴으로써 개인의 경력욕구를 충족시킴과 동시에 조직의 유효성을 높이는 데 목적이 있다.

② **조직구성원들에 대한 동기부여** : 조직구성원들에게 업무평가에 따라 이동이나 승진 또는 교육훈련 등으로 연결시켜서 구성원 개인에게 스스로 목표를 가지게 하고, 능력을 발휘할 수 있도록 동기부여를 제공해야 한다.

☑ **참고** 경력개발관리의 구축 프레임워크

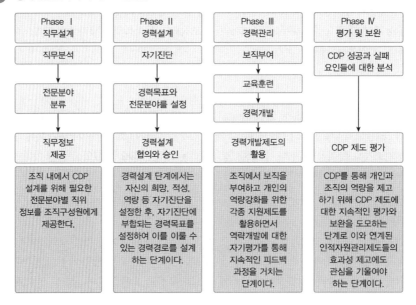

☑ **참고** 경력관리의 기대효과
- 기업 조직과 구성원 개개인의 핵심 직무역량이 상승한다.
- 기업이 제공하는 역량개발 체계시스템의 구축으로 인적자원의 가치가 제고된다.
- 조직의 경력개발 지원과 연계되는 인사시스템이 선진화된다.
- 구성원의 조직에 대한 몰입도와 더불어 직무만족도가 제고된다.

(4) 경력관리의 기본적 체계

① **경력목표** : 구성원 개개인이 경력상 도달하고 싶은 미래의 직위를 의미한다.

② **경력계획** : 조직체에서 요구하는 인적자원과 조직구성원이 희망하는 목적을 통합시켜 구성원의 경력경로(Career Path : 조직 구성원의 경력목표를 달성하기 위해 구성원이 헤쳐 나가야 할 직무와 그동안에 수행해야 할 교육 프로그램을 설정하고 이러한 경력목표가 현실화될 수 있도록 활동으로 옮기는 것으로, 이는 조직이 구성원들에게 실무경험을 주기 위한 임무 부여 및 조직 구성원의 구체적인 경력개발계획의 작성과 더불어 이의 실현을 위한 노력을 투입)를 체계적으로 계획, 조정, 관리해 나가는 과정을 의미한다. 다시 말해, 조직 구성원 개개인이 **경력목표를 설정**하고, 이렇게 설정된 경력

목표를 기반으로 목표를 달성하기 위한 경력경로를 구체적으로 선택해 나가는 과정이라 할 수 있다.

③ **경력개발** : 구성원 개인이 경력목표를 설정하고, 달성하기 위한 경력계획을 수립하여, 기업 조직의 요구와 개인의 요구가 합치될 수 있도록 각 개인의 경력을 개발하고 지원해 주는 활동을 의미한다.

(5) 경력개발의 각 단계 [기출]

홀(D. T. Hall)은 각 시기별 욕구에 따른 경력개발 모형을 제시했다.

① **탐색단계(1단계 : 정체성 욕구)**

조직구성원이 자기 자신을 인식하고, 교육과 경험을 통해서 여러 가지를 실험해 보며, 자기 자신에게 적합한 직업을 선정하려고 노력하는 단계라 할 수 있다. 또한, 여러 가지 기능분야를 순환하면서 기초적인 경험을 쌓는 단계이다.

② **확립단계(2단계 : 친교성 욕구)**

선택한 직업분야에서 정착하려고 노력하며, 후에는 하나의 직업에 정착하는 단계라 할 수 있다. 또한, 구성원이 조직체에서 성과를 올리고 업적을 축적하여 승진하면서 경력발전을 달성하고 조직체의 경력자로서 조직체에 몰입하는 단계이다.

③ **유지단계(3단계 : 생산성 욕구)**

자기 자신을 반성하며 경력경로의 재조정을 고려하고, 경우에 따라서는 심리적인 충격을 받기도 하는 단계이다. 이때 개인은 이 단계를 원활하게 헤쳐 나가면서 지속적인 경력발전을 달성하거나 혹은 심리적인 충격을 극복하지 못하고 침체되기도 한다.

④ **쇠퇴단계(4단계 : 통합성 욕구)**

퇴직과 더불어 조직구성원이 자기 자신의 경력에 대해서 만족하고 새로운 생활에 접어드는 단계이다.

☑ **참고** 개별 기업의 경력개발제도 실시 비율

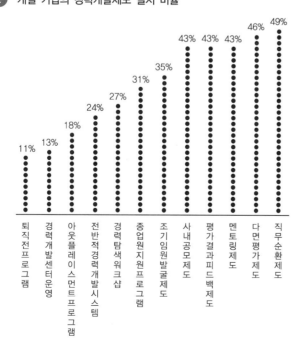

(6) 경력관리에 있어서의 유의할 점

기업의 구성원들에 대한 경력관리에 있어서의 유의할 점은 다음과 같다.

① 기업 조직의 **최고 경영자** 층의 지원이 필요하다.

② 기업 조직의 경력관리 제도는 **점차적으로** 받아들여져야 한다.

③ 기업 조직의 경력관리 업무는 조직도상에서 엄격하게 부여된 권한과 수행하여야 할 책임에 따른 부서에 소속되어 이에 대한 **업무의 독립성**을 유지시켜야 한다.

(7) 경력정체의 의의와 극복방안

① 경력정체의 의의

경력정체는 경력단계에서 어느 정도 안정된 위치에 있는 구성원이 조직의 구조적인 한계 또는 개인의 능력의 한계나 성장의욕의 상실 등을 경험함으로써 더 높은 지위로의 상승을 더 이상 하지 못하는 현상을 의미한다.

② 경력정체의 극복방안

경력정체의 문제는 개인의 문제뿐만이 아니라 조직 내 구조적인 문제로 인해서도 발생하기 때문에 극복방안에 대해서는 개인적인 차원과 조직적인 차원 모두에서 생각해 보아야 한다.

   ⊙ 직무재설계 : 이는 해당 직무로부터 더 큰 자율성과 책임감을 느낄 수 있도록 직무를 수평적 또는 수직적으로 확대하거나 다른 직무로 전환을 시켜주는 등의 방안이다.

   ⓒ 성장전략의 개선 : 근본적으로 기업의 성장이 이루어진다면 구성원 개인의 승진과 경력개발 기회도 보장되기 마련이다. 즉, 기업의 규모 확대와 수익 창출에 도움이 되는 성장전략의 수립이 필수적이다.

   ⓒ 이중경력제도의 도입 : 관리직과 기술직에게 이분법적 경력경로 시스템을 도입하여 해당구성원의 욕구에 따라 경력경로를 선택할 수 있게 하는 방법이다.

   ⓔ 직능자격제도의 도입 : 이는 조직의 구조적인 한계로 인한 제한된 승진기회에 비해 구성원들이 보유한 역량수준이 높을 경우 그들의 경력정체를 막기 위해 자격승진을 실시하는 것을 의미한다.

제2절   이동 · 승진관리

(1) 이동관리

조직의 구성원이 한 직무를 그만두고, 타 직무를 수행하도록 하는 것을 말하는데, 다시 말해 조직에서 직위의 위치를 변경시키는 것이라 할 수 있다. 인사 이동은 종업원이 어떠한 조직에 고용되어 특정 직무에 배치된 뒤, 해당 종업원의 능력이나 직무내용의 변화 또는 조직운영상의 여러 가지 상황에 따라 수직적 · 수평적인 배치상의 변화를 가져오는 인적자원관리 절차를 의미한다. 이동에는 수직적 이동 및 수평적 이동으로 나누어진다.

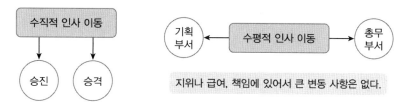

☑ 참고   수직적 이동 및 수평적 이동

① **수직적 이동**
　　㉠ 승진 : 이동의 한 형태로 조직에서 구성원의 직무서열 또는 자격서열의 상승을 말하는데, 즉 직위의 등급이나 계급이 올라가는 것을 말한다.
　　㉡ 강등 : 직위의 등급이나 계급이 낮아지는 것을 말한다.

② **수평적 이동**
　　㉠ 전환배치 : 조직 구성원인 종업원의 작업조건이나 책임 및 권한에 있어, 지금까지 해 오던 직무하고는 다른 직무로 이동함을 의미한다.
　　㉡ 직무순환 : 단순한 배치가 아닌 기업 조직에 필요한 시기 및 직무를 계획적으로 체험시키기 위한 인사관리상의 구조를 말한다. 업무내용의 변화가 아닌 다른 업무로의 로테이션 또는 동종의 직군에서 다른 직무로의 로테이션, 또는 동종의 직군에서 장소적으로 다른 곳으로의 로테이션을 의미한다. 정리하면, 조직 구성원들의 **직무영역을 변경하여 여러 방면에서의 경험이나 지식을 쌓게 하기 위한 인재양성 방법**이라 할 수 있다.

③ **이동의 목적**
　　최근 조직 환경의 변화는 심하다. 그래서 조직은 조직 내·외부의 환경변화에 능동적으로 대처해 나가야만 성장·발전할 수 있다. 인사이동은 인력의 능력 및 직무의 요건이 부적합할 때, 이 부적합성을 해소시키고 적합성을 향상하기 위해서 시행된다. 다시 말해, 합리적인 인사이동은 경영기능을 효율적으로 달성할 수 있게 해 주며, 그에 따른 노동력의 활용 및 인재육성에도 크게 기여할 수 있다.

> ☑ 참고   인사이동의 구체적 목적
> • 기업 조직은 후계자를 양성하여 다음 세대에 조직을 이끌어 나갈 각 기능과 각 계층의 적격자를 지속적으로 공급하고자 한다.
> • 기업 조직은 적재적소 배치의 실현을 통하여 고용한 인적자원 능력의 효과적 활용을 도모하고자 한다.
> • 기업 조직은 종업원에게 새로운 일의 기회를 제공하여 그들의 능력발전을 도모하고자 한다.
> • 기업 조직의 인사이동은 승진에 맞게 이루어지는 경우가 있으므로 종업원들의 승진의욕을 자극하고 사기 증진에 이바지한다.
> • 기업 조직의 동일 직위에의 고정적인 정착을 배제함으로써 그에 따른 좋지 않은 타성을 제거한다.

(2) 직무순환(Job Rotation) 기출

조직이 단순하게 배치를 바꾸는 것이 아니라, 기업이 필요로 하는 시점에 필요한 직무를 계획적으로 체험시키는 인사관리상의 구조를 말한다. 이는 업무 자체의 내용을 변화시키기보다 직군이 다른 업무로의 로테이션, 즉 동종의 직군 안에서 다른 직무로의 로테이션, 또는 같은 직군 안에서 다른 곳으로의 로테이션을 말한다. 직무순환은 종업원들의 여러 업무에 대한 능력개발 및 단일직무로 인한 나태함을 줄이기 위한 것에 그 의미가 있으며, 여러 가지 다양한 업무를 경험함으로써 종업원에게도 어떠한 성장할 수 있는 기회를 제공하면서, 종업원 자신이 조직의 구성원으로 가치 있는 존재로 인식을 하도록 하는 역할을 수행한다.

① **직무순환의 관리상 개념**

　　㉠ 교육훈련의 측면 : 조직에서 관리자의 능력을 배양하기 위한 중요한 사내교육훈련(On the Job Training ; OJT) 교육방법의 하나이다.

　　㉡ 동기부여 측면 : 종업원들의 업무에서 오는 단조로움과 권태감을 제거한다.

　　㉢ 적재적소의 종업원 관리를 하기 위한 측면 : 1인 다기능 능력을 배양하기 위함이다.

　　㉣ 승진을 시키기 전 단계에서 하나의 단계적인 교육훈련방법으로 파악하기 위함이다.

　　㉤ 부정 방지 : 종업원의 해당 업무에 의한 장기보직으로 인해 외부 거래선과의 불필요한 유대 또는 기업 조직의 허점을 이용한 부정을 예방하기 위함이다.

　　㉥ 조직변동에 따른 부서 간의 과부족 인원의 조정 또는 사원 개개인의 사정에 의한 구제를 하기 위함이다.

② **직무순환이 갖는 장점 및 단점**

　　㉠ 장점 : 조직의 종업원들에 대해 부서를 옮김으로써 그로 인한 새로운 업무(기술)를 배우게 된다. 또한, 노동에 대한 싫증이나 소외감을 덜 느끼게 하는 효과가 있다.

　　㉡ 단점 : 업무에 있어서 직무에 대한 전문화 수준이 떨어지게 되는 문제점이 발생하며, 직무에 대한 교육을 위해서는 많은 노력과 시간을 필요로 하게 된다.

③ **직무순환의 유형**

　　㉠ 시기에 따른 형태는 조직에서 전사적 차원으로 이루어지는 정기순환과 조직에서 필요한 시기에 이루어지는 수시순환이 있는데, 수시순환의 경우에는 기업 조직의 변경이나 조직 후계자의 충원 또는 조직 내 퇴직자가 발생할 경우이다.

　　㉡ 발생범위에 따른 형태는 단위가 과 또는 부, 공장이나 한 공장 이상, 조직이 될 수 있는데, 이를 기반으로 각 직무 간의 순환이나 또는 부서 간의 순환, 스탭과 라인 간의 순환, 사업장 간의 순환으로 나누어진다.

　　㉢ 목적에 따른 형태는 실시하는 목적에 따라 여러 가지로 나누어지는데, 그중에서 대표할 만한 것은 종업원 능력의 배양 및 적재적소의 배치, 조직의 침체 및 부정을 방지 또는 인력조정 등을 위한 순환형태가 존재한다.

(3) 승진관리

종업원의 직위의 등급이나 계급의 상승을 뜻하는 것으로, 이는 수직적 이동의 한 형태이다. 동시에 승진은 그에 따른 지위의 상승과 더불어 그에 걸맞은 보수 및 권한, 책임의 상승이 함께 뒤따르는 형태를 지닌다.

① **연공주의** `기출`

통상적으로 연공주의는 종업원의 근속연수, 학력, 경력, 연령 등 전통적 방식에 입각해서 근속기간에 큰 의미를 부여하는 방식을 말한다. 또한, 연공주의는 가족주의적인 종신고용제나 유교사상 및 집단주의에 기반을 두고 있다.

② **능력주의** 기출

능력주의는 연공주의와는 반대로 어떠한 근속기간보다는 종업원의 능력, 즉 직무수행능력을 기반으로 그에 따른 기준 및 직무성과에 따른 특성을 중시하는 것을 의미한다. 또한, 능력주의는 개인주의적인 단기고용이나 기독교적인 사상 등 서구적인 분위기에 기반을 두고 있다.

더 알아두기

승진의 기본원칙 기출

승진은 급여 및 복리후생 등과 함께 전 직원이 관심을 가지는 인사정책이므로 이를 위해 공정성, 적정성, 합리성의 기본원칙을 지녀야 한다.
- 적정성의 원칙(보상의 크기) : 적정성의 원칙은 조직구성원이 일정 정도의 공헌을 했을 때 어느 정도의 승진보상을 받아야 하는지에 대한, 즉 크기의 적정성을 정하기 위한 원칙을 의미한다.
- 공정성의 원칙(보상의 배분) : 조직이 구성원에게 나눠줄 수 있는 승진 보상의 덩어리가 적정하게 배분되었는지에 관련된 원칙이다.
- 합리성의 원칙(공헌의 측정기준) : 조직의 구성원이 조직목표의 달성을 위해 공헌한 내용을 정확히 파악하기 위해서 어떠한 것을 공헌으로 간주할 것인가에 관련된 원칙이다.

☑ **참고** 연공주의와 능력주의의 비교 중요 기출

구분	연공주의	능력주의
합리성 여부	비합리적 기준	합리적 기준
사회행동의 가치기준	전통적, 경영가족주의적 사고에 기초	가치적 기준, 합목적적 기준
승진기준	사람 중심(신분 중심)	직무 중심(직무능력 중심)
승진요소	근속연수, 경력, 학력, 연령	직무수행능력, 업적 또는 성과
승진제도	연공승진제도	직계승진제도
장·단점	• 집단중심의 연공질서의 형성 • 적용이 용이 • 승진관리의 안정성 • 객관적 기준 • 종업원의 무사안일 가능성이 있음	• 개인중심의 경쟁질서의 형성 • 적용이 어려움 • 승진관리의 불안정 • 능력평가의 객관성 확보가 어렵고 중요함
급여	연공급	직무급

③ **승진의 종류**

연공주의와 능력주의 등의 승진기준이 기업 조직의 인사철학과 관련되는 부분이라면, 속인기준과 속업무기준은 구체적이면서도 실질적인 기준에 해당한다고 할 수 있다.
ㄱ 속인(사람)기준 : 조직 구성원이 수행하는 직무의 내용 및 책임과는 상관없이 구성원 자신의 능력, 속성을 기초로 해서 승진하는 것을 말한다.
ㄴ 속업무(직무)기준 : 속인기준과는 반대로 종업원에게 할당된 직무내용·책임에 바탕을 둔 승진제도이다.

☑ 참고 승진의 종류 중요

속인 기준	신분자격승진	종업원의 근속연수, 근무상황, 경력 등 직무에 관계없는 종업원 개인에 속하는 형식적인 요소들만을 고려해서 운영하는 승진방법을 말한다.
	능력자격승진 (= 직능자격승진)	잠재적으로 직무와 관련된 요소들로서 종업원 개개인이 가지고 있는 지식이나 기능, 태도 등을 평가해서 승진을 결정하는 방법을 말한다.
속업무 기준	역직승진	기업 조직은 직무의 곤란성이나 책임의 정도에 따라 결정되는 것이 아니라 조직구조의 편성과 운영원리에 따라 기업 조직의 특성에 맞는 역할 및 직책, 다시 말해 역직을 두게 됨을 말한다.
	직계승진 (= 직위승진)	기업 조직의 직계승진은 직무주의적 능력주의에 따라 직무를 분석하고 분류하여 직위관리체계를 확립한 후 직무 적격자를 선정하여 승진시키는 방법을 말한다.
기타	대용승진	인사정체가 심할 경우 발생할 수 있는 사기저하를 막기 위해 직위의 상징에 따른 형식적인 승진을 하게 되는 것을 말한다. 대신에 임금이나 복리후생 및 그에 따르는 사회적 신분 등의 혜택은 받게 된다.
	OC 승진	경영조직을 변화시켜 승진의 기회를 제공하는 동태적인 승진제도라 할 수 있는데, 승진대상자들에 비해 해당 직위가 부족한 경우에, 조직의 변화를 통해서 직위계층을 늘려서 승진의 기회를 부여하는 방식을 말한다.

제3절 교육훈련관리

사람은 평생을 살아가면서 인격과 자아형성을 실현해 나간다. 그중에서도 학교나 군대, 기업 조직에 속해서 많은 구성원들과 처해진 환경하에서 새로운 기술이나 지식 등을 지속적으로 배우게 된다. 여기에서는 구성원 개개인이 조직생활을 통해서 필요로 하는 행동 등을 얻는 것으로 설명되는 학습을 들 수가 있다. 학습이란 인간의 연습 또는 체험의 결과로 나타나는 일종의 행위에 있어서 항구적인 변화를 의미한다. 또한, 이러한 학습들은 기업 조직 내에서 교육 및 훈련으로 인해 나타난다.

(1) 교육훈련

교육훈련은 교육과 훈련의 결합으로 이루어진 합성어이다. 무엇보다도 이 둘의 개념 차이를 알아보면 다음과 같다. 교육은 조직 구성원에 대한 일반적 지식이나 소양, 태도 등을 배양하는 것으로서 정규교육제도를 통해 장기적이면서도 포괄적인 측면에서 정신적 이론 중심의 지식과 능력을 만드는 것을 목표로 하는데, 훈련은 조직의 구성원의 직무 수행에 있어서 필요한 지식과 기술의 체득을 위해 기업 조직에 의한 단기적이면서도 현실적인 실무 중심 위주의 육체적인 기능을 만들어 가는 데 중점을 두게 된다. 하지만 통상적으로 두 가지 개념은 서로 보완관계에 있으므로 따로 구분하기보다는 혼용되어 사용된다. 그러므로 교육훈련은 기업 조직이 기반이 되어 조직에서 필요로 하는 지식이나 기술 등을 담당자를 통해 피교육자에게 습득하게 하는 조직의 활동을 의미한다.

훈련, 교육, 개발의 차이점 비교 중요

구분	목표	기대되는 결과
훈련(Skill)	기업 특유의 단기적인 목표	특정적 직무기능의 습득 → 특정 결과
교육(Knowledge)	인간적·보편적·장기적 목표	보편적 지식의 습득 → 다양한 결과
개발	훈련과 교육의 두 가지를 종합한 성격	

(2) 교육훈련의 목적

조직 구성원들이 가지고 있는 지식이나 태도 또는 기술을 발전시켜서 구성원들로 하여금 스스로가 맡은 직무에 만족함과 동시에, 해당 직무수행능력을 더 크게 발전시켜서 구성원 스스로에게 더 막중한 직무를 수행할 수 있도록 하는 데 목적이 있다. 정리하면, 기업의 교육훈련은 기업조직을 유지·발전하게 하는 것과 연관된다고 할 수 있다. 기업 입장에서의 교육훈련은 능력 있는 인재육성을 통해 그에 따른 기술배양과 구성원 간의 커뮤니케이션을 통한 기업조직의 협력 강화에 있는 반면에, 종업원 입장에서의 교육훈련은 자기자신의 발전에 대한 욕구를 충족시킴과 동시에 그에 따른 성취동기 유발과 자아실현에 있다고 할 수 있다.

☑ 참고 교육훈련의 목적

(3) 교육훈련의 필요성

일반적으로 기업 조직의 교육훈련 필요성은 크게 다음과 같이 3가지로 구분된다.

① **조직수준 필요성** : 조직의 전반적인 차원에서 필요성을 분석하여, 불필요한 요소들은 제거하는 등의 확실한 교육훈련의 목표를 수립함에 있어 행해지는 교육훈련을 말한다.

② **직무수준 필요성** : 조직 구성원들의 과업의 성공적인 수행에 필요한 지식이나 기술 또는 태도 등으로 인해 교육훈련이 실시된다.

③ **개인수준 필요성** : 구성원 개인 단위로 훈련이나 개발의 결과를 파악·평가함으로써 가능한 일인데, 교육훈련을 필요로 하는 특정 구성원 개인을 확인하는 것 등으로 인해 교육훈련이 실시된다.

☑ 참고 교육훈련의 필요성

조직수준	조직의 비전이나 목표 또는 전략을 수립하기 위함
직무수준	직무수행에 필요한 기술이나 지식 및 태도 등을 습득하기 위함
개인수준	현재 직무를 수행하고 있는 구성원을 파악하기 위함

(4) 교육훈련 프로그램

일반적으로 조직에서 교육훈련에 대한 필요성이 느껴지면 이를 누구에게, 무엇을, 어떻게 교육훈련을 실시할 것인지, 다시 말해 교육훈련 프로그램을 만들어야 한다. 이러한 교육훈련 프로그램은 대상자 및 장소 그리고 훈련내용에 따라 여러 가지로 구분된다.

① 대상에 의한 분류 [기출]

신입자 교육 훈련	입직훈련	조직에 새로 들어온 신입사원에게 직장의 환경에 적응시키도록 하기 위한 훈련으로, 도입훈련이라고도 한다. 내용으로는 조직 전체에 대한 **개괄적 내용**, 조직의 일원으로서 **지켜야 하는 규칙** 등이 있다.
	기초훈련	보통 집단적으로 수행되며 내용으로는 해당 **조직의 방침** 또는 **연혁, 조직의 기구, 급여제도 및 업무수행에 대한 방법** 등이 있다.
	실무훈련	**담당해야 할 직무**를 중심으로 하는 실무교육이다.
재직자 교육 훈련	일반종업원훈련	직무 위주의 훈련(OJT, OFF JT 방식)
	감독자훈련	생산담당자의 감독자(직장) 위주의 교육훈련
	관리자훈련	부문관리자 위주의 교육훈련
	경영자훈련	의사결정에 필요한 식견을 배양하는 위주의 교육훈련

② 훈련 장소에 의한 분류 [중요] [기출]

구분	사내교육훈련 (On the Job Training ; OJT)	사외교육훈련 (Off the Job Training ; OFF JT)
개념	OJT는 조직에서 종업원이 업무에 대한 기술 및 지식을 현업에 종사하면서 감독자의 지휘하에 훈련받는 현장실무 중심의 교육훈련 방식을 말한다. 이 방식은 실제적이면서도 많이 쓰이는 방식이다. 또한, OJT는 전사적 차원의 교육훈련이 아닌 대부분이 각 부서의 장이 주관하여 업무에 관련된 계획 및 집행의 책임을 지는 부서 내 교육훈련을 말한다.	OFF JT는 종업원들을 일정기간 동안 직무로부터 분리시켜 기업 내 연수원 등의 일정한 장소에 집합시켜 교육훈련을 시키는 방식을 말한다. 교육담당 스탭의 지휘하에 연수원 또는 외부 교육훈련기관에 위탁하여 실시한다.
장점	• 일을 하면서 훈련을 할 수 있다. • 각 종업원의 습득 및 능력에 맞춰 훈련할 수 있다. • 상사 또는 동료 간의 이해 및 협조정신을 높일 수 있다. • 낮은 비용으로 훈련이 가능하다. • 실행 면에서도 OFF JT보다 훨씬 용이하다. • 훈련이 추상적이 아닌 실제적이다.	• 현재의 업무와는 별개로 예정된 계획에 따라 실시가 가능하다. • 많은 수의 종업원들의 교육이 가능하다. • 전문가가 교육을 실시한다. • 종업원들은 현업의 부담에서 벗어나 훈련에만 집중하므로 교육의 효율성이 제고된다.
단점	• 다수의 종업원을 훈련하는 데에는 부적절하다. • 일과 훈련에 따른 심적 부담이 증가된다. • 교육훈련의 내용 및 수준에 있어서 통일시키기 어렵다. • 전문적 지식 및 기능의 교육이 어렵다.	• 비용이 많이 소요된다. • 직무수행에 있어 필요한 인력이 줄어든다. 다시 말해, 그만큼 남아 있는 인력들의 업무부담이 늘어나는 것을 말한다. • 받은 교육에 대한 결과를 현장에서 바로 활용하기가 어렵다.

③ 훈련 내용에 의한 분류

구분	내용
기능교육	주로 기업조직 안에서 이루어지는 교육을 말한다(OJT).
노동교육	주로 노동조합에서 이루어지는 교육을 말한다.
교양교육	주로 기업 외부의 교육기관에서 이루어진다(OFF JT).

④ **교육 기법에 따른 분류**

㉠ 도제훈련 : 일정한 장소에서 교육자와 피교육자가 일대일로 훈련하는 방식으로, 수련의 또는 수련공들의 교육 시에 많이 사용된다.

㉡ 역할연기법 : 롤플레잉 기법이라고도 불리며, 다른 직위에 해당하는 구성원들의 특정 역할을 연기해 보면서 각각의 입장을 이해하도록 하는 방법을 의미한다.

㉢ 감수성훈련 : 주로 관리자훈련의 기법으로 사용되며, 나와 타인의 감정을 이해함으로써 집단을 받아들이도록 하는 훈련기법에 해당한다.

㉣ 브레인스토밍 : 문제해결을 위한 회의식 방법의 하나로서 적절한 소수의 인원이 모여 자유롭게 아이디어를 창출하는 방법이다.

㉤ 그리드훈련 : 관리자 격자훈련이라고도 불리며, 생산에 대한 관심과 인간에 대한 관심을 모두 극대화할 수 있는 가장 이상적 리더인 9.9형을 전개하는 교육훈련 방법을 말한다.

㉥ 액션러닝 : 교육 참가자들이 소규모 집단을 구성하여 팀워크를 바탕으로 경영상 실제문제를 정해진 시점까지 해결하도록 하는 혁신적인 교육기법으로 교육훈련의 제3의 물결이라고도 불린다.

㉦ 비즈니스게임 : 주로 경영자훈련의 기법으로 사용되며, 컴퓨터 등을 통한 가상의 공간에서 팀 또는 개인들 간에 경쟁을 하는 것을 말한다. 게임에서 제시된 기업의 내·외부적 환경에 맞게 경영하여 가장 높은 수익률을 얻는 방법을 찾아내도록 하는 것으로, 피교육자의 의사결정 능력 및 분석력을 높일 수 있는 현대적인 교육기법에 해당한다.

㉧ 멘토링 : 신규 교육대상자와 기존 직원들을 개별적으로 관계를 맺어주고, 그들이 서로 개인적 교류를 가질 수 있도록 지원해주는 형식을 통해 조직에 적응할 수 있도록 하는 교육훈련이다.

(5) 교육훈련 및 개발에 대한 평가단계

단계	초점	내용	평가방법(예)
1단계	반응	참가한 구성원들이 훈련을 어떻게 생각하고 있는가?	질문법, 설문조사법
2단계	학습	참가한 구성원들이 어떤 원칙과 사실 그리고 기술 등을 학습하였는가?	고사법, 시험
3단계	행동	참가한 구성원들이 교육훈련을 통하여 직무수행상의 어떤 행동변화를 이끌어냈는가?	인사고과법
4단계	결과	참가한 구성원들이 품질의 개선 및 생산성 증대 그리고 코스트 절감 면에서 어떤 결과를 이끌어냈는가?	현장성과측정법, 경영종합평가법

> **☑ 참고** **교육훈련 평가의 기준 - 요더(D. Yoder)의 기준**
> ① 훈련전후의 비교(Before and After Comparisons) : 이것은 훈련받는 사람의 훈련받기 전·후의 나타나는 행동의 변화 및 성과의 변화 등을 측정 내지 평가하는 것을 말한다.
> ② 통제그룹(Control Groups) : 피훈련자 및 비훈련자도 그룹으로 포함하여 서로 비교·평가하게 하는 것을 말한다.
> ③ 평가기준의 설정(Yardsticks and Criteria) : 작업훈련 평가에서는 생산량과 속도가 중요한 기준이 된다.

(6) 사후관리

사후관리는 조직의 구성원 교육훈련에 대한 피드백의 의미를 지니며, 3가지 측면으로 나누어진다.

① 인적자원관리의 제도적인 반영 매커니즘을 사용하여야 한다.

② 훈련 및 개발을 받은 조직 구성원들에 대해 새로운 비전을 제시해야 한다.

③ 훈련 및 개발 등에 대한 가치분석을 해야만 한다.

※ 다음 지문의 내용이 맞으면 ○, 틀리면 ✕를 체크하시오. [1~7]

01 경력관리란 기업 조직의 목표 및 구성원 개개인의 목표가 서로 잘 조화되도록 하는 것이다.
( )

02 조직 구성원 개개인이 경력상 도달하고 싶은 미래의 직위를 경력계획이라 한다. ( )

03 목표를 달성하기 위한 경력경로를 구체적으로 선택해 나가는 과정을 경력개발이라고 한다.
( )

04 경력개발의 단계는 '탐색단계 → 확립단계 → 유지단계 → 쇠퇴단계'로 이루어진다. ( )

05 직위의 등급이나 계급이 올라가는 것을 전환배치라 한다. ( )

06 역직승진은 기업 조직의 인사정체가 심할 시에 발생되는 사기저하를 예방하기 위해 직위의 상징에 따른 형식적인 승진을 하게 되는 것을 말한다. ( )

07 훈련은 인간적 · 보편적 · 장기적인 목표를 말한다. ( )

제 **6** 장 | 실전예상문제

01 ①은 인적자원에 대한 보상관리, ②는 인적자원에 대한 유지관리, ④는 인적자원에 대한 인사고과에 대한 내용이다.

01 다음 중 경력관리를 옳게 표현한 것은 무엇인가?

① 기업의 조직 구성원인 종업원이 노동의 대가로 지급받는 임금의 수준이나 그 체계 및 형태를 말한다.

② 기업 조직에 있어서의 인간관계는 단순한 상호관계의 개념보다는 조직에 대한 효율성을 높일 수 있는 측면에서의 인간관계를 말한다.

③ 기업 조직의 목표 및 구성원 개개인의 목표가 조화되도록 하는 것을 말한다.

④ 기업 조직 구성원들의 현재 및 미래의 업적과 능력을 비교·평가하는 것을 말한다.

02 경력계획이란 조직 구성원 개개인이 경력목표를 설정하고, 이렇게 설정된 경력목표를 기반으로 목표를 달성하기 위한 경력경로를 구체적으로 선택해 나가는 과정을 말한다.

02 다음 내용이 구체적으로 의미하는 것은?

> 조직체에서 요구하는 인적자원과 조직구성원이 희망하는 목적을 통합시켜 구성원의 경력경로를 체계적으로 계획·조정·관리해 나가는 과정을 말한다.

① 경력관리
② 경력목표
③ 경력개발
④ 경력계획

정답 01 ③ 02 ④

03 다음 내용은 경력개발의 단계 중 어디에 속하는 부분인가?

> 종업원이 선택한 직업분야에서 정착하려고 노력하며, 후에는 하나의 직업에 정착하게 되는 단계라 할 수 있다.

① 확립단계
② 유지단계
③ 탐색단계
④ 쇠퇴단계

04 다음 중 경력관리에 대한 내용으로 옳지 <u>않은</u> 것은?

① 경력관리에 있어 조직의 최고경영자층의 지원은 반드시 필요하다.
② 경력관리에 있어 기업 조직에 대한 경력관리 제도는 폐지해야 한다.
③ 경력관리에 있어 기업 조직의 경력관리 업무는 조직도상에서 엄격하게 부여된 권한과 이를 수행해야 할 책임에 따른 부서에 소속되어 이에 대한 업무의 독립성을 유지시켜야 한다.
④ 경력관리에 따른 기대효과로는 기업이 제공하는 역량개발 체계시스템의 구축으로 인적자원의 가치가 제고된다는 특징이 있다.

---

03 확립단계는 구성원이 조직체에서 성과를 올리고 업적을 축적하여 승진하면서 경력발전을 달성하고 조직체의 경력자로서 조직체에 몰입하는 단계를 말한다.

04 기업 조직의 경력관리 제도는 종업원들에 대한 조직체에 몰입시키기 위해서는 점진적으로 받아들여져야 한다.

정답 03 ① 04 ②

05 ① 강등
② 전환배치
④ 승진

05 직무순환이란 무엇인가?

① 직위의 등급이나 계급이 낮아지는 것을 말한다.

② 종업원의 작업조건이나 책임 및 권한에 있어, 지금까지 해 오
던 직무하고는 다른 직무로의 이동을 말한다.

③ 기업 조직에 필요한 시기 및 직무를 계획적으로 체험시키기
위한 인사관리상의 구조를 말한다.

④ 직위의 등급이나 계급이 올라가는 것을 말한다.

06 ④는 OFF JT(Off the Job Training)
의 장점에 해당하는 내용이다.

06 다음 중 OJT(On the Job Training)에 대한 설명으로 옳지 <u>않은</u>
것은?

① 일을 하면서 훈련을 할 수 있다는 장점이 있다.

② 낮은 비용으로도 훈련이 가능하다.

③ 교육훈련의 내용 및 그 수준에 있어서 통일시키기가 어렵다는
문제가 있다.

④ 전문적 지식 및 기능의 교육이 상당히 용이하다.

07 OFF JT(Off the Job Training)는 통
상적으로 교육담당 스탭의 지휘하에
연수원 또는 외부 교육훈련기관에
위탁하여 교육을 실시한다.

07 다음 내용이 의미하는 것은?

> 종업원들에 대해 직장에서의 실무 또는 업무를 떠나서 전문
> 적으로 교육을 실시하는 훈련으로, 보통 단체적인 성향이 강
> 한 것이 특징이다.

① OJT(On the Job Training)

② OFF JT(Off the Job Training)

③ Job Rotation

④ CDP(Career Development Program)

정답 05 ③ 06 ④ 07 ②

08 OFF JT(Off the Job Training)에 대한 설명으로 옳지 <u>않은</u> 것은?

① 종업원들의 교육에 있어 비용이 많이 소요된다.

② 많은 수의 종업원들의 교육이 가능하다.

③ 받은 교육에 대한 결과를 업무현장에서 바로 활용할 수 있다.

④ 조직에서 종업원들을 일정기간 동안에 직무로부터 분리시켜 기업 내 연수원 등의 일정한 장소에 집합시켜 교육훈련을 시키는 방식의 교육훈련을 말한다.

08 OFF JT는 기업 외부에서 교육을 받기 때문에, 받은 교육에 대한 결과를 현장에서 바로 활용하기가 어렵다는 문제가 있다.

09 다음 중 훈련내용에 대한 분류에 포함되지 <u>않는</u> 것은?

① 실험교육

② 기능교육

③ 노동교육

④ 교양교육

09 훈련내용에 따른 분류에는 기능교육, 노동교육, 교양교육 등 3가지로 나뉘어진다.

10 다음 중 신입자 훈련단계에 속하지 <u>않는</u> 것은?

① 실무훈련

② 관리자훈련

③ 입직훈련

④ 기초훈련

10 신입자 훈련에는 입직훈련, 기초훈련, 실무훈련 등이 있다.

정답 08 ③ 09 ① 10 ②

Self Check로 다지기 | 제6장

→ **경력관리** : 기업 조직의 목표와 구성원 개개인의 목표가 조화되도록 하는 것

→ **경력목표** : 구성원 개개인이 경력상 도달하고 싶은 미래의 직위

→ **경력개발** : 구성원 개인이 경력목표를 설정하고, 달성하기 위한 경력계획을 수립하여, 기업 조직의 요구와 개인의 요구가 합치될 수 있도록 각 개인의 경력을 개발하고 지원해 주는 활동

→ **경력개발의 단계** : 탐색단계 → 확립단계 → 유지단계 → 쇠퇴단계

→ **승진** : 직위의 등급이나 계급이 올라가는 것

→ **직무순환** : 단순한 배치가 아닌 기업 조직에 필요한 시기 및 직무를 계획적으로 체험시키기 위한 인사관리상의 구조

→ **연공주의** : 종업원의 근속연수, 학력, 경력, 연령 등에 입각해 근속기간에 큰 의미를 부여

→ **능력주의** : 종업원의 직무수행능력을 기반으로 그에 따른 기준 및 직무성과의 특성을 중시

→ **훈련, 교육, 개발의 차이점 비교**

구분	목표	기대되는 결과
훈련(Skill)	기업 특유의 단기적인 목표	특정적 직무기능의 습득 → 특정 결과
교육(Konwledge)	인간적 · 보편적 · 장기적 목표	보편적 지식의 습득 → 다양한 결과
개발	훈련과 교육의 두 가지를 종합한 성격	

→ **사내교육훈련(On The Job Training ; OJT)** : 조직에서 종업원이 업무에 대한 기술 및 지식을 현업에 종사하면서 감독자의 지휘하에 훈련받는 현장실무 중심의 교육훈련 방식

→ **사외교육훈련(Off The Job Training ; OFF JT)** : 종업원들을 일정기간 동안 직무로부터 분리시켜 기업 내 연수원 등의 일정한 장소에 집합시켜 교육훈련을 시키는 방식

제 7 장

인적자원의 활용관리

또 실패했는가? 괜찮다. 다시 실행하라. 그리고 더 나은 실패를 하라!

– 사뮈엘 베케트 –

제 **7** 장 | 인적자원의 활용관리

제1절 **활용관리의 기본방향과 배경이론**

(1) 인적자원 활용관리

요즘처럼 현대경영의 사회에서 요구되는 기업의 유연화된 조직화를 위해서 HRM(Human Resource Management)의 역할은 상당히 중시되고 있다. 이는 조직성과의 제고에 기여할 뿐만 아니라, 조직에서의 인적자원가치를 확장시키며, 지속가능한 경쟁우위를 창출하는 데 많은 영향을 끼친다. 기업의 전략수립에 핵심적 역할을 수행하고 M&A와 Down sizing에서 인적자원의 활용방안을 고려하며, 기업 조직의 구조와 업무 프로세스를 재설계하고, 아울러 HR의 효과에 대한 경제적 파급을 수치화함으로써 기업조직성과의 제고에 기여할 수 있다. 인사적 측면에서도 인사팀은 이제 조직 구성원들에 대한 상담 및 후원, 관리, 리드 등의 방식으로 종업원들에 대해 후원자적 역할을 한다. 또한 DB의 구축을 통한 지식관리 및 조직 문화의 관리 등을 통해 종업원들로부터 긍정적인 변화를 이끌어 내는 역할을 수행하기도 한다.

(2) 조직의 2가지 측면

통상적으로 보면, 인적자원들을 관리함에 있어 조직이라는 실체가 없이는 불가능한 것인데 이는 조직의 입장에서 현존하는 인적자원들을 효과적으로 활용하기 위해 합리적 차원의 목적에 맞는 조직설계 및 직무설계가 중요하고, 동시에 이를 상징적인 관점에서 보면 종업원들에게 적합한 조직분위기나 조직문화의 정립이라는 차원에서도 그 의미를 가진다.

> ☑ **참고** 인적자원 활용의 기본방향

분류		내용
합리적 관점	거시적 수준	조직특성의 재설계(조직설계)
	미시적 수준	직무특성의 재설계(직무설계)
상징적 관점	조직분위기(풍토) 및 조직문화의 정립	

(3) 활용관리의 배경이론

① 조직의 구성요소

㉠ 하나의 공통된 목표를 달성하기 위해 상호작용하는 여러 부분의 집합체를 시스템이라고 정의한다. 이에 따라 조직을 하나의 전체 시스템으로 보고, 분석 가능한 여러 개의 하위시스템으로 구성되었는가를 연구하였다. 시스템이론을 통해 경영이나 조직에 대한 안목이 폐쇄체계에서 개방체계로 바뀌게 되었으며, 조직에서의 복잡한 개념을 하위시스템으로 구분하여 보다 쉽게 이해할 수 있도록 하였다. 오늘날의 여러 기업들은 개방시스템으로서 외부환경과 긴밀한 관계를 맺고 서로 상호작용하고 있는데, 이때 기업은 외부로부터 인적·물적·재무적·기술적인 각종 정보

자원들을 받아들여 이를 활용하고, 제품과 서비스를 산출해 냄으로써 사회에 존재할 수 있는 것이다. 그래서 기업이 외부환경 변화에 어떻게 효율적으로 대처하느냐가 경영자들이 당면한 어려운 문제인데, 시스템이론은 이러한 문제의 해결책을 모색하는 데 크게 영향을 미치고 있다.

> ☑ 참고　**시스템의 특징**
> • 모든 시스템은 처해진 환경 속에서 각종 활동을 수행한다.
> • 모든 시스템은 여러 가지 하위시스템으로 구성된다. 이러한 하위시스템은 전체 시스템의 구성요소가 되는 역할을 수행한다.
> • 모든 시스템의 하위시스템은 서로 간의 긴밀한 상호관련성을 가진다.
> • 모든 시스템은 목표를 가지고 있다. 그래서 하위시스템은 전체시스템의 목표달성에 기여해야 하고, 더불어 하위시스템의 성과는 곧 전체시스템의 목표달성에 기여한 정도에 따라 평가되어야 한다.

ⓛ 기업조직을 알기 위해서는 무엇보다도 조직의 하위시스템으로서 과정적인 측면, 구조적인 측면, 행위적인 측면, 환경적인 측면을 골고루 이해하는 것이 필요하다.
　• 기업조직의 행위적인 측면 : 기업의 구조나 과정 등의 상황에 의해서 활성화되거나 또는 억제되기도 한다.
　• 기업조직의 과정적인 측면 : 조직의 한 구성요소인 인간이 개인이 나타내는 개인행위뿐만 아니라 전체 조직의 목표를 이루기 위해 서로 간 일련의 상호작용을 한다.
　• 기업조직의 구조적인 측면 : 구조란 어느 기업 조직에 있어 목표달성에 필요로 하는 각각의 분업화된 활동을 결정하고 이러한 일련의 활동들을 논리적 유형에 따라 집단화시키면서, 이렇게 집단화된 활동에 대해 그에 맞는 직위 및 개개인의 책임하에 배분되는 것을 말한다.

② **아지리스의 성숙 · 미성숙이론(Immaturity-maturity Theory)** 기출

일반적으로 종업원 개개인의 목표와 조직 간의 목표가 일치되어야만 기업 조직의 효율적인 발전을 기할 수 있음에도 불구하고, 대부분은 개인의 목표와 조직 간의 목표불일치의 경우가 많이 나타나고 있다. 현실적으로도 기업 조직의 입장에서는 스스로의 목표를 이루기 위해 종업원에게 미성숙한 퍼스낼리티를 요구하므로, 이는 종업원과 기업조직 간의 부조화가 발생한다고 보는 것이다. 아지리스는 7가지 변화를 통해 인간의 퍼스낼리티가 미성숙 상태에서 성숙 상태로 발전한다고 주장한다. 결국 이런 불일치 현상은 아지리스에 의해 발표되는데, 아지리스의 이론에서 말하고자 하는 핵심은 **종업원 개개인의 목표 및 조직의 목표 일치는 기업 조직의 변화를 통해서 달성하고자 하는 것이다.** 그러므로 모든 종업원들은 조직을 위해 일하면서도 동시에 개개인의 욕구도 충족하면서, 자신의 퍼스낼리티도 성숙시킬 수 있는 방안을 마련하는 것은 개인이나 조직 모두에게 효율적이라는 사실을 인식해야 한다.

☑ 참고 아지리스의 미성숙 단계에서 성숙 단계로의 의식전환 기출

미성숙 단계	성숙 단계
수동적	능동적
의존적	독립적(자율적)
단순한 행동양식	다양한 행동양식
엉뚱하면서 얕은 관심	깊고 강한 관심
단기적 안목	장기적 안목
종속적 지위	대등, 우월한 지위
자아의식 결여	자아의식, 자기통제

③ **조직개발(Organization Development ; OD)의 가정 및 조건**

기업 조직에 있어 유효성을 향상시키는 목적으로 이행되는 조직개발은 Y 이론에 입각한 관점에서 인적자원들을 가정함으로 인해 도입될 가능성이 있게 되는 것이다.

☑ 참고 **조직개발의 가정** 기출
   • Y 이론적 관점을 취한다.
   • 성장 및 발전에 관한 높은 욕구를 드러낸다.
   • 협력을 통해서 개인이 추구하는 목표와 조직이 추구하는 목표의 달성이 가능하다.
   • 조직의 구조는 종업원 개인이나 집단의 욕구를 충족시킬 수 있도록 설계가 가능하다.

결론적으로, 조직개발이 효율적으로 이루어지기 위해서 기업은 사람중심의 조직변화와 함께 구조적 중심의 조직변화가 서로 상호 보완될 필요성이 있는 것이다.

☑ 참고 **조직개발이 가져야 할 조건**
   • 조직의 최고경영자와 더불어 참가자의 적극적인 지지 및 니즈가 있어야 한다.
   • 조직개발에 있어 어느 특정부문에서 조직 전체로 확산되어야 한다.
   • 조직개발의 결과 변화된 인적자원을 사용하기 위한 구조의 설계가 기반이 되어야만 조직개발의 효용은 유지될 수 있는 것이다.
   • 조직개발의 실행과정에 있어서 참여하는 변화담당자의 권위가 엿보여야 한다.

더 알아두기

맥그리거의 X 이론 & Y 이론 기출

X 이론	Y 이론
• 사람은 근본적으로 일(노동)을 하는 것을 꺼려하기 때문에 웬만하면 일하기를 회피하려고 한다. • 일(노동)하기를 꺼려하는 인간의 특징으로 인해 기업조직에서는 자체의 목표를 이루기 위해 통제, 강압 또는 벌로 다스려야 한다. • 통상적으로 사람은 작업을 수행함에 있어 안전을 중요한 요소로 삼고, 지시(명령)받기를 원하며, 책임에 대해서는 회피하는 경향을 띤다.	• 사람은 일(노동)에 대해서 쉬거나 또는 여가 등을 즐기는 것과 같이 자연스럽게 받아들인다. • X 이론과는 달리 사람을 통제 및 명령으로만 다루는 것이 사람들의 동기를 유발한다는 생각을 하지 않고 사람이 조직의 목표에 동의를 하면 스스로가 자기통제 및 자기지시를 발휘한다. • 사람은 책임에 대해 이를 수용하고 감수하려고 한다. • Y 이론은 조직에 대한 바람직한 의사결정을 할 수 있는 능력에 대해 구성원들이 이를 지니고 있다고 파악한다.

정리하면, X 이론에서는 인간은 원래 게으르며 일을 싫어하고, 야망이나 책임감도 없으며, 변화를 싫어하고, 자기중심적이기 때문에 금전적인 보상 또는 제재를 유인으로 사용하고, 강제와 위협 및 철저한 감독과 통제를 강화하는 관리전략을 써야 한다. 이에 반해서 Y 이론에서는 인간은 본성적으로 일을 즐기고, 책임 있는 일들을 맡길 원하며, 문제해결에 있어 창의력을 발휘하고, 스스로에 대한 자율적인 규제를 할 수 있으며, 자아실현의 욕구 등의 충족에 의해서 동기가 유발된다고 가정한다. 그러므로 Y 이론은 인간의 잠재력이 능동적으로 나타날 수 있는 관리전략을 써야 한다.

제2절 | 직무설계

(1) 직무설계(Job Design)

종업원들이 주어진 과업을 얼마나 성공적으로 마무리되느냐는 미리 설계된 직무의 특성에 의해 영향을 받는다. 이는 단순히 생산성뿐만 아닌 근로생활의 질(QWL)도 직무설계와 깊은 관련이 있는 것이다. 다시 말해, 직무는 조직과 인간을 연결하는 하나의 고리이기도 하다. 또한, 직무설계는 환경·조직·행위적 요소들을 반드시 반영해야만 한다. 그래서 직무설계자는 이들 요소들을 고려해서 효율적이면서 직무담당자에게 만족을 줄 수 있는 직무로 설계하여야 한다.

① **직무설계의 개념** : 직무설계란 기업 조직의 목표달성 및 종업원 개개인의 욕구충족의 극대화를 위해서 구조적 또는 인간관계 측면을 고려한 조직구성원들의 직무에 관련되는 활동을 설계하는 과정이다. 다시 말해, 직무분석에 의하여 각 직무의 내용과 성격을 파악한 다음 그것에 영향을 미치는 조직적·기술적·인간적 요소를 규명하여 **종업원의 직무만족과 조직의 생산성 향상을 위한 작업방법을** 결정하는 절차라고 할 수 있다. 기출

② **직무설계의 목적** 기출

   ⊙ 적정하고 공정한 보상을 하기 위한 것이다.

   ⓛ 안전하며 건전한 작업환경의 조성에 대한 목적으로 현대 산업조직의 종업원들은 과거보다는 더 안전하고 건전한 작업환경에서 일하기를 원한다. 또 이러한 환경 조건하에서 종업원들에게 일하는 보람을 부여할 수 있기 때문이다.

   ⓒ 인간 능력의 이용 및 개발기회를 활용하기 위한 목적으로 기업의 입장에서는 근로자들의 승진기회 제공에 대해서 합리적이면서도 효과적인 경력계획의 수립과 개발에 노력해야 한다. 동시에 기업 조직 종업원들 간의 상호작용과 인간관계는 QWL의 중요한 영역이 된다. 따라서 종업원들로 하여금 해당 조직 내에서 일체감과 자아존중을 경험하도록 하여 작업조직 내에서 공동체 의식을 고무시켜야 한다.

   ⓔ 작업조직의 제도화를 위한 목적으로 종업원들은 경영자들의 일방적인 의사결정에 의해 행동의 제약을 받아 왔다. 그렇기 때문에 사용자 측의 임의적인 행동으로부터 종업원들을 보호하기 위해서 직무설계가 요구되는 것이다.

③ **직무설계의 요소**

㉠ 조직적 요소

- 기계적 접근법(Mechanistic Approach) : 종업원들의 작업시간이 최소화되며 이들의 노력이 극소화되도록 하기 위해 과업을 재조정하는 것을 말한다. 이렇게 되기 위해서는 무엇보다도 직무 내의 과업들을 확인하고, 몇 개의 과업들이 하나의 직무로 편성된다. 또한, 직무가 전문화되어 감에 따라 훈련시간도 더불어 짧아진다. 이러한 기계적인 접근법은 **능률을 강조**한다.
- 작업흐름(Work Flow) : 기업 조직에서 작업의 흐름은 서비스나 제품의 본질에 의해 영향을 받기 마련이다. 이렇듯 작업이 능률적으로 이루어지기 위해서는 **직무 사이에 균형과 순서가 서로 유지**되어야 한다.
- 인간공학(Ergonomics) : 직무설계에서 작업과 작업자 사이의 물리적인 관계가 고려되어야 자사의 생산성은 극대화될 수 있다는 말이다. 이는 사람이 자기가 하고 있는 작업과 신체적으로 어떤 관계가 있는가를 연구하는 부분이다.
- 작업관행(Work Practices) : 작업자가 작업을 함에 있어서 그대로 몸에 굳어진 방법을 말한다. 이러한 작업관행은 직무설계의 범위를 제한하려고 한다.

㉡ 환경적 요소

- 종업원의 능력과 수급(Employee Abilities and Availability) : 작업능률이라는 것은 작업자들의 능력과 수급이 그에 걸맞게 균형이 되어야 함을 의미한다.
- 사회적 기대(Social Expectations) : 작업자가 직무설계를 받아들이는지의 여부는 그들의 사회적 기대에 의해 영향을 받는다. 즉 현대에서의 작업자들에 대한 교육수준은 많이 향상되었으며, 이들의 근로생활의 질 부분에 대한 기대수준도 높기 마련이므로 이런 부분까지도 직무설계 시에 고려해야만 한다.

㉢ 행위적 요소 `기출`

일반적으로 능률만을 강조할 수 있는 요소들만을 고려해서 직무를 설계할 수는 없다. 만약, 그렇게 된다면 해당 직무를 수행하는 작업자들의 욕구 등을 완전히 배제하는 결과를 초래하고 만다. 이에 많은 학자들은 이러한 작업자들의 욕구충족에 도움이 될 수 있는 직무의 특성으로서 과업정체성, 피드백, 과업중요성, 기능다양성, 자율성 등을 제시하였다.

- 과업정체성(Task Identity) : 직무가 전체 또는 확인 가능한 부분을 완료하는 정도로, 다시 말해 눈에 보이는 가시적인 성과가 있는 처음부터 마지막까지 하는가를 의미하는 것이다. 예를 들어, 어떠한 작업자에게 자동차 공장에서 핸들만 만드는 것보다도 주물공장에서 낫을 처음부터 마지막까지 혼자 만드는 것이 이 작업자에게는 훨씬 과업에 대한 정체성이 높다고 할 수 있는 것이다.
- 피드백(Feedback) : 작업자가 직무를 수행함에 있어 업적에 대한 직·간접적인 정보를 얻을 수 있는 정도를 의미한다.
- 과업중요성(Task Significance) : 해당 직무가 기업 조직의 내·외의 사람들의 삶 또는 직무에 영향을 미치는 정도를 말한다. 예를 들어, A는 비행기 바퀴의 나사를 조이는 일을 하며, B는 유모차 바퀴의 나사를 조이는 일을 한다. 이는 동일한 수준의 일이지만, 타인들의 삶에 영향을 미치는 정도는 다르다. 즉, A 작업자가 하는 일은 B 작업자가 하는 일보다는 과업의 중요성이 높다고 할 수 있다.

- 기능다양성(Skill Variety) : 작업자가 직무를 수행함에 있어서 여러 가지 기능 및 재능을 필요로 하는 정도를 의미한다.
- 자율성(Autonomy) : 작업을 수행하는 작업자에게 작업수행 방법의 결정 및 작업일정에 있어서 실질적인 독립성, 자율성, 재량권을 부여하는 정도를 말한다.

④ **직무설계 시 고려요인**

㉠ 개인적 특징

직무특성모형에서 제시된 작업자의 성장욕구의 강도뿐만 아니라 작업자의 개인적 특성에 따라 직무특성이 작업자의 직무에 대한 인식과 태도 및 행위에 미치는 영향은 달라지게 된다. 사람마다 똑같은 자극을 받더라도 다른 방식으로 인식하기 때문에 특정한 직무의 객관적인 특성에 대한 인식도 개인적 특성에 의해 영향을 받을 수 있다는 것을 보여주고 있다. 다시 말해, 똑같은 과업에 대한 인식에 있어서도 교육정도, 나이, 근속연수, 작업자의 인지구조, 작업과 관련한 가치관 등에 따라 다르게 나타난다.

㉡ 조직의 구조적 특성

직무설계는 조직의 특성에 의해 영향을 받는데, 기업 조직에는 여러 다양한 직무가 서로 연계되어 있으므로 직무설계 시에는 조직의 특성을 적절하게 반영해야 한다. 번스(T. Burns)와 스토커 (G. M. Stalker)는 조직의 구조적 특성을 기계적 조직과 유기적 조직으로 분류하였다. 모든 조직은 극단적인 기계적 구조에서부터 극단적인 유기적 조직에 이르기까지 연속선상의 어느 지점에 위치한다. 기계적 구조에서는 과업과 과업 간의 관계가 높은 수준으로 전문화·구조화되어 있으며 상세하게 규화되어 있다. 이에 반해 유기적 구조에서는 조직의 구조가 보다 유연하고 적응적이며 역동적으로 변화한다. 따라서 기계적 구조는 안정적인 환경에, 유기적 구조는 상대적으로 불안정하고 급속하게 변화하는 환경에 적합하다.

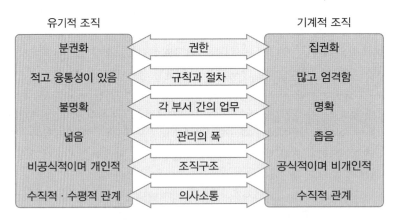

〈유기적 조직과 기계적 조직의 차이〉

ⓒ 기술

조직에서의 기술은 조직이 투입물(⑩ 정보, 아이디어 등)을 산출물로 변화하는 방식을 의미한다. 직무특성과 같은 직무설계요인은 조직의 중심적인 기술과 직접적인 관계가 있다. 예를 들어, 사전에 정해진 순서에 따라 작업이 이루어지는 조립 라인이나 은행, 보험회사와 같이 업무처리절차가 표준화되어 있는 작업환경에서는 직무정체성이나 자율성의 정도가 일반적으로 떨어진다. 이 경우 조립기술이나 표준화기술의 변화는 직무정체성 등 직무특성의 변화를 초래할 수 있다. 역으로 직무특성 수준을 높이기 위해 조립기술이나 표준화기술에 대한 변화를 시도할 수 있다.

ⓒ 리더의 행위

기업 조직에 있어 리더의 역할 중 가장 중요한 것의 하나는 하급자의 직무성과를 높이고 만족도를 향상시키는 것에 있다. 이러한 측면에서 보면 직무설계는 리더가 자신의 역할을 수행하기 위한 중요한 수단이라고 할 수 있다. 리더의 행위에 따라 직무설계의 목적 및 방식도 영향을 받기 마련이다. 직무설계 시에는 작업자의 직무특성과 직무수행 방식이 변하게 됨에 따라 그에 맞추어 리더의 역할도 변화하게 된다. 따라서 리더는 직무설계에 따른 자신의 역할 변화의 내용을 인지하고 변화에 대응해야 한다.

더 알아두기

동기부여적 직무설계 [기출]

직원에게 동기를 부여하고, 그로 인한 성과를 높이기 위해 다음의 3가지 대안이 작업장에서 널리 활용되어 왔다.

• **직무확장**
 - 한 사람이 수행하는 과업의 수 및 다양성을 증대시켜서 직무를 수평적으로 확장하는 것이다.
 - 업무의 흐름 중에서 기본 작업의 수를 증가시킴으로써 지루하고 반복적인 직무에 변화를 가져오거나, 세분화된 몇 개의 작업을 통합해서 하나의 작업으로 재편성한다.
 - 단조로움은 줄일 수 있지만, 적극적인 직무몰입을 유발하지는 못한다.
 - 단점으로는 직원들에게 업무에 대한 책임이나 또는 보상수준에 있어서는 변화가 없는데도 더욱 많은 일을 열심히 하라는 식으로 요구를 받았다고 느낄 수도 있으며 직원들의 불만족으로 흘러갈 수 있다.

• **직무충실화**
 - 직원들에게 더 많은 자율성과 책임, 의사결정 권한을 제공하는 것으로 직무 수행을 심화시키기 위한 것이다.
 - 충실화된 직무에서 직원들은 다양한 재능 및 능력을 발휘할 수 있으며, 요구되는 과업에 대한 계획과 실행, 또는 평가에 더 많은 통제력의 행사가 가능하다.
 - 통상적으로 직무 충실화는 직무의 대한 만족도를 증대시키며 결근 및 이직률을 떨어뜨리는 것으로 알려져 왔다. 이에 동기부여이론이 덧붙여서 실제적으로는 직무 그 자체가 성취감과 인정감 및 책임감, 발전과 성장에 대한 기회를 제공하도록 재구성된다.
 - 직원 개인이 자신의 일이 전체에서 어느 위치에 있는가를 이해하고 그 업무에 적극적인 의미를 부여할 수 있도록 촉진한다.

• **직무순환(교차훈련)**
 직원들을 어느 한 직무에서 다른 직무로 옮겨 배치하는 것이다. 이는 직원의 기술적인 기초를 넓히기 위해 실행할 수도 있고, 직원이 특정 직무에 대해 흥미를 잃었다거나 또는 도전의식을 느끼지 못하기 때문에 실행하는 경우가 있다.

(2) 조직설계의 관점

통상적으로 기업을 바라보는 시각 및 사고방식 등이 시간의 흐름에 비례하여 변화됨에 따라 기업 조직의 설계에 있어서도 이를 어떻게 디자인할 것인지의 방향도 그 시대적인 흐름을 따라 반영하게 된다. 이러한 설계이론은 크게 2가지 흐름을 반영하는데, 보편이론(Universal Theory)과 상황이론(Contingency Theory)으로 나누어진다.

☑ 참고   조직설계의 접근법 비교

접근법		이론 내용	특성
보편론적 접근법	전통이론	고전적인 조직이론(과학적 관리론, 고전이론, 관료제론)	생산 및 능률성의 개념을 중시(단, 인간 및 환경의 요소는 배제), 조직원칙, 공식조직을 중시
		관료제 조직이론	이념형, 계층조직, 생산 및 능률을 중시
	근대이론	행위적 이론	종업원 만족개념을 중시(인간요인의 중시), 행위 강조, 집단 중심적, 참여형을 중시
		환경적응이론	유연성 및 적응성 개념을 중시(환경요소의 중시), 환경변화에 대한 강조에 역점을 둠
상황적 접근법	상황이론	변화하는 기술 및 환경, 규모, 인적자원 등의 특성에 대한 차이를 배려한 구조의 설계가 이루어진다.	

(3) 조직설계의 관점 비교

기업 조직 내의 누군가가 어떠한 분야를 맡아서, 어떤 절차와 방법으로 그러한 일을 하고 그런 사항을 의사결정할 권한은 누가 갖게 되는지를 결정하는 것으로, 경영진은 조직설계에 참여함으로써 자신이 담당하는 조직 내에서 일어나는 모든 의사결정의 전반에 많은 영향을 줄 수 있게 된다. 조직의 경영자 및 운영자는 직접적인 의사결정자(Decision Maker)의 입장이라기보다는 조직 의사결정의 흐름을 유도하는 의사결정 형성자(Decision Shaper)의 역할을 수행하게 된다. 위에 설명한 상황이론은 대립각을 세우는 보편론적의 2가지 조직관을 한꺼번에 수용함으로써, 각 상황에 따른 적절한 조직관의 선택을 가능하게 할 수 있는 조직설계의 기준이 된다고 할 수 있다.

☑ 참고   반관료제 조직관 및 관료제 조직관 비교 **종요**

반관료제 조직관(애드호크라시, 유기적 조직)	관료제 조직관(기계적 조직)
문제해결능력을 지닌 자기 권력행사가 이루어진다.	개인적 특성 및 기호 등이 들어오지 않도록 균일화된 강제력 및 제재 등을 적용한다.
사업수행에 대한 절차 및 기준은 상황적응적이다.	공식적인 절차 및 규칙에 의해 직무담당자의 행위를 규제한다.
작업에 있어서 유동성을 보장해 준다.	각 종업원들의 직무를 명확한 과업으로 세분화한다.
집단적인 과정을 통해 의사결정이 이루어지도록 한다.	종업원의 선발 및 승진에 대한 결정에 있어서는 능력이나 자질 및 업적에 근거한다.
소계층적인 구조를 지향한다.	명확한 권한계층을 가지는 여러 계층의 구조를 형성한다.
고객은 내 동료와 같이 취급한다.	조직 내 종업원들에 대한 경력경로를 만들고, 그들에게 직장에 대한 안정을 확보하게 해 준다.
조직 내 모든 커뮤니케이션은 공개한다.	종업원들의 사적인 관심 및 요구 등을 조직활동과 완전히 분리한다.

근대적 조직관 및 전통적 조직관 비교 종요

구분	근대적 조직관	전통적 조직관
과업의 분화	최적의 과업분화 형태를 지닌다.	극도의 과업분화 형태를 지닌다.
통제방법	자율적 규제시스템에 대한 참여 및 내부 통제 방식을 취한다.	감독자, 전문적 스태프 및 절차 등에 의한 외부통제, 전제적인 방식을 취한다.
인간관	기계 등과 서로 보완적인 의미로서의 인간, 개발이 가능한 자원으로서의 인간관을 지닌다.	단지 기계의 연장으로서의 인간, 소모품으로서의 인간관을 지닌다.
계층의 정도	소계층 조직이며, 계층이 적다는 특징을 지닌다.	다계층 조직이며, 계층이 많다는 특징을 지닌다.
목적관	종업원(구성원)들의 목적 및 사회의 목적도 동시에 중요하게 생각한다.	오로지 조직의 목적만이 중요하다고 생각한다.

제3절 다양성 관리

(1) 다양성 관리의 필요성

기업 조직 내 인력 구성이 어떠한 국적, 인종, 성별 등에서 다양화되면, 이는 조직 내 갈등으로 전이된다. 예를 들어 한국인 관리자와 외국인 근로자 간 또는 장애인 근로자와 비장애인 근로자 간 갈등의 증가는 해당 종업원의 조직 몰입도와 만족도를 떨어뜨리며, 전체적으로 보았을 때 조직 통합을 저해하게 되는 원인이 된다. 그러므로 조직은 종업원 간의 갈등을 조절하고 조직의 통합을 이끌어 내는 것이 반드시 필요하다. 하지만, 조직 내 종업원들의 다양성이 반드시 부정적인 영향만을 주는 것은 아니다. 구성원의 다양성은 조직 차원에서도 보면 창의성의 향상을 의미하기도 한다. 더불어 조직의 네트워크 확장으로까지 연결될 수 있다. 국내 노동 시장이 협소하다는 점에서 여성 인력, 장애인 근로자 등 다양성의 증가는 기업의 입장에서 우수 인력 풀의 확대 효과를 기대할 수 있게 하기도 한다. 그러므로 다양성 관리는 조직 내 종업원들의 다양화로 나타나는 부작용을 줄인다는 목적을 넘어서서 조직의 창의성을 향상시킨다는 긍정적인 효과를 확대하는 방향으로 추진될 필요가 있다.

(2) 다양성에 대한 국내 기업들의 대응 방향

많은 국내의 기업들은 여성 인력 등 종업원의 다양화에 대해 적극적으로 대응하기보다 관망하는 태도에 머물러 있는 경우가 많이 있다. 하지만, 조직 구성원의 다양성 증대는 조직 내 갈등을 확산시킬 우려가 있으므로, 이에 대한 적절한 관리도 더불어서 반드시 필요하다.

① 다양성에 대한 이해와 수용을 높이기 위한 기업 내 교육은 반드시 필요하다. 예를 들어, 조직 내 장애인에 대한 차별을 예방하기 위한 교육, 외국인 근로자들을 이해하기 위한 이문화 교육 등 종업원 개개인의 다양성에 대한 감수성 향상 프로그램의 도입은 필요하다.

② 다양성의 소극적 관리 차원에서의 기업 내에 존재하는 각종 차별의 철폐가 필요하다. 이는 국내의 노동관계법령 중에서 차별에 관한 금지를 규정한 특별법으로 남녀고용평등, 기간제 및 단시간 근로자 보호 등에 관한 법률, 고용상 연령차별 금지 및 고령자 고용촉진에 관한 법률 및 일반법으로서 근로기준법 제6조는 남녀의 성, 국적, 신앙, 사회적 신분을 이유로 근로조건상 차별을 하지 못하도록 하고 있다.

③ 다양성 관리를 위한 인사제도의 도입 및 정착이 필요하다. 이는 인력에 대해서 채용 방법 등을 다양화해서 다양한 인재 풀로 인한 조직 구성원들을 채용해야 하며, 차별을 방지할 수 있는 공정하면서도 투명한 평가 시스템의 구축이 이루어져야 한다. 더불어 개별 기업들의 여건을 감안해 다양성 관리를 위한 담당기구를 설치할 필요가 있다.

현재 국내 기업에서는 조직 구성원들의 다양성 문제가 두드러지게 나타나지는 않고 있지만 많은 선진국의 경우에서도 나타나듯이 이는 미래 기업의 인사 관리상 가장 어려운 문제 가운데 하나로 떠오를 것이다. 그러므로 기업의 입장에서는 선제적으로 자사 실정을 감안한 각종 다양성 관리 시책을 점차적으로 실시할 필요가 있다.

(3) 기업의 다양성 관리 방법

JPMorgan, Shell 등 현대사회의 대기업들은 부가가치 창출을 위해 변화하는 수요와 시장 상황에 대해 시기적절하게 적용할 수 있는 다기능적인 하위조직의 조직구조와 융화할 수 있는 능력을 가지고 있어야 한다. 즉, 다양성(Diversity)의 핵심과제는 존재유무가 아니라 어떻게 관리하느냐이다. 이와 같은 다양성의 관리 또는 증진(Management or Promotion)은 기업의 부가가치 창출에 있어 결정요소로 구성원들의 창의력과 유연성을 높이는 데 기여한다. 관리차원의 다양성 문제에 접근하기 위해서는 삼층 역학구조분석이 필요하다. 여기서 삼층 역학구조분석은 개인(Individual)·조직(Organization)·사회(Society) 등의 3가지 차원에서의 목표, 역할 및 실행 등에 대해 구체적으로 검토 및 분석하는 것을 의미한다. 다시 말해 다양성 관리는 개인, 조직, 사회에서 요구되는 수요에 부합되도록 기업의 조직구조 및 내부정책을 변화시켜 기업의 목표를 달성해 나가는 것이라 할 수 있다. 사회적 차원의 목표는 실제 기업의 사회적 책임이 대중화되고 사회적 책임을 성실히 행하는 기업의 가치가 높아지는 현상이 발견되고 있다. 조직(Organization) 차원에서는 기업은 근본적으로 다양한 시장에 적응하려면 종업원들의 다양한 여러 가지 생각과 행위로부터 어떠한 효익을 발생시켜야 한다는 것이다. 실제 1990년대 이후 기업은 조직구성원의 니즈에 적응할 수 있는 유연한 환경을 조성하기 시작하였다. 이와 같은 목표를 실행하기 위한 전략으로서 조직문화(Organizational Culture)를 검토해야 한다. 조직문화는 행위의 방식으로서 조직 내의 공통된 철학 또는 가치를 의미한다. 조직문화의 핵심은 기업문화는 하나의 퍼즐과 같기 때문에 많은 하위문화를 융화시키는 것이다. 즉, 통합조직문화(Integrated Organizational Culture)를 구축하여 각 부문에서 협동적인 행위가 나타나도록 해야 한다는 것이다. 이때, 개인적인 니즈와 그룹 목표의 융합의 문제가 발생한다. 기본적으로 구성원 개개인은 성별, 종교적 성향 등에 따라 개성과 개인적 목적이 존재하는데 이것과 조직의 목표가 상충될 수 있다는 것이다. 최소한 직장에서의 자기계발, 평가와 승진 등의 욕구가 조직 환경이 뒷받침할 뿐만 아니라 일치해야 할 필요가 있다. 이를 위해 '직장환경분석', '인사정책', '다양성지원시스템' 등을 도입하여 적극적으로 대응하는 기업들이 다수 존재하게 된다. 개인차원에서는 기업의 종업원인 개개인은 조직의 심장부로서 종업원 개개인이 잘 되어야 회사도 잘 된다는 가치관으로부터 기인한다. 하지만 개개인의 잠재능력이 무시되거나 종업원들의 희생을 요구하는 기업이 있는데 이 경우에는 궁극적으로 기업의 성장잠재력을 약화시키는 결과를 가져오게 된다. 즉, 개인의 자아실현이나 인지는 마스크를 벗는 것으로부터 시작되기 때문에 다양성 관리 관점의 개인은 자아인지가 가능하도록 이에 대한 환경을 조성하는 것이 무엇보다도 중요하다고 할 수 있다.

(4) 조직분위기와 조직문화 `기출`

① 조직분위기

조직의 특성이 설명 가능한 개념으로 많이 쓰이는데, 이는 기업 조직의 종업원들의 성과 수준에 있어서도 차이를 만들어 낼 만큼의 중요한 요소이므로, 조직문화 및 조직분위기라는 기반은 반드시 필요한 부분이다. 이는 종업원들이 업무를 수행함에 있어 이에 직접적으로 영향을 미치는 업무수행 측면에 따른 개개인의 인식수준을 의미한다. 다시 말해, 조직분위기 및 조직풍토는 기업 조직의 개개인 및 집단에게는 환경으로 작용되지만, 조직 자체로서는 하나의 특성을 이룬다. 인간에게 각각 서로 다른 개성이 있듯이 조직에도 각기 타 조직과 구별되는 특성이 있는데 이것이 바로 조직풍토 또는 조직분위기이다. 예를 들어, 조직 내의 가치나 규범 및 정책 등 종업원 개개인과 그들이 속한 그룹의 행동패턴에 영향을 미치는 각종 요소라 할 수 있다.

② 조직문화

기업 조직이 처해진 경영환경 안에서 조직자체의 목적을 이루어 나가는 과정에서 형성되는데 조직 문화란, 하나의 조직 구성원들이 공유하는 가치와 신념 및 이념, 관습, 전통, 규범 등을 통합한 개념으로 이는 기업 조직 및 구성원 개개인의 행동에 영향을 미치는 요소이다.

> **☑ 참고** **조직문화**
> 기업 조직구성원 개개인들의 활동에 있어 기준이 되는 각종 행위규범의 창출로 인한 그들의 공유된 가치, 신념 및 이념의 체계이다.

③ 조직문화의 기능 `기출`

조직문화의 기능은 그 역할이 강할수록, 기업 조직의 활동에 있어서 통일된 지각을 형성하게 해 줌으로써 조직 내 통제에 긍정적인 역할을 할 수가 있다. 조직문화는 반드시 긍정적인 부분만을 제공하지는 않는다. 조직문화의 기능을 순기능 및 역기능으로 분류하면 다음과 같다.

ⓐ 조직문화의 순기능
- 조직 구성원에게 정보의 탐색 및 그에 따른 해석과 축적, 전달 등을 쉽게 할 수 있으므로, 그들 구성원들에게 공통의 의사결정기준을 제공해 주는 역할을 한다.
- 조직 구성원에게 공통적인 행동방식 및 사고를 제공하여 조직 내 갈등의 해소에 도움을 주고 구성원들에게 일체감을 형성하여 조직 구성원들의 내면적인 통합을 이끌어 내는 역할을 한다.
- 조직 구성원들의 고유 가치에도 동기를 부여하여 조직에 대한 근로의욕 및 조직에 대한 몰입도를 높일 수 있는 역할을 한다.
- 조직 구성원들의 행동을 형성하는 데 있어서 통제 매커니즘의 역할을 수행한다.

ⓑ 조직문화의 역기능
- 조직 구성원들의 환경변화에 따른 적응문제의 발생과 새로운 조직가치 등의 개발이 요구될 시에 내부적으로 대립하게 되는 저항의 문제가 있다.
- 개개인의 문화와 회사 조직 간 문화의 충돌이 우려된다.
- 타 조직 간의 인수 합병 시에 두 조직문화 간의 갈등으로 인한 충돌이 우려된다.

○X 로 점검하자 | 제7장

※ 다음 지문의 내용이 맞으면 ○, 틀리면 ×를 체크하시오. [1~8]

01 모든 시스템의 하위시스템은 서로 간 독립성을 지킨다. (   )

02 조직개발은 X 이론적 관점을 취한다. (   )

03 반관료제 조직관은 각 종업원들의 직무를 명확한 과업으로 세분화한다. (   )

04 전통적인 조직관은 최적의 과업분화 형태를 지닌다. (   )

05 반관료제 조직관은 명확한 권한계층을 지니는 여러 계층의 구조를 형성한다. (   )

06 근대적 조직관은 종업원들의 목적 및 사회의 목적도 동시에 중요하게 생각한다. (   )

07 조직문화란 구성원 개개인들의 활동에 있어 그 기준이 되는 여러 행위규범의 창출로 인한 그들의
    공유된 가치, 신념 및 이념의 체계라 할 수 있다. (   )

08 아지리스 이론의 핵심은 종업원 개개인의 목표 및 조직의 목표 일치는 기업 조직의 변화를 통해
    달성하고자 함에 있다. (   )

정답과 해설   01 × 02 × 03 × 04 × 05 × 06 ○ 07 ○ 08 ○

01 모든 시스템의 하위시스템은 서로 간 긴밀한 상호관련성을 가진다.
02 조직개발은 Y 이론적 관점을 취한다.
03 반관료제 조직관은 작업에 있어서 유동성을 보장해 준다.
04 전통적인 조직관은 극도의 과업분화 형태를 지닌다.
05 반관료제 조직관은 소계층적인 구조를 지향한다.

제 7 장 │ 실전예상문제

01 시스템에 대한 설명으로 옳지 <u>않은</u> 것은?

① 시스템은 처해진 환경 속에서 각종 활동을 수행한다.

② 모든 시스템의 하위시스템은 서로 간에 상호배타적이다.

③ 모든 시스템은 목표를 가지고 있다.

④ 모든 시스템은 여러 가지 하위시스템으로 구성된다.

02 다음 중 인적자원의 활용방향에 있어서 옳게 설명한 것은?

① 상징적인 관점에서 보면 크게 거시적 수준과 미시적 수준으로 나누어진다.

② 합리적인 관점에서 보면 조직분위기와 조직문화의 정립이 있다.

③ 상징적인 관점에서 보면 조직설계와 직무설계가 있다.

④ 상징적인 관점에서 보면 조직분위기와 조직문화의 정립이 있다.

03 다음 중 조직개발의 가정에 속하지 <u>않는</u> 것은?

① 구성원들의 성장 및 발전에 관한 높은 욕구를 드러낸다.

② 조직의 구조는 종업원 개개인과 더불어 집단의 욕구를 충족시킬 수 있도록 설계가 가능하다.

③ X 이론적 관점을 취한다.

④ 구성원 서로 간의 협력을 통해 개인이 추구하는 목표 및 조직이 추구하는 목표의 달성이 가능하다.

---

01 모든 시스템의 하위시스템은 서로 간의 긴밀한 상호관련성 등의 협조체제를 유지한다.

02 합리적인 관점에서는 크게 거시수준(조직설계)과 미시수준(직무설계)으로 나누어지며, 상징적인 관점에서는 조직분위기와 조직문화의 정립으로 나누어진다.

03 조직개발의 가정에서는 Y 이론적 관점을 취하고 있다.

정답 (01 ② 02 ④ 03 ③)

04 미성숙 단계에서 의존적이지만 성숙 단계에서는 독립적이다.

04 아지리스의 성숙·미성숙이론에서 단계의 전환이 **잘못** 표시된 것은 무엇인가?

미성숙 단계	성숙 단계
수동적	① 능동적
의존적	② 미온적
단순한 행동양식	다양한 행동양식
엉뚱하면서 얕은 관심	깊고 강한 관심
단기적 안목	③ 장기적인 안목
종속적 지위	대등, 우월한 지위
자아의식 결여	④ 자아의식 및 자아통제

① 능동적

② 미온적

③ 장기적인 안목

④ 자아의식 및 자아통제

05 관료제 조직하에서는 종업원들의 사적인 요구와 관심 등이 조직 활동과는 완전하게 분리되어 있다.

관료제 조직관
• 세분화와 합리화에 의한 과업 분할
• 피라미드 형태의 계층제적 구조
• 공식화된 규칙이나 절차에 의해서 직무담당자의 행위 규제
• 실적과 기술적 지식에 따른 인사관리
• 신분보장을 기초로 하여 직장 안정을 확보

05 다음 중 관료제 조직관에 대한 설명으로 옳지 **않은** 것은?

① 직무를 명백한 과업으로 세분화한다.

② 선발 및 승진의 결정은 종업원들의 능력 및 업적에 근거한다.

③ 개인의 특성 등이 개입되지 않도록 하기 위해 제재와 강제력을 적용시킨다.

④ 사적인 요구와 관심이 조직 활동과 밀접한 관련이 있다.

정답 04 ② 05 ④

06 다음 중 전통적 조직관에 대한 설명으로 <u>틀린</u> 것은?

① 극도의 과업분화가 이루어진다.

② 인간은 단지 기계의 연장으로밖에는 취급되지 않는다.

③ 조직의 목적과 더불어 개인의 목적도 중요시한다.

④ 다계층 조직을 이루고 있다.

»»○

전통적 조직관	
인간관	수동적 인간, 소모품으로서의 인간
과업의 분화	극도의 과업분화
목적관	조직목적만이 중요함
계층의 정도	다계층 조직으로 계층이 많음
통제방법	감독자, 전문스태프 및 절차에 의한 전제적 방식, 외부 통제

06 전통적 조직관에서는 조직의 목적만이 중요하다.
[문제 하단의 표 참고]

07 다음 내용이 설명하는 것은?

> 기업 구성원인 개개인들이 활동함에 있어서 기준이 되는 여러 행위규범의 창출로 인한 그들의 공유된 가치나 신념 및 이념의 체계를 말한다.

① 조직문화

② 조직행위

③ 조직설계

④ 조직구조

07 조직문화는 하나의 조직 구성원들이 공유하는 가치와 신념 및 이념, 관습, 전통, 규범 등을 통합한 개념이다.

정답 (06 ③ 07 ①)

08 조직문화의 기능은 그 역할이 강할 수록 기업 조직의 활동에 있어서 통일된 지각을 형성하게 해줌으로써 조직 내 통제에 긍정적인 역할을 수행하며, 조직 구성원들의 행동을 형성하는 데 있어서 필요한 통제 매커니즘의 역할도 수행한다.

08 다음 중 조직문화의 순기능에 해당하지 않는 것은?

① 조직문화는 구성원들에게 정보의 탐색과 그에 따른 해석과 축적, 전달 등을 쉽게 할 수 있으므로, 그들 구성원들에게 공통의 의사결정기준을 제공해 주는 역할을 수행한다.

② 조직 구성원들의 행동을 형성하는 데 있어서 필요한 통제 매커니즘의 역할을 제대로 수행하지 못한다.

③ 조직 구성원들의 고유 가치에도 동기를 부여하여 종업원들의 조직에 대한 근로의욕 및 조직에 대한 몰입도를 높일 수 있는 역할을 수행한다.

④ 조직 구성원에게 공통적인 행동방식 및 사고를 제공하여 조직 내 갈등의 해소에 도움을 주고 있다.

09 ①은 조직문화, ②는 기계적 조직, ④는 상황론적 관점을 말한다.

09 조직분위기에 대한 설명으로 옳은 것은?

① 조직 구성원들이 공유하는 가치와 신념 및 이념, 관습, 전통, 규범 등을 통합한 것을 말한다.

② 조직 구성원들 스스로의 자유로운 재량보다 규정, 규칙 등에 따른 통제가 강조되는 것을 말한다.

③ 어느 한 조직에 있어 타 조직과 구별되는 특성을 말한다.

④ 조직에서 유일한 최선의 방법이 존재하지 않고, 상황과의 적합성이 중요하다는 것을 말한다.

10 보편론은 조직설계에 있어서 유일한 최선의 방법이 있다고 말한다.

10 다음 내용에서 괄호 안에 들어갈 말로 적절한 것은?

> 기업의 조직설계에 있어서 유일한 최선의 방법이 있다고 말하는 (   )적 조직설계론은 고전이론 및 관료제론을 포함하는 전통이론 및 근대이론을 말한다.

① 시스템론   ② 보편론

③ 상황론   ④ 행위론

정답 08 ② 09 ③ 10 ②

11 다음 내용이 설명하는 것은?

> 기업 조직의 목표달성 및 종업원 개개인의 욕구충족의 극대화를 위해서 구조적 또는 인간관계 측면을 고려한 조직구성원들의 직무에 관련되는 활동을 설계하는 과정이다.

① 직무몰입
② 직무만족
③ 직무설계
④ 직무달성

11 직무설계는 각 직무의 내용과 성격을 파악한 다음 그것에 영향을 미치는 조직적·기술적·인간적 요소를 규명하여 종업원의 직무만족과 조직의 생산성 향상을 위한 작업방법을 결정하는 절차이다.

12 다음 중 직무설계의 요소의 조직적 요소에 속하지 <u>않는</u> 것은?

① 종업원의 능력과 수급(Employee Abilities and Availability)
② 작업관행(Work Practices)
③ 기계적 접근법(Mechanistic Approach)
④ 작업흐름(Work Flow)

12 조직적 요소
• 기계적 접근법 (Mechanistic Approach)
• 작업흐름(Work Flow)
• 인간공학(Ergonomics)
• 작업관행(Work Practices)

13 다음 중 직무설계의 요소의 행위적 요소에 속하지 <u>않는</u> 것은?

① 피드백(Feedback)
② 기능다양성(Skill Variety)
③ 자율성(Autonomy)
④ 사회적 기대(Social Expectations)

13 행위적 요소
• 과업정체성(Task Identity)
• 피드백(Feedback)
• 과업중요성(Task Significance)
• 기능다양성(Skill Variety)
• 자율성(Autonomy)

정답 11③ 12① 13④

Self Check로 다지기 | 제7장

⇥ 아지리스의 미성숙 단계에서 성숙 단계로의 의식전환

미성숙 단계	성숙 단계
수동적	능동적
의존적	독립적(자율적)
단순한 행동양식	다양한 행동양식
엉뚱하면서 얕은 관심	깊고 강한 관심
단기적 안목	장기적 안목
종속적 지위	대등, 우월한 지위
자아의식 결여	자아의식, 자기통제

⇥ **직무설계** : 기업 조직의 목표달성 및 종업원 개개인의 욕구충족의 극대화를 위해서 구조적 또는 인간관계 측면을 고려한 조직구성원들의 직무에 관련되는 활동을 설계하는 과정

⇥ **직무설계의 목적** : 적정하고 공정한 보상, 안전하며 건전한 작업환경의 조성, 인간 능력의 이용 및 개발기회를 활용, 작업조직의 제도화

⇥ **조직문화** : 조직 구성원들이 공유하는 가치와 신념 및 이념, 관습, 전통, 규범 등을 통합한 개념

⇥ **조직문화의 순기능**
- 공통의 의사결정기준 제공 및 구성원들의 내면적인 통합을 이끌어 내는 역할
- 조직에 대한 근로의욕 및 조직에 대한 몰입도를 높일 수 있는 역할
- 통제 매커니즘의 역할 수행

⇥ **조직문화의 역기능**
- 내부적으로 대립하게 되는 저항의 문제
- 종업원 개개인의 문화와 회사 조직 간 문화의 충돌의 우려
- 타 조직관의 인수 합병 시에 두 조직문화 간의 갈등으로 인한 충돌의 우려

제 8 장

인적자원의 보상관리

이성으로 비관해도 의지로써 낙관하라!

- 안토니오 그람시 -

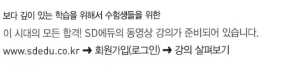

제 8 장 | 인적자원의 보상관리

제1절 임금관리

임금이란 기업의 조직 구성원인 종업원이 노동의 대가로 지급받는 임금의 수준이나 체계 및 형태 등을 파악하여 공정하면서도 합리적인 임금 기능을 수행할 수 있도록 하는 종합적인 정책을 말한다.

(1) 임금의 의미

임금의 개념은 근로자의 형태에 따라 구분되기도 하는데, 협의의 개념으로 살펴보면, 임금은 주로 육체노동자에게 지급되는 것을 말하며, 봉급은 주로 정신노동자에게 지급하는 것을 말한다. 통상적으로 봉급 및 임금은 종업원이 노동을 통해 얻는 소득을 의미하는 것으로, 근로기준법에는 '사용자가 근로의 대가로 근로자에게 임금, 봉급, 그 밖에 어떠한 명칭으로든지 지급하는 모든 금품'으로 정의하고 있다.

(2) 임금관리의 내용

① **임금에 대한 종업원(근로자)의 입장** : 근로자의 입장에서는 자신들의 소득원천(생활의 질)임과 동시에 남들보다 더 많이 받고자 한다.

② **임금에 대한 회사(고용주)의 입장** : 이를 제조원가의 일부로 생각하고 사측에서는 적게 지급하고자 한다.

회사측(고용주)	근로자(종업원)
매출 및 생산 − 원자재, 임금 = 회사의 이익, 성장률	임금, 이자 소득 − 근로, 교육투자, 노력 = 종업원들의 삶의 질 향상

③ **임금관리의 체제** 기출

ⓐ 임금의 수준 : 임금수준은 조직의 종업원에게 제공되는 임금의 크기와 관계가 있는 것으로, 가장 기본적이면서도 적정한 임금수준은 조직 종업원의 생계비의 수준 및 기업의 지불능력, 현 사회 일반의 임금수준 및 동종업계의 임금수준을 고려하면서 관리되어야 함을 의미한다.

ⓑ 임금의 체계 : 임금체계는 조직의 각 종업원에게 총액을 분배하여 종업원 간의 임금격차를 가장 공정하게 설정함으로써 종업원이 이에 대해 이해하고 만족하며, 업무의 동기유발이 되도록 하는 데 의미가 있다.

ⓒ 임금의 형태 : 임금형태는 임금 계산이나 그 지불방법에 대한 것으로 조직 종업원의 작업의욕 상승과 직접적으로 연관이 있으며, 이에 따른 합리성이 요구되는 것으로 보통 시간급, 성과급, 특수 임금제의 형태로 나누어진다.

더 알아두기

임금관리의 체제 기출

임금관리의 요소	핵심과제	분류 예시
임금형태 : 조직이 정책적으로 추구하는 것이 '성장'인지 또는 '안정'인지의 문제	합리성	예 시간급제, 연봉제, 일급제 등
임금수준 : 전체 임금액인지 또는 평균임금인지의 문제	적정성	예 생계비, 사회적 임금수준 및 동종업계 임금 등을 망라한 지불능력
임금체계 : 자사의 임금에 대한 가치관이나 철학 등이 '인간중심'인지 또는 '과업중심'인지의 문제	공정성	예 직능급, 연공급 등

☑ 참고 **임금체계**

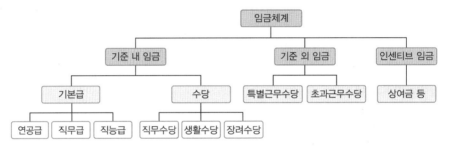

(3) 임금수준의 관리

① **임금수준의 의미** : 보통 임금수준은 기업 전체의 임금수준, 다시 말해 일정한 기간 동안에 특정기업 내의 모든 종업원에게 지급되는 평균 임금이다. 일반적으로 임금의 수준이 적정한 수준에서 결정되고 임금체계가 공정하게 이루어지며, 임금형태가 합리적으로 결정되면, 임금의 동기유발 기능이 살아나면서 임금관리의 효율성이 증대된다.

② **임금의 결정요소** 종요 기출
  ⊙ 생계비 수준 : 임금수준의 하한선에서 조정되는 것을 말한다. 또한, 생계비는 생활수준의 중요한 지표로 임금산정의 기초자료로서 그 의미가 있다.
  ⓒ 기업의 지불능력 : 임금수준의 상한선에서 조정이 된다.
  ⓒ 사회 일반적 임금수준 : 임금수준의 가운데에서 조정이 된다.

③ **임금수준의 결정구조** : 임금수준은 종합적으로 모든 요소를 고려하여 적정성을 유지해야 하는데, 조직의 입장에서 보면 종업원 생계비의 수준이 하한선이 되면서 기업의 지불능력이 상한선으로 유지하되, 동업 또는 타사 수준과의 사회적 균형부분이 양자 간의 조정요소로 중간에 자리잡는 것이 가장 이상적인 임금수준 결정의 구조라 할 수 있다.

④ **최저임금제**

㉠ 최저임금제의 의미 : 최저임금제는 해당 **국가가 종업원에 대한 임금액의 최저한도선을 정하고, 사용자에게 그 지급을 법적으로 강제하는 제도**를 말한다. 통상적으로 이 제도는 국가가 법적인 구속력을 가지고 임금에 대한 최저한도를 정하며, 이를 토대로 사용자에 대해서 그 이하의 임금지급을 금지하는 법정최저임금을 말한다. 이 제도는 1894년 뉴질랜드의 산업조정중재법이 시발점이 되었으며, 1911년에 메사추세츠 주에서 최초로 최저임금제도가 법제화된 이후에, 1938년 연방법으로 선포된 공정근로기준법 등에서 법제화되었다. 그 후에 최저임금제도는 국제노동기구(ILO)와 여러 내용들을 뒷받침으로 하여 전 세계적으로 널리 보급되었다. 우리나라의 경우 최저임금제가 1988년에 도입되어 실시되고 있다.

㉡ 최저임금제의 목적

• 대체로 많은 종업원들이 보호받고 있는 실정이 아니기 때문에, 어느 근로자 집단이 다른 기업의 종업원과 똑같은 노동을 기업에 제공하더라도 임금은 낮은 경우가 많다. 그래서 국가차원에서 종업원이 제공한 노동에 대해 일정한 수준에 해당하는 삶을 영위할 수 있는 합당한 보수를 얻을 수 있도록 노력해야 한다.

• 만약에 종업원이 해당 기업의 최저임금제에 대한 확실한 믿음이 없다면 이는 노사분쟁이 일어나게 되는 큰 원인을 제공하게 된다. 아울러 종업원들에게 저임금으로 인한 비능률적인 경영을 초래하게 되며, 그로 인한 정당한 기업의 경쟁을 저해하게 된다.

• 각 기업들 간의 임금의 격차, 다시 말해 기업 간 우열상의 문제로 인해 임금지급의 수준 차이가 나더라도 노동시장의 불완전성으로 인해 자연적으로 조절되지는 않는다.

• 소위 선진국에서 저임금은 불황을 촉진하는 요소로 간주하는 케인즈 이론을 기반으로 이러한 제도가 더더욱 주장되고 있는데, 임금이란 것은 인간의 소비행동을 통해서 구매력으로 전이되기 때문에 저임금이 무조건적으로 좋은 것은 아니다.

> ☑ **참고** **최저임금제의 목적** 중요
> • 최저임금제는 저임금을 받는 종업원들을 보호한다.
> • 최저임금제는 노사 간의 분쟁을 예방하고 비능률적인 경영 및 불공정한 기업경쟁을 방지한다.
> • 노동력의 질적인 향상이 이루어진다.
> • 저임금은 불황이라는 결과를 초래한다는 케인즈 이론으로 인해 최저선을 정해야 한다.

> ☑ **참고** **최저임금제의 기대효과**
> • 지나친 저임금, 산업・직종 간 임금격차를 개선한다.
> • 저임금에 의존하는 기업에 충격을 주어 경영개선, 경영합리화 및 효율화를 기하여 기업근대화를 촉진시킨다.
> • 기업의 지나친 저임금에 의존하는 값싼 제품의 제조・판매로 인한 공정거래 질서를 해하는 기업의 정리로 인해 공정한 경쟁의 확보가 가능하다.
> • 산업구조의 고도화에 기여한다.
> • 근래 복지국가의 사회복지제도의 기초가 되었다.

⑤ **임금수준의 조정**

    ㉠ 승급 : 승급을 큰 의미로 해석하게 되면 일반적으로 급내승급과 승격승급으로 나누어진다. 급내승급의 경우에는 승급이고, 승격승급은 다른 말로 승격 또는 승진으로 불리고 있다. 다시 말해 승급은 동일한 직급 내에서 종업원들의 임금수준의 변화로, **종업원이 맡고 있는 직무 및 직능의 질은 변화하지는 않지만 보통 같은 정도의 일 속에서 기능 내지 능력이 상승하기 때문에 발생하는 것**이며, 임금수준의 상승폭은 별로 크지가 않다.

    ㉡ 승격 : 종업원이 수행하는 직능 및 직무의 질이 상승한 것을 토대로 실시되는 자격등급의 상승으로, 통상적으로 승급과는 달리 매년 정기적으로 실시되는 것이 아니고 승진과 연결되어 시행된다.

    ㉢ 승급 및 베이스 업

        • 승급 : 기업 안에서 사전에 정해진 임금기준선을 따라 종업원의 연령(나이), 근속연수 또는 업무능력의 신장, 수행하는 직무에 대한 가치의 증대 등에 의해 종업원의 기본 급이 점차적으로 올라가는 것을 말한다. 또한, 승급은 **임금곡선상에서 상향이동**을 하며, 기본급에 대한 서열은 변하지 않는다.

        • 베이스 업 : 베이스 업은 종업원의 연령, 근속연수, 직무수행능력이라는 관점에서 동일 조건에 있는 종업원에 대한 임금의 증액으로, 승급과는 달리 **임금곡선 자체를 전체적으로 상향이동시키는 것**을 말한다.

(4) 임금체계

① **임금체계의 의미**

    임금체계(Compensation Structure, Wage Structure)는 여러 가지 의미로 해석될 수 있지만 보편적인 정의는 임금의 구성내용을 말하는 것으로 풀이된다. 이것은 임금이 가지는 다양한 여러 가지 기능을 수행하기 위해 실제 지급되는 임금이 상이한 결정 원리에 의해 정해졌을 때, 어울리는 정의라 할 수 있다. 하지만 임금체계에 있어 기본 개념 및 범위를 정확히 정의하기는 쉽지 않으며 임금체계를 광의 및 협의의 개념으로 살펴볼 수가 있다.

    ㉠ 광의의 임금체계 : 한 개인이 받는 임금을 전반적으로 해석하여 **전체 임금체계의 구성 내용이 어떻게 형성되어 있는가를 이해하는 것**을 말한다. 임금을 표준적인 작업 조건 내의 노동에 대해서 지급하는 기준 내 임금과 이와는 반대급부로 표준적인 작업조건이 아닌 환경하의 노동에 대해서 지급하는 기준 외 임금, 그리고 성과자극의 성격으로 지급되는 상여금으로 구분하는 경우를 말한다.

    ㉡ 협의의 임금체계 : 표준적인 근무에 대한 임금을 말하는데 임금의 기본적 부분을 구성하는 기준 내 임금, 다시 말해 기본급 부분이 어떤 방식으로 지급되는가에 초점을 맞춘 것이라 할 수 있다. 이에는 주로 연공급이나 직무급, 직능급으로 나누어진다.

② **임금체계의 결정요소**

임금체계는 종업원 개개인의 임금을 결정하는 기준을 의미한다.

구분	임금체계	결정기준 요소	보상원칙
연공주의 임금체계	연공급	연공(연령, 근속연수)	생활보장의 원칙
능력주의 임금체계	직무급	직무내용가치	노동대가의 원칙
	직능급	직무수행능력가치	
성과주의 임금체계	성과급	성과가치	

③ **임금체계의 종류** 중요 기출

㉠ 연공급 : 종업원에 대한 임금이 **근속을 기준으로 변화**하는 것인데, 기본적으로는 종업원들에 대한 **생활급적 사고원리에 따른 임금체계**라 할 수 있다. 보통 연령, 근속, 학력, 성별 등의 요소에 의해 결정된다.

㉡ 직무급 : **직무의 상대적인 가치에 따라** 종업원에 대한 임금을 결정하는 방법으로, 이는 조직에서 직무가치가 높은 직무를 수행하는 종업원에게 더 높은 임금을 주는 것이 공정하다는 논리를 기반으로 한다.

㉢ 직능급 : 연공급과 직무급을 조합한 것으로, **직무수행능력에 따른 임금체계**를 의미한다. 다시 말해, 기업 내 종업원들의 직무수행능력에 따른 직능등급의 자격취득에 대한 기준을 정해 놓고 해당 자격취득에 따라 임금지급의 격차를 두는 제도를 말한다.

☑ 참고 연공급, 직무급, 직능급의 비교 중요

구분	장점	단점
연공급	• 위계질서의 확립이 가능하다. • 정기승급에 의한 생활보장으로 기업에 대한 귀속의식이 강하다. • 배치전환 등 인력관리가 용이하다. • 평가가 용이하다.	• 동기부여가 미약하다. • 능력업무와의 연계성이 미약하다. • 비합리적인 인건비 지출을 하게 된다. • 무사안일주의, 적당주의의 초래가능성이 있다. • 전문인력확보가 힘들다.
직무급	• 직무에 기초를 두는 임금의 결정이 가능하게 함으로써 동일가치노동, 동일임금의 원칙을 명확하게 하여 임금배분의 공평성을 기할 수 있다. • 임금수준의 설정에 객관적인 근거를 부여할 수 있다. • 직무분석, 직무평가의 과정에서 경영조직의 개선, 작업조직의 개선, 업무방식을 합리화할 수 있다. • 적재적소의 인사배치에 의해 노동력의 효율적인 이용이 가능하다. • 불합리한 노무비 상승을 방지할 수 있다.	• 직무급의 기초가 되는 직무평가가 주관적이고, 명확성이 떨어질 수 있다. • 기술변화, 노동시장의 변동 등으로 직무내용을 변경할 필요성이 생길 수 있다. • 적정배치를 하기 어렵고, 직무구성과 인적 능력구성이 일치하지 않게 되면, 효과를 거두기 어렵다. • 직무내용의 정형화·고정화로 직무수행에 유연성이 떨어지기 쉽다.
직능급	• 종업원들로 하여금 적극적인 능력개발을 유도해서 능력주의의 임금관리를 실현한다. • 조직의 우수한 인재의 이직을 예방해 준다. • 종업원들의 능력에 따른 임금결정으로 종업원의 불평 및 불만을 해소할 수 있다. • 승진정체를 완화시킬 수 있다.	• 초과능력이 바로 성과를 가져다주는 것은 아니므로 임금부담이 가중될 수밖에 없다. • 종업원의 직무수행능력만을 강조하다 보면 일상실무에 소홀하기 쉽다. • 직종별 직능등급을 객관적으로 할 수 없는 직종 또는 종업원 능력평가의 정확성을 확보하기 어려운 기업에서는 적용이 어렵다. • 직무에 대한 표준화가 불충분한 조직에는 적용이 곤란하다.

(5) 임금형태의 관리

임금형태란 근로자가 받는 임금을 구성하는 각 항목의 금액계산 및 지급방법을 말하는 것으로 임금수준의 결정이라고 할 수 있다. 더불어 임금형태는 기업 조직이 종업원에게 임금을 지급하는 방식을 의미한다.

① 임금형태의 개념 및 종류 `기출`

ㄱ) 시간급제 : 종업원의 직무성과의 양이나 질에 관계없이 실제 **노동에 종사한 시간에 따라 임금을 지급**하는 제도를 말한다. 시간급제에는 단순시간급제(일급제, 주급제, 월급제, 연봉제), 복률시간급제, 계측일급제 등이 있다.

ㄴ) 성과급제 : **종업원 작업성과에 따라 임금을 지급**해서 종업원들의 노동률을 자극하려는 제도를 말한다. 다시 말해, 이 제도에서 임금은 성과에 비례한다.

> **참고** 개인성과급제의 종류
> - 단순성과급제
>   - 생산량비례급 : 제품 한 개당 또는 작업 한 단위당 임금단가를 정하고, 여기에 실제의 작업성과를 곱하여 임금액을 산정하는 방법
>   - 표준시간급제 : 단위시간당 임금률에 표준시간을 곱하여 임금을 산출하는 방식으로 비반복적이고 많은 기술을 요하는 과업에서 이용할 수 있는 제도
> - 복률성과급제
>   - 테일러식 복률성과급 : 과학적으로 결정된 표준작업량을 토대로 고·저 두 종류의 임률을 적용하는 방법. 표준작업량의 설정이 어려울 뿐만 아니라 능력 있는 작업자에게는 동기부여가 가능하지만 초보자에게는 많이 불리하다는 한계점이 있음
>   - 메릭크식 복률성과급 : 테일러식 성과급을 보완하여 초보자에게도 인센티브를 주기 위해 고·중·저의 3종류의 임률을 설정하여 초보 및 보통작업자도 비교적 목표를 쉽게 달성할 수 있도록 자극하는 방법
>   - 일급보장식(맨체스터 플랜) : 미숙련 근로자들이 예정된 성과를 올리지 못해도 최저생활을 보장해 주기 위해 작업성과의 일정 한도까지는 보장된 일급을 지급하려는 제도
>   - 리틀식 복률성과급 : 리틀이 고안한 것으로 메릭크식에서 고성과자에게 더 큰 자극을 주도록 표준과업의 100% 이상의 성과를 달성한 자에게 더 높은 임금률을 적용하는 방식
> - 할증성과급제(최저한의 임금을 보장하면서 일정한 표준을 넘는 성과에 대해서는 할증임금을 지급)
>   - 비도우식 할증성과급 : 표준작업량 이하의 생산량에 대하여는 보너스 없이 시간 임률이 일정하고 표준작업량 이상의 경우에는 절약시간에 대해 75%의 보상을 더 받는 제도
>   - 할시식 할증성과급 : 과거 경험에 의해 표준작업시간을 정해 두고 시간절약분에 해당하는 할증급을 소정의 시간급에 추가하여 지급함. 할증률은 보통 임금률보다 낮게 책정하므로 임금지급액의 증가를 막을 수 있고 근로자는 작업능률에 관계없이 어느 정도의 임금이 보장됨
>   - 로완식 할증성과급 : 과거 실적을 중심으로 표준시간을 정하고 표준시간 이하로 작업을 마치면 절약 임금의 일부를 분배하되 분배율은 능률이 증진됨에 따라 감소하는 제도. 할시식에 비해 처음에는 근로자에게 유리하지만 일정한 한계를 넘어서면 불리해질 수 있음

ㄷ) 특수임금제 : 성과급제나 시간급제하고는 관계없는 임금지급방식을 통합한 것을 말한다.

더 알아두기

각 임금형태의 장·단점 비교

구분	장점	단점
시간급제	• 근로자의 입장 : 받는 임금을 일정액으로 보장해 준다. • 기업의 입장 : 노동일수나 노동시간 수가 산출되면 임금계산이 간단하고, 제품의 생산에 시간적 제약을 받지 않으므로 품질향상에 기여할 수 있다. • 임금산정방식이 간단하고 공정하다.	근무시간만 채우면 임금이 보장되므로, 작업능률이 오르지 않는다.
성과급제	• 종업원에게 합리성 및 공정함을 제공한다. • 종업원들의 작업능률을 꾀할 수 있다.	• 정확한 작업량의 측정이 어렵다. • 종업원의 경우 많은 임금을 받기 위한 무리한 노동이 나타날 수 있다. • 종업원의 수입이 일정하지 않다. • 작업량 위주의 방식으로 흘러가서, 제품의 품질 저하가 나타날 수 있다.

② **특수임금제**(Group Incentive Plan)

㉠ 집단자극제 : 개인임금방식에 대립되는 개념으로, 임금의 책정·지급방식을 종업원 집단별로 산정해서 지급하는 것을 말한다.

장점	단점
• 작업배치를 함에 있어 종업원들의 불만을 감소시킨다. • 신입 종업원의 경우, 훈련에 상당히 적극적이다. • 업무(작업)의 요령 등을 다른 사람들에게 감추지 않는다. • 집단의 조화가 중요하므로, 서로 간의 팀워크와 협동심이 높아진다.	• 집단의 노력이므로 개개인의 노력이나 성과가 직접적으로 반영되지 않는다. • 성과에 대한 기준설정이 명확하게 시간연구에 의한 것이 아닌 기존의 실적에 의한 것일 경우에, 해당 성과 상승의 원인이 업무방식의 개선에 의한 것인지, 아니면 실제 종업원의 노력에 의한 것인지 판단하기가 어렵다.

㉡ 순응임률제(Sliding Scale Wage Plan) 중요 기출

1875년 영국의 어느 탄광에서 처음 시행된 것으로, 기업의 여러 가지 조건이 변동하게 되면, 이에 순응하여 임금률도 자동적으로 변동 내지 조정되는 제도를 말한다. 기업 조직의 경우에 종업원에 대한 임금률을 일정한 수준에 고정하면 임금과 관련되는 물가의 변동, 기업의 성쇠가 있을 때엔 이 같은 현실에 부합할 수 없기 때문이다. 순응임률제는 이러한 경우에 대비해서 고안된 제도이다.

• 생계비 순응임률제(Cost of Living Sliding Scale Plan)

물가상승 시에, 종업원의 경우 일정한 임금으로는 생활을 영위해 나가기가 어려우므로 기업에서는 생계비에 순응하여 그에 따라 임률도 자동적으로 변동 조정하도록 하는 임금제도를 말한다.

• 판매가격 순응임률제(Selling Price Sliding Scale Plan)

제품가격과 종업원에 대한 임금률을 연관시켜서 제품에 대한 판매가격이 변동하면 그에 따라

임률도 변동하도록 하는 제도를 말한다. 이는 기업 조직이 생산해 내는 제품 판매가격이 일정액 이하에 해당하는 경우에는 기준율 또는 최저율을 적용하고, 반대로 제품 판매가격이 일정액 이상에 해당하는 경우에는 올라간 상승률만큼 임률을 높이는 것을 의미한다.

- 이익(이윤) 순응임률제(Profit Sliding Scale Plan)

  기업 조직의 이윤 및 임금을 결부시키는 것으로, 기업의 이윤지수가 변할 때에는 그에 순응하여 임률을 변동 및 조정하도록 하는 제도를 말한다.

ⓒ 이익분배제(Profit Sharing Plan)

노사 간의 계약에 의한 기본임금 이외에 기업 조직의 각 영업기마다 결산이윤의 일부를 종업원들에게 부가적으로 지급하는 제도를 의미한다. 이익분배제는 예를 들어, 해당 기업 조직의 종업원에게 시가보다 저렴한 가격으로 주식을 배분해서 이익을 배당하던가 연말이나 명절 때에 기업 조직 이윤의 일부를 배분하던가, 기업 조직이 각 종업원들의 복리후생을 위한 공동기금에 기업 이윤의 일부를 제공하는 등의 방법이 있다.

> **☑ 참고** 이익분배제의 효과와 제약사항
>
> | 효과 | 제약사항 |
> | --- | --- |
> | • 기업과 종업원 간의 협동정신을 고취, 강화시켜서 노사 간의 관계개선에 도움을 준다.
• 종업원은 자신의 이윤에 대한 배당을 높이기 위해 작업에 집중하여 능률증진을 기할 수 있다.
• 종업원은 이익배당 참여권 및 분배율을 근속연수와 연관시킴으로써, 종업원들의 장기근속을 유도할 수 있다. | • 회계정보를 적당히 처리함으로써, 기업 조직의 결과를 자의적으로 조정할 수 있으므로 신뢰성이 낮아진다.
• 이익분배는 결산기에 가서 확정되는 관계로 종업원들의 작업능률에 대한 자극이 감소될 수 있다. |

ⓔ 스캔론플랜 : 기업 생산성의 향상을 노사협조의 결과로 인식하고, 이를 총매출액에 대한 노무비 절약분의 이익을 인센티브 임금, 다시 말해 상여금으로 모든 종업원들에게 나누어 주는 방식을 의미한다. 또한, 기업 조직이 종업원들의 참여의식을 고취시키기 위해서 위원회제도의 활용을 통해 종업원들의 경영에 대한 참여와 개선된 생산의 판매 가치를 기반으로 한 성과배분제이다. 엠파이어 스틸이라는 철강회사가 1930년대 대공황 속에서 경영난에 처해 있을 때 스캔론이 생각하여 성공적으로 생산성의 향상 및 경영난 해소를 가져온 계기로 비롯되었다. 또한, 이 제도는 조직의 집단을 기준으로 발의되고, 발전시킨 제안과 동시에 집단을 중심으로 하는 보상으로 개인보상을 하지 않고, 이러한 제도의 실시로 인해 얻어진 노무비의 절약분은 상여로 참가한 종업원들에게 모두 분배한다. `기출`

ⓜ 럭커플랜 : 부가가치의 증대를 목표로 하여 이를 노사협력체제에 의하여 달성하고, 이에 따라 증가된 생산성 향상분을 그 기업의 안정적인 부가가치 분배율로 노사 간에 배분하는 성과배분제를 말한다. `기출`

장점	단점
기업 조직에서 생산가치의 공정한 분배로 노사협력에 의한 생산성의 향상과 더불어 각 종업원들의 참여의식을 통한 부가가치의 증대를 가져온다.	기업 조직의 종업원 개개인에게 분배하는 계산방식이 애매모호하며, 임금상수가 과거자료를 통해 나타나므로 이에 대한 변화의 가능성이 크다.

☑ 참고 스캔론플랜과 럭커플랜의 차이점 및 공통점 비교 **종요**

구분	스캔론플랜	럭커플랜
차이점	스캔론플랜은 성과배분의 기준을 판매 가치에 두고 집단적 제안제도를 도입하고 있다.	럭커플랜은 성과배분의 기준을 부가가치에 두고 있다.
공통점	스캔론플랜과 럭커플랜은 집단성과 배분제로 기업 조직의 생산성 향상을 목표로 하는 노사협력제도라는 측면에서 동일한 의미를 가진다. 동시에 종업원들의 참여의식을 높이고, 위원회제도를 활용한다.	

스캔론플랜·럭커플랜 제도는 개별 성과급에 대한 한계를 극복하고 노사 간의 참여 및 협력 증진을 도모하고는 있지만, 기업 조직의 대립적 노사관계를 이러한 제도만으로 해결할 수는 없으며 기업 조직에서 개인의 능력과 해당 작업성과에 따라 보상을 해 줌으로써 모티브화시킬 수 있는 방안이 강구되어야만 한다.

③ **임금피크제도(Salary Peak System)** **종요** **기출**

임금피크제란 기업 조직의 종업원이 일정한 나이가 지나면 생산성에 따라 임금을 지급하는 제도로 현실적으로는 나이가 들어 생산성이 떨어지면서 임금을 낮추는 제도를 말한다. 다시 말해, 일정한 연령에 이르면 그때의 연봉을 기준으로 **임금을 줄여 나가는 대신 계속 근무를 할 수 있도록 하는 새로운 정년보장 제도를** 의미한다.

연공급제가 현실의 임금체계라는 점을 감안하면 임금피크제의 도입에 대해 노사로부터 일부 부정적인 반응이 있다 하더라도 임금피크제도는 중·고령자의 고용보장은 물론 더불어서 사회의 활력증대를 꾀할 수 있는 현실적인 방안이라 할 수 있다. 또한, 종업원은 해고를 피하고 정년 이후에도 계속 일할 수 있다. 사용자는 해고를 둘러싼 노사갈등을 피할 수 있고, 보다 더 저렴한 비용으로 훈련된 인적자원을 유지·확보할 수 있는 한편, 경감된 비용으로 신규인력을 채용할 수 있다. 정부는 인구 고령화에 따른 생산인력 부족문제를 해결하고, 비경제활동에 속하는 고령인구에 대한 사회보장비용 부담을 완화할 수 있기 때문에 효과적인 임금피크제의 검토 및 도입이 절실히 요구되는 상황이다.

☑ 참고 임금피크제도의 장·단점 **종요**

장점	단점
• 기업의 입장에서는 인건비를 절감해서 생산성이 높은 인력을 채용 또는 노동 이외의 다른 부분에 투자할 수 있는 여건을 마련할 수 있다. • 종업원 입장에서는 고용을 보장받으면서 고령층의 실업을 줄여 나갈 수 있으며, 한 가지 직종에서 오랫동안 일을 해 온 고령층의 경험과 노하우를 살릴 수 있다. • 사회적으로 다량의 비용지출이 발생하는 중장년층들의 실업률을 줄이며, 인하된 예산으로 새로운 인력들을 선발할 경우에 이는 청년실업률의 해소에도 도움을 줄 수 있다.	신규채용이 줄어들 가능성이 있다.

(6) 퇴직급여제도

① **퇴직금제도** : 사용자가 계속근로기간 1년에 대해 30일분 이상의 평균임금을 퇴직금으로 퇴직 근로자에게 지급하는 제도

② **퇴직연금제도** : 사용자가 근로자의 재직기간 중 퇴직금 지급재원을 외부의 금융기관에 적립하고, 이를 사용자 또는 근로자의 지시에 따라 운용하여 근로자가 퇴직하는 경우 연금 또는 일시금으로 지급하는 제도

　㉠ 확정급여형 퇴직연금제도(Defined Benefit)

- 의의 : 근로자가 받을 급여가 사전에 정해지고 사용자가 금융기관에 적립할 수준은 노사합의로 정할 수 있으며 미적립분은 사용자가 최종 지급책임을 지도록 하는 제도
- 장점 : 퇴직금과 같은 급여가 사전에 보장되어 사외적립금이 부족하더라도 사용자가 최종 지급책임을 지게 됨
- 단점 : 기업이 도산할 경우 금융기관에 적립된 부분에 한해 수급권이 보장되므로, 종업원 보호에 미약함

　㉡ 확정기여형 퇴직연금제도(Defined Contribution)

- 의의 : 사용자가 금융기관에 근로자 이름으로 적립하는 부담금 수준이 사전에 확정되고, 근로자가 받을 급여액은 적립금 투자수익에 따라 달라질 수도 있는 제도
- 장점 : 근로자가 이직 시 적립금 연결계산이 용이하고, 기업이 도산하더라도 적립금이 보장됨
- 단점 : 투자결과에 따라 법정퇴직금보다 퇴직연금이 적어질 수 있고, 위험부담을 종업원 본인이 지게 되어 종업원 보호에 미비한 점이 있음

　㉢ 개인형 퇴직연금제도

- 의의 : 가입자의 선택에 따라 가입자가 납입한 일시금이나 사용자 또는 가입자가 납입한 부담금을 적립·운용하기 위하여 설정한 퇴직연금제도로서 급여의 수준이나 부담금의 수준이 확정되지 않은 퇴직연금제도
- 근로자 개인이 가입한다는 점 외에 적립금 운용 및 급여 등은 확정기여형 퇴직연금과 유사함

제2절　복리후생관리

(1) 복리후생의 의미

일반적으로 복리후생은 기업 조직이 종업원과 가족들의 생활수준을 높이기 위해서 마련한 임금 이외의 제반급부를 말한다. 또한 복리후생제도는 기업에서 노사 간의 관계에 있어서의 안정, 공동체의 실현 및 종업원들의 생활안정과 문화향상 등의 필요에 의해 발전하고 있다.

(2) 복리후생의 성격

통상적으로 복리후생은 임금과는 성격이 다른데, 다음과 같은 특성을 가진다.

① 신분기준에 의해 운영된다.
② 집단적인 보상의 성격을 가진다.
③ 필요성의 원칙에 의해서 지급된다.
④ 용도가 제한되어 있다(한정성).
⑤ 기대소득의 성격을 가진다.
⑥ 한 가지 형태가 아닌 다양한 형태로 지급된다(현물이나 시설물 등).
⑦ 복리후생은 소속된 종업원들의 생활수준을 안정시키는 기능을 수행한다.

☑ 참고 복리후생에 대한 사용자 및 종업원 간의 이익

사용자에 대한 이익	종업원에 대한 이익
• 생산성 향상과 더불어 원가절감의 효과를 가져 온다. • 팀워크의 정신이 점차적으로 높아진다. • 지각, 결근, 사고, 이직률 등이 감소한다. • 인간적인 관계가 상당 부분 개선된다. • 선발이나 훈련에 대한 비용이 절감된다. • 소속 종업원과 함께 진취적으로 일할 수 있는 기회가 점점 늘어난다. • 기업의 방침 또는 목적 등을 보여 줄 기회가 많아진다.	• 사기가 높아진다. • 복지 등에 대한 생각이 깊어진다. • 불평불만이 감소된다. • 소속되어 있는 사용자와의 관계가 개선될 수 있다. • 고용이 안정됨과 동시에 생활수준이 나아진다. • 진취적으로 참가하는 기회가 늘어난다. • 소속되어 있는 기업의 방침이나 목적에 대한 이해력이 높아진다.

(3) 복리후생의 종류

현대의 기업들이 시행하고 있는 복리후생에 대한 범위는 여러 가지가 있으나 크게 법정 복리후생과 법정 외 복리후생으로 나누어서 생각할 수 있다. 다시 말해, 법률에 의한 강제성이 있느냐 없느냐에 따라 법정 복리후생과 법정 외 복리후생으로 나누어진다.

① **법정 복리후생제도** : 종업원의 개인적인 의사나 기업의 정해진 방침과는 상관없이 국가에서 정한 법률에 의해서 강제적으로 실시해야 하는 복리후생제도로 국민연금, 건강보험, 산업재해보험, 고용보험 등의 4대 보험이 대표적인 예라 할 수 있다. 기출
   ㉠ 국민건강보험 : 기업 조직의 종업원과 그 가족 등이 업무 이외의 이유로 인해 질병 및 부상 또는 사망 등에 대해서 진료비 및 건강진단 등 국민건강과 삶의 안정을 위해서 제공된다.
   ㉡ 국민연금보험 : 기업 조직의 종업원이 근로능력의 상실 및 사망했을 시에, 종업원 당사자와 그 가족들의 생계를 위해 시행하고 있는 보험을 말한다.
   ㉢ 산업재해보험 : 기업 조직의 종업원이 업무문제로 인한 부상 또는 질병에 대해서 빠르고 정확한 보상을 해서, 종업원을 보호하고 또한 각종 복지에 필요한 시책을 행하는 보험을 말한다.
   ㉣ 고용보험 : 인간의 실업을 예방하고 나아가 고용의 촉진 및 종업원들의 직업능력의 개발 및 향상을 도모하며, 종업원이 실업자가 된 경우에 생활에 필요한 급여를 제공함으로써 그들의 삶의 안정 및 구직활동을 돕는 역할을 하는 보험을 말한다.

② **법정 외 복리후생제도** : 보통 기업에서 스스로 시행하는 것으로, 자녀 학자금 지원, 경조사 지원, 동호회 지원, 도서구입비 지원, 휴게실 운영 등이 있다.

☑ 참고 　법정 외 복리후생제도의 종류

구분	종류
문화 · 체육 등의 오락시설	• 문화시설 : 학교, 도서관, 강연회, 교육원 등 • 체육시설 : 운동장, 풀장, 헬스장 등 • 위락 · 오락시설 : 영화, 연극, 뮤지컬, 오락실 등
보건위생시설	• 진료시설 : 보건소, 병원, 요양원 등 • 보양시설 : 휴양소 등 • 보건시설 : 미용실, 냉난방, 목욕탕, 이발소 등
경제시설	• 구매시설 : 소비조합, 매점 등 • 금융시설 : 자체육영대금, 주택대금 등 • 공제제도 : 재난위문금, 경조관련 대금 등 • 기타 : 내집알선, 예식장 등의 설비 등
생활시설	• 주택시설 : 기숙사, 전셋집, 사택 등 • 급식시설 : 식료품 배급, 식당 등 • 기타 : 피복대여, 침구대여 등

(4) 복리후생의 3원칙 기출

① **적정성의 원칙** : 복지시설과 제도는 가능한 조직의 모든 종업원에게 필요하고 경비에 대한 부담이 적당하며, 더불어 동종 산업이나 동일지역 내의 타 기업과 비교했을 때 크게 차이가 나지 않아야 함을 뜻한다.

② **합리성의 원칙** : 기업의 복지시설과 제도는 국가와 지역사회가 실시하는 사회보장제도 및 지역사회 복지시설과 합리적으로 조정 · 관리되어야 함을 의미한다.

③ **협력성의 원칙** : 종업원과 사용자가 서로 간의 협의하여 복리후생의 내용을 충실히 하고 운영에 있어서도 복리후생 위원회를 설치하는 등 노사쌍방의 협력으로 보다 큰 효과를 낼 수 있는 것을 의미한다.

(5) 복리후생의 설계 시 고려사항

① 종업원들의 욕구를 충족시키도록 설계되어야 한다.
② 종업원들의 참여에 의하여 설계되어야 한다.
③ 원칙적으로 대상범위가 넓은 제도를 우선적으로 채택해야 한다.
④ 현재와 미래의 지불능력이 평가되어야 한다.

(6) 카페테리아식 복리후생 중요 기출

카페테리아식 복리후생은 기업 조직에 소속된 종업원들이 기업이 제공하는 **복리후생제도나 시설** 중에서 종업원이 원하는 것을 선택하여 자신의 복리후생을 스스로 원하는 대로 설계하는 것을 말한다.

카페테리아식 복리후생제도의 종류

구분	내용
선택적 지출 계좌형	종업원 개개인에게 주어진 복리후생의 예산 범위 내에서 종업원들 각자가 자유롭게 복리후생의 항목들 중에서 선택하도록 하는 제도를 말한다.
모듈형	기업 조직이 몇 개의 복리후생 내용들을 모듈화시켜서 이를 종업원들에게 제공한 후에, 각 종업원들이 자신들에게 제일 적합한 모듈을 선택하도록 하는 것을 말한다.
핵심 추가 선택형	기업 조직의 종업원들에게 기초적으로 필요하다고 판단되는 최소한의 복리후생을 제공한 후에 이런 핵심항목들을 보충할 수 있는 내용들을 추가로 제공하여 종업원들이 제시된 항목 중에서 스스로가 원하는 항목을 선택하도록 하는 것이다. 다시 말해, 복리후생에 대한 핵심항목들을 기업이 제공하고, 추가된 항목들에 대해서 각 종업원들에게 선택권을 부여하는 것을 말한다.

복리후생과 임금의 차이

구분	차이점
보상형태	• 임금의 경우에는 각 종업원들의 업무성과 및 노력 등을 평가한 후에 금전적으로 책정되는 직접적인 보상형태 • 복리후생은 휴가일수의 증가 및 상담의 제공, 보험료 공제 등의 간접적인 보상형태
보상체계	• 임금은 각 종업원마다 차등지급되는 반면에, 복리후생은 종업원 전체에게 집단적으로 지급되는 집단적인 보상체계 • 각 종업원에게 지급되는 급여는 종업원마다 차이가 있지만, 복리후생의 경우에는 기본적으로 구성원 모두가 공동으로 이용 가능
보상요구	• 임금의 경우에는 각 종업원들이 반드시 요구 • 복리후생의 경우에는 종업원들의 필요에 의한 요구
보상효과	• 임금은 종업원들이 조직과의 고용관계에서 얻게 되는 이윤창출이며, 종업원들은 임금을 받아서 사회생활 등에 필요한 기본적인 경제소득을 얻음 • 복리후생은 종업원들에게 사회문화적인 이윤을 공헌하는 것이므로 사회 공동체 의식을 높임

(7) 새로운 복리후생제도

① **홀리스틱 복리후생** : 종업원들이 전인적 인간으로서 균형된 삶을 추구할 수 있도록 지원하는 제도로서 조직, 개인, 가정의 삼위일체를 통한 삶의 질 향상을 강조하고 있는 제도이다.

② **라이프사이클 복리후생** : 종업원들의 연령에 따라 변하는 생활패턴과 의식변화를 고려하여 복리후생 프로그램을 그에 맞도록 다르게 제공하는 제도이다.

③ **종업원 후원프로그램(EAP)** : 종업원 개인의 사적 문제와 관련하여 그 문제에 대해 전문적으로 분석 및 해결해가는 과정의 전문적 상담프로그램에 해당한다.

○× 로 점검하자 | 제8장

※ 다음 지문의 내용이 맞으면 ○, 틀리면 ×를 체크하시오. [1~8]

01 임금은 주로 정신노동자에게 지급하는 것이다. ( )

02 임금의 결정요소는 생계비 수준, 기업의 지불능력, 사회 일반적 임금수준 등이다. ( )

03 승급은 임금곡선상에서 하향이동을 하며, 기본급에 대한 서열은 변한다. ( )

04 베이스 업은 임금곡선 자체를 전체적으로 상향이동시키는 것을 말한다. ( )

05 임금체계 중 직무급은 생활급적 사고원리에 따른 임금체계라 할 수 있다. ( )

06 임금체계 중 직능급은 직무의 상대적 가치에 따라 종업원에 대한 임금을 결정하는 방식이다.
( )

07 생계비에 순응해서 그에 따른 임률도 자동적으로 변동 조정하도록 하는 임금제도를 이익 순응임
률제라고 한다. ( )

08 기업 조직의 종업원이 어느 정도의 나이가 지나면 생산성에 따라 임금을 지급하는 방식을 임금피
크제도라고 한다. ( )

정답과 해설 01 × 02 ○ 03 × 04 ○ 05 × 06 × 07 × 08 ○

01 임금은 주로 육체노동자에게 지급하는 것이다.
03 승급은 임금곡선상에서 상향이동을 하며, 기본급에 대한 서열은 변하지 않는다.
05 임금체계 중 직무급은 직무의 상대적인 가치에 따라 종업원에 대한 임금을 결정하는 방식이다.
06 직능급은 직무수행능력에 따른 임금체계이다.
07 생계비에 순응해서 그에 따른 임률도 자동적으로 변동 조정하도록 하는 임금제도를 생계비 순응임률제라고
한다.

01 다음 내용이 설명하는 것으로 적절한 것은 무엇인가?

> 기업 조직의 구성원이 맡고 있는 직무의 질은 변화하지는 않지만, 그 기능이나 능력 등이 향상되기 때문에 발생하는 기본급의 증액을 가리키는 말이다.

① 승진
② 베이스 업
③ 승격
④ 승급

02 임금의 구성내용(항목) 또는 기본급 산정에 있어서 그 원리를 통칭하는 임금관리의 영역은 무엇인가?

① 임금체계
② 임금형태
③ 임금교섭
④ 임금수준

03 다음 중 임금관리의 3요소에 해당하지 <u>않는</u> 것은 무엇인가?

① 임금형태
② 임금수준
③ 임금체계
④ 임금교섭

04 임금이란 것은 인간의 삶을 영위해 나가는 데 있어, 소비행동을 통한 구매력으로 전이되기 때문에 저임금이 무조건적으로 좋은 것이라고 할 수는 없다.

04 다음 중 최저임금제의 목적에 해당하지 않는 것은 무엇인가?

① 저임금은 무조건적으로 좋은 것이다.

② 기업들의 임금 격차, 다시 말해 기업 간 우열상의 문제로 인해서 설령 임금지급의 수준 차이가 나더라도 노동시장의 불완전성으로 인해 자연적으로 조절되지는 않는다.

③ 국가차원에서 조직의 구성원이 제공한 노동에 대해 일정한 수준에 해당하는 삶을 영위할 수 있는 합당한 보수를 얻을 수 있도록 노력해야 한다.

④ 종업원이 해당 기업의 최저 임금제에 대한 확실한 믿음이 없다고 가정하게 되면, 노사분쟁이 일어나게 되는 큰 원인을 제공하게 된다.

05 연공급은 종업원에 대한 임금이 근속을 기준으로 변화하는 것으로, 그들에 대한 생활급적 사고원리에 따른 임금체계이므로, 다른 임금체계에 비해 동기부여가 미약하다.

05 다음 중 연공급에 대한 장점으로 옳지 않은 것은?

① 조직에 있어 위계질서의 확립이 가능하다.

② 평가에 있어 용이하다.

③ 종업원들에 대한 배치전환 등에 있어서 인력관리가 쉽다.

④ 종업원들에게 많은 동기부여를 제공한다.

정답 04 ① 05 ④

06 다음 중 직무급의 장점으로 틀린 것은?

① 직무평가가 객관적이고도 명확성이 상당히 높다.

② 직무분석, 또는 직무평가의 과정에서 작업조직의 개선 및 경영조직의 개선, 업무 방식을 합리화할 수 있다.

③ 적재적소의 인사배치에 의해 종업원들의 노동력에 대한 효율적인 이용이 가능하다.

④ 임금수준의 설정에 있어서 객관적인 근거를 부여할 수 있다.

07 다음 내용에서 괄호 안에 들어갈 말로 알맞은 것은 무엇인가?

> (　　)는 종업원들의 작업성과에 따라 임금을 지급해서 종업원들의 노동률을 자극하려는 제도를 말한다.

① 특수임금제
② 성과급제
③ 연봉제
④ 시간급제

08 다음 중 순응임률제(Sliding Scale Wage Plan)의 종류에 해당하지 않는 것은 무엇인가?

① 이익 순응임률제(Profit Sliding Scale Plan)
② 판매가격 순응임률제(Selling Price Sliding Scale Plan)
③ 생계비 순응임률제(Cost of Living Sliding Scale Plan)
④ 이익분배제(Profit Sharing Plan)

06 직무급은 직무의 상대적 가치에 따라 종업원들에 대한 임금을 결정하는 방법으로서, 기업 조직에서 직무 가치가 높은 직무를 수행하는 종업원에게는 그렇지 못한 종업원에 비해 더 높은 임금을 주는 것이 공정하다는 논리를 기반으로 하고 있다. 그렇기 때문에 직무급의 기초가 되는 직무평가는 주관적이고도 명확성이 떨어질 우려가 있다.

07 성과급제는 종업원들의 업무성과에 비례해서 임금을 지급하는 것으로 종업원들의 노동률을 자극하려는 제도를 말한다. 임금은 성과에 비례한다.

08 순응임률제(Sliding Scale Wage Plan)에 속하는 것으로는 생계비 순응임률제, 판매가격 순응임률제, 이익(이윤) 순응임률제 등이 있다.

정답 06 ① 07 ② 08 ④

09 임금피크제도는 저렴한 비용으로 훈련된 인적자원인 중·고령자의 고용보장은 물론 더 나아가 사회의 활력증대를 꾀할 수 있는 현실적인 방안이다.

09 다음 중 임금피크제(Salary Peak System)에 대한 설명으로 옳지 <u>않은</u> 것은?

① 임금피크제에서 종업원의 경우에는 해고를 피하고 정년 이후에도 계속 일할 수 있다.

② 임금피크제에서 사용자 측의 경우에는 저렴한 비용으로 훈련된 인적자원을 유지·확보할 수 있다.

③ 임금피크제의 도입에 있어 이 제도는 중·고령자의 고용보장으로 인해 사회의 활력증대를 꾀하는 것이 아닌, 오히려 대량실업의 상황을 초래한다.

④ 임금피크제는 절감된 예산으로 새로운 인력들을 선발할 경우에, 청년실업률의 해소에 많은 도움을 줄 수 있다.

10 복리후생의 성격
• 신분기준에 의해 운영된다.
• 집단적인 보상의 성격을 가진다.
• 필요성의 원칙에 의해서 지급된다.
• 그 용도가 제한되어 있다.
• 기대소득의 성격을 가진다.
• 한 가지 형태가 아닌 다양한 형태로 지급된다(현물 또는 시설물 등).
• 소속된 종업원들의 생활수준을 안정시키는 기능을 수행한다.

10 다음 중 기업 조직의 종업원들에 대한 복리후생의 성격으로 <u>틀린</u> 것은?

① 다양한 형태가 아닌 한 가지 형태로 지급된다.

② 집단적인 보상의 성격을 가진다.

③ 용도가 제한되어 있다.

④ 신분기준에 의해 운영된다.

11 법정 복리후생제도 종류
• 국민건강보험
• 국민연금보험
• 산업재해보험
• 고용보험

11 다음 중 법정 복리후생제도에 속하지 <u>않는</u> 것은?

① 고용보험

② 국민건강보험

③ 학자금 지원 및 동호회 지원

④ 산업재해보험

정답 09 ③ 10 ① 11 ③

12 다음 중 복리후생 설계 시에 있어서 고려해야 할 사항이 <u>아닌</u> 것은?

① 기업 조직의 종업원들 참여에 의하여 설계되어야 한다.

② 현재를 포함해서 미래의 지불능력이 평가되어야 한다.

③ 종업원들의 니즈를 충족시키도록 설계되어야 한다.

④ 원칙적으로 보면 대상범위가 좁은 제도를 우선적으로 채택해야 유리하다.

12 복리후생은 원칙적으로 대상범위가 전반적으로 넓은 제도를 우선적으로 채택해야 한다.

13 다음 내용은 어떤 카페테리아식 복리후생제도인가?

> 기업이 종업원 개개인에게 주어진 복리후생의 예산 범위 안에서 종업원들 각자가 자유롭게 복리후생의 항목들 중에서 선택하도록 하는 제도를 말한다.

① 선택적 지출 계좌형

② 핵심 추가 선택형

③ 모듈형

④ 사회복지형

13 선택적 지출 계좌형 카페테리아식 복리후생제도는 기업 조직의 종업원 각자에게 주어진 복리후생의 예산 범위 내에서 종업원들 스스로가 자유롭게 복리후생의 항목들 중에서 선택할 수 있도록 하는 제도를 말한다.

정답 12 ④ 13 ①

Self Check로 다지기 | 제8장

▣ 임금관리의 체제
- 임금의 수준
- 임금의 체계
- 임금의 형태

▣ 임금의 결정요소
- 생계비 수준
- 기업의 지불능력
- 사회 일반적 임금수준

▣ 임금체계의 종류
- 연공급 : 종업원에 대한 임금이 근속을 기준으로 변화하는 것
- 직무급 : 직무의 상대적인 가치에 따라 종업원에 대한 임금을 결정하는 방법
- 직능급 : 연공급과 직무급을 조합한 것으로서, 직무수행능력에 따른 임금체계

▣ 특수임금제
- 집단자극제 : 개인임금방식에 대립되는 개념으로, 임금의 책정·지급방식을 종업원 집단별로 산정해서 지급하는 것
- 순응임률제 : 임금 산정 조건이 변동하게 되면, 이에 순응하여 임금률도 자동적으로 변동 내지 조정되는 제도
  - 생계비 순응임률제 : 생계비에 순응하여 그에 따라 임률도 자동적으로 변동 조정하도록 하는 임금제도
  - 판매가격 순응임률제 : 제품가격과 종업원에 대한 임금률을 연관시켜서 제품에 대한 판매가격이 변동하면 그에 따라 임률도 변동하도록 하는 제도
  - 이익 순응임률제 : 기업의 이윤지수가 변할 때에는 그에 순응하여 임률을 변동 및 조정하도록 하는 제도
- 이익분배제 : 각 영업기마다 결산이윤의 일부를 종업원들에게 부가적으로 지급하는 제도

제 9 장

인적자원의 유지관리

할 수 있다고 믿는 사람은 그렇게 되고, 할 수 없다고 믿는 사람도 역시 그렇게 된다.

-샤를 드골-

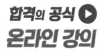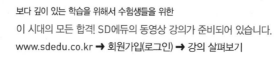

제 9 장 | 인적자원의 유지관리

인간관계관리

기업 조직에 있어서의 인간관계는 단순한 상호관계의 개념보다는 조직에 대한 효율성을 높일 수 있는 측면에서의 인간관계를 의미하는데, 이는 종업원 및 기업이 사기진작을 통해서 생산성을 올리는 상호 간의 협동 수단이 되기 때문이다.

> ☑ 참고   **인간관계관리의 중요성**
> - 인간이 삶의 많은 부분을 기업 조직 내에서 보내기 때문에 기업 조직 내에서의 인간관계의 문제가 점차 중요해지고 있다.
> - 기업 조직의 규모가 커지고, 그만큼 복잡해지면서 수많은 조직 내 종업원들 간의 협동관계를 이루는 것이 중요한 문제로 나타나고 있다.
> - 실력 있는 인적자원을 기업 조직 내에 두면서, 이러한 조직에 크게 공헌하게 하는 활동으로 인간관계관리가 상당히 중요시되고 있다.

(1) 인간관계관리 이론 종요

① 과학적 관리론

㉠ 개념 : 과학적 관리론은 과학 및 과학적 방법을 활용한 **합리화와 능률성의 극대화**를 기반으로 하는 관리법이라 할 수 있다. 이에 대해 테일러가 주장하는 과학적 관리론은 독점적 기업의 형성 및 공황으로 대두된 경제적 어려움을 타개하기 위한 경영 합리화의 일환으로 나타나게 되었다.

㉡ 목적 : 과학적 관리론은 종업원들에게 해가 되는 임금의 인하를 비켜가면서, 능률과 절약으로 인한 경영에 있어서의 합리화를 추구하는 것이었다. 과학적 관리론은 경영에서 뿐만 아니라 행정 부분에서도 능률 및 합리성을 증가시켰다. 이렇듯, 과학적 관리론은 **경제적이면서도 물질적인 것에 우선순위 요소**로 삼아 종업원들의 작업이 이루어지는 과정을 연구 및 분석하며, 이에 따른 적정량의 업무를 부여하고 종업원과 조직 간의 조화를 이루어 감으로써, **최소의 비용(노력)으로 최대의 생산효과**를 이끌어 내는 것을 기본적인 내용으로 하는 것이다.

㉢ 비판 : 과학적 관리론은 경제적인 인간관 및 폐쇄적·기계적이라는 내용을 기반으로 기업 조직에 기술주의 사고를 확대 적용시킴으로써, 상당한 권위주의적 조직론으로 발전시켰다는 비판을 받고 있다. 그중에서도 가장 큰 문제는 실제 조직에서의 큰 움직임은 인간인데도 불구하고 그러한 인간의 사회 심리적 존재에 대해서는 관심을 두지 않았다는 것이 더 크게 부각되고 있다.

ㄹ 한계
- 기업 조직과 사람을 기계화함으로써, 사람의 부품화 및 인격적 상실 등을 초래하게 만들었다.
- 폐쇄적 이론으로 환경 및 기업 조직과의 상호의존적인 작용을 무시하고 있다.
- 오로지 합리적인 경제인관의 모델에 입각하여, 사람을 공식적·합리적·제도적인 존재로 추상적인 인지를 하고, 사람의 심리적·사회적 요소들을 배제하였다.
- 비공식적인 조직을 무시하고 있다.
- 기계적인 능률관에 입각하고 있다(능률을 기계적 또는 물리적으로만 인식하고 있다).

② 인간관계론 `중요` `기출`
- ㉠ 개념 : 인간관계론은 기업 조직구성원들의 **심리적·사회적인 욕구와 기업조직 내의 비공식집단** 등을 중요시하며, 기업 조직의 목표 및 조직 구성원들의 목표 간 균형의 유지를 지향하는 **민주적이면서 참여적인 관리 방식을 추구**하는 이론을 의미한다.
- ㉡ 호손 실험 : 호손 실험은 메이요 교수가 중심이 되어 8년간 4단계에 걸쳐서 이루어진 실험을 말한다. 즉, 종업원의 작업능률과 이에 영향을 미치는 여러 가지 조건들과의 관계를 연구하는 실험을 뜻하는 것이다. 이러한 **호손 실험은 사람의 심리적, 정서적, 감정적 측면을 중요시**하고, 동시에 이러한 요소들을 효과적으로 활용함으로써 사람의 원활한 관리에 도움을 제공하면서 조직의 목표달성에 기여하기 위한 관리체제라고 할 수 있다.
- ㉢ 호손 실험의 구체적 내용
  - 조명실험 : 조명의 변화가 공장 내 종업원들의 생산성에 미치는 영향을 알아보기 위해서 실시하였지만, 이 경우에는 특별하게 작업능률에 있어 큰 영향을 미치지 못했다.
  - 계전기 조립실험 : 종업원들에 대한 휴식시간이나 임금인상 등이 그들의 작업조건에 있어 생산성에 미치는 효과를 알아보는 실험이었다.
  - 면접실험 : 상급자의 감독방법이나 작업 환경 등에 따른 종업원들의 불만을 조사하였다.
  - 배선관찰실험 : 종업원들에 대한 면접 및 관찰을 통한 작업장에서의 여러 가지 사회적 요소를 분석한 것이다.

> ☑ `참고` **호손 실험**

실험 명칭	실험 주체	실험 기간	실험 내용
조명실험	호손 공장	1924~1927	조명의 변화에 따른 작업생산량의 상관관계를 알아보기 위해 실시
계전기 조립실험	메이요 팀	1927~1929	작업시간, 휴식시간, 임금 등의 작업조건이 생산량에 미치는 관계를 알아내기 위한 실험
면접실험	메이요 팀	1928~1930	상사의 감독 등 작업자의 심리적 요인이 작업자의 태도와 생산성에 미치는 영향
배전기 권선실험	메이요 팀	1931~1932	면접과 관찰 등을 통해 작업장의 사회적 요인으로 작용하는 비공식적 조직과 비공식 규범 분석

② 인간관계론의 장점 및 단점 [기출]

장점	단점
• 종업원 간의 일체감 및 귀속감과 더불어 집단의 사기를 중요시했다. • 인간적인 측면을 강조함으로써 인간관 기준의 초석을 마련하였다. • 공식조직의 연구에서 비공식조직으로의 연구로 바뀌는 계기가 되었다.	• 인간관계론은 비공식 조직에만 관심을 보였다. • 사람의 이성보다 감정을 중요시한 나머지 기업 조직의 능률의 저하를 초래하였다. • 기업 조직에서의 외부적 환경요소를 제거하였다.

☑ 참고 **호손 실험이 가지는 의미** (중요) [기출]
- 종업원들의 작업능률은 어떠한 노동시간 및 임금 등과 같은 노동의 조건이나 조명 등의 작업환경이 가지는 물리적인 조건이 아닌 종업원들의 태도, 감정적인 면이 작업능률을 좌우한다고 본다.
- 물리적 조건에 의한다기보다는 반대로, 종업원들의 심리적 요인이 중요하다고 본다.
- 종업원 개개인의 감정이나 태도 등을 움직이는 것은 사회적 환경이나 개인이 속한 비공식적 조직 등이다.
- 조직 내에서의 비공식적 조직은 조직 내의 공식적인 조직에 비해 종업원들의 생산성 향상에 더 큰 역할을 기여한다.

☑ 참고 **인간관계론 및 과학적 관리론 비교**

인간관계론	과학적 관리론
• 인간 중심적 구조 • 비공식적 구조관 • 능률성과 민주적 목표가 조화됨 • 인간을 감정적 존재로 인식함 • 동태적 인간관(역학관계) • 인간적 동기, 사회적 인간(Y 이론) • 사회적 능률성 • 호손 실험 • 1930년대 이후 강조 • 민주성이 확립에 기여함 • 보편적 원리에 치중치 않음	• 직무 중심적 구조 • 공식적 구조관 • 능률성과 민주적 목표와의 조화가 이루어지지 못함 • 인간을 기계의 부품으로 인식함 • 정태적 인간관 • 경제적 동기(물질적 자극) • 기계적 능률성 • 시간, 동작 연구 등 • 1930년대 이전부터 강조 • 능률증진에 기여함 • 과학적 원리 강조함
공통점	
• 외부환경의 무시(보수적·정태적 환경관) • 궁극적 목적은 생산 및 능률의 향상 : 관리기능적 접근(정치행정이원론, 공사행정일원론) • 관리층을 위한 연구로 작업계층만을 연구대상으로 하고 관리자는 제외함 • 과학적 관리론은 대립요인만 제거하면 쉽게 일치되는 X 이론적 입장이나, 인간관계론은 쉽게 일치되지 않으므로 의도적인 노력이 필요한 Y 이론적 입장을 피력함 • 인간은 목표달성의 수단이며 관리자에 의한 동기부여를 강조하였으며, 스스로 동기부여를 해 나가는 자아실현인(독립인)이 아니라 피동적인 존재로 인식함 • 욕구의 단일성을 중시함	

③ **행동과학론**
  행동과학론은 경험적 증거에 의해 수집된 객관적인 방법으로, 이는 인간의 활동을 과학적으로 분석 및 설명, 예측을 하고자 하는 데 쓰이는 것이라 할 수 있다. 행동과학의 연구대상은 다름 아닌 인간

의 행동에 있다. 즉, 행동과학적인 이론은 인간 개인의 어떠한 행위나 집단과정을 강조한다. 행동과학의 경우에 조직의 공식적인 면과 비공식적인 면 모두를 고려하여 기업 조직을 인간의 활동이나 또는 집단의 과정으로 이를 객관적으로 연구 및 측정하려는 움직임을 행동과학론적 방식이라 한다.

④ 인간에 대한 여러 가지 모형

통상적으로 경제인 모델은 과학적 관리론의 인간관이며, 사회인적 모델은 인간관계론의 인간관이고, 인적자원 모델은 행동과학론 시대의 인간관이라 할 수 있다.

☑ 참고 ─ 인간에 대한 모델

구분	경제인 모델	사회인 모델	인적자원 모델
개념	인간은 이윤극대화 및 비용 최소화의 목적을 달성하기 위한 합리적 의사결정을 하는 인간의 측면을 의미한다. 즉, 사람은 자기 스스로의 이익을 최대화하기 위해서 행동한다고 보는 관점을 말한다.	호손 공장에서 이루어진 호손 실험을 통해 인간의 삶에 있어서의 근로의 의미를 빼앗고, 기업 조직의 종업원들이 가지는 기본적인 인간의 욕구에 갈등을 일으켰다는 점에서 인간의 본능에 대한 새로운 견해를 제시하였다.	인간관계론의 연구에 이어 인간행동에 대한 다각도의 연구가 이루어짐과 동시에 여러 인간 모델이 제시되는데 매슬로우, 맥그리거, 아지리스, 허즈버그, 리커트 등이 대표적이다.
가정	• 조직의 종업원들은 경제적 유인에 의해 동기화된다. • 종업원들은 기업 조직에 의해 조작됨과 동시에 통제되는 수동적인 존재이다. • 종업원들의 감정은 비합리적이므로 통제되어야 하며, 더불어 통제될 수 있는 방향으로 설계되어야 한다.	• 종업원들의 사회적인 욕구는 인간행동에 있어 가장 기본적인 동기요소이다. • 종업원들의 대인관계에 있어 스스로의 자아에 의미를 부여하는 중요한 요소가 된다. • 조직에서 유인제도 또는 통제보다는 동료집단과의 관계 등이 종업원들에게 훨씬 더 커다란 영향을 미친다. • 기업 조직의 종업원들은 자신들의 사회적 욕구가 충족되어지는 범위 안에서 경영층의 활동을 반응을 한다.	• 기업 조직에서의 인간은 서로 상호관련을 가지는 여러 욕구들로 복잡하게 구성되며 동기화된다. • 기업 조직에서 인간의 역할을 능동적으로 수행하려 하는 자아 실현인으로 가정한다. • 기업 조직에서의 직무는 종업원들에게 유쾌한 것으로 가정한다. • 기업 조직에서 인간은 의미있는 의사결정 및 책임을 바라고, 또한 그럴만한 능력이 있다고 가정한다.

(2) 인간관계관리 제도 기출

① 제안제도(Suggestion Systems) : 기업 조직체의 운영 및 종업원들의 작업수행에 필요한 각종 아이디어 등을 일반 종업원들로 하여금 제안할 수 있도록 하면서, 제출된 제안들을 심사해서 좋은 제안에 대해서는 그에 따르는 적절한 보상을 하면서 선택된 제안을 실천에 옮기는 것을 말한다.

㉠ 제안제도의 목적 : 직접적으로 보면 기업의 생산성 향상, 판매촉진 및 원가의 절감을 위해 자사 내의 종업원들의 협력을 구하려는 목적으로 시행되었으나, 요즘에 와서는 인간관계관리 차원의 관점에서 밑에서부터 위로 이어지는 상향식 의사소통을 원활하게 하기 위해 실시되고 있는데, 이는 종업원들 상호 간에 이해를 돕고 근로의욕 및 사기를 높이려는 목적으로 시행되고 있다고 할 수 있다.

> **☑ 참고** **제안제도의 목적**
> • 기업 조직 내 종업원들의 창의력을 개발한다.
> • 종업원들의 경영에 대한 참가의식을 고취시킨다.
> • 자사의 제품에 대한 원가를 절감시킨다.
> • 노사 간의 관계를 개선한다.
> • 기업 조직 내 종업원들의 사기를 높인다.

ⓛ 제안제도의 조건

• 종업원들이 구속받지 않게, 자유로이 제안할 수 있는 분위기의 조성이 필요하다.

• 선택된 제안에 대해서는 그에 따른 충분한 보상이 있어야 한다.

• 조직 내에서 제안 등을 장려하거나 또는 지도하는 부분들이 제도화되어야 한다.

• 제안의 처리 또는 심사 등은 신속하게 이루어져야 하며, 동시에 공평하게 진행되어야 한다.

• 기업 조직에서는 종업원들에게 제안제도의 의도에 대해서 충분히 납득할 수 있도록 해야 한다.

② **종업원 상담제도(Employee Counselling)** : 조직 내에서 종업원이 문제를 스스로 해결할 수 있도록 도움을 줄 목적으로 종업원과 함께 문제를 토론해서 해결해 나가는 것을 말한다. 즉, 종업원의 불평 및 불만 또는 바라는 것들에 대해 자유롭게 상담하고 이러한 부분들을 통해서 종업원이 자신이 맡은 업무에 더욱 충실히 할 수 있도록 사기를 향상시키는 데 의미가 있다. **기출**

③ **사기조사(Morale Survey)** : 기업 조직에서 공통의 목적을 지닌 개인이나 단체의 심정 및 태도의 상태를 나타내는 말이다. 사기조사는 사기의 상태나 사기를 저해할 수 있는 요소들을 밝혀가는 과정을 의미한다.

ⓛ 사기조사의 방법

• 통계적 방법 : 기업 조직에서 종업원들에 대해 그들의 업무활동 및 성과를 기록하여, 그려지는 추세와 예고 없는 변화에 주의하여 종업원들의 근로의욕 및 태도 등을 파악하는 방법이 많이 사용된다.

> **☑ 참고** **통계적 방법에 사용되는 지표**
> 1인당 생산량에 의한 측정인 경우에는 종업원들의 사기와 직결되는 부분이며, 노동이동률에 의한 측정인 경우에 종업원들의 노동이동이 높게 나타나면 당연히 남은 종업원들의 사기는 저하된다. 결근율이나 지각률의 측정에 있어서도 이들의 수치가 높게 나타나면 사기 또한 저하된다. 사고율에 의한 측정부분에서도 수치가 높게 나타나면 역시 사기도 떨어진다. 종업원들의 고충이나 불만의 빈도부분에서도 수치가 높게 나타나면 사기 또한 낮아진다.

• 태도조사에 의한 방법 : 조직 내 개개인의 종업원들 감정적·심리적 상태를 조사해서 종업원들의 의견 및 바라는 것들을 듣고, 그들이 말하는 불평 및 불만 등의 원인 등을 파악하는 것을 말한다. 태도조사에는 주로 질문지법, 면접법, 참여관찰법 등이 사용된다.

④ **고충처리제도**

ⓛ 고충 : 기업 조직에서 종업원들의 근로조건 및 단체협약의 실시에 있어서 부당하게 느껴지는 그들의 불평 및 불만을 말한다. 또한, 기업 조직에 있어서의 고충처리기관은 근로조건이나 대우에 대한 근로자의 불평불만을 통상적으로 모아서 분쟁의 원인을 제거하려고 하는 것으로 주로 조직 내 종업원 개개인의 문제를 취급하는 역할을 한다.

제2절　노사관계관리

(1) 노사관계관리의 전개

① 노사관계의 개념

노사관계는 노동시장에서 노동력을 제공해서 임금을 지급받는 **노동자(종업원)**와 노동력 수요자로서의 사용자가 서로 간에 형성하는 관계를 말한다. 즉, 종업원과 사용자의 내용을 주로 하기 때문에 실질적으로는 노동조합 및 기업 이들에 영향을 끼치는 정부와 연관되는 각종 문제들을 대상으로 하며, 노사협조 그리고 산업평화를 목적으로 하는 것이 일반적이다.

② 노사관계의 발전과정 （중요）

노사관계는 그 발전과정에 있어 크게 전제적 노사관계, 온정적 노사관계, 근대적 노사관계, 민주적 노사관계 등 4가지로 구분되어 발전되고 있다.

구분	주요 내용
전제적 노사관계	• 전제적 노사관계는 자본주의의 초기인 19세기 중기까지는 비교적 자유로운 자본시장 및 근대적인 노동시장이 성립되지 못했던 시대였다. 그 결과 기업도 소유자에 의한 경영, 다시 말해 Owner Management로 **사용자와 노동자의 관계는 명령과 복종, 주종의 관계를 형성**하거나 **예속의 관계**이다. 이는 **전제적 또는 일방적인 성격을 내포**하고 있는 것이 보편적이었다. • 이 단계에서의 근로조건은 사용자의 일방적인 의사로만 결정이 되며, 사용자와 근로자의 관계는 지배의 관계로 인간적인 요소는 무시될 수밖에 없었다. 영국의 경우 1820년에 제정된 노동관계법은 하루 14시간 내지 18시간이라는 장시간의 노동관행을 막기 위해서 근로시간을 하루 12시간으로 단축하였지만, 이로 인해 노동자를 종속시키는 데는 성과를 거둘 수 있었으나 생산성을 높이는 데에는 실패하기가 일쑤였고, 노동자들은 오래가지 않아 이러한 전제적인 관리방식에 대해 저항의 양상을 띠게 되었다. • 노동자들의 저항 형태는 초기에는 높은 결근율, 노동이동 등의 개인적인 반응으로부터 시작되어 개인의 힘을 점차적으로 조직화 및 집단화하여 후에는 노동조합의 영구적 조직으로 발달하였다.
온정적 노사관계	• 온정적 노사관계는 자본주의가 형성되고 노동이 점차 안정되기 시작하는 시기에 해당한다. • 자본과 노동의 관계에 있어서는 여전히 전제적 관계에 있었음에도 불구하고 어느 정도의 인간적 접촉을 통하여 가족주의적인 사회관계가 형성되고 그 결과 노사 간에는 온정주의적 관계가 나타나게 된 것이다. • 전제적 노사관계의 방식으로서는 근로자들로부터 지속적인 협조를 얻을 수 없고, 그에 따른 생산성의 향상도 기대할 수 없으므로, 사용자도 이에 대응하여 **근로자에 대하여 가부장적 온정주의에 입각한 복리후생시설을 마련**하는 등의 노사관계를 개선하지 않을 수 없게 됨을 의미한다. 그러한 결과로 **전제와 은혜, 충성과 자주성**이라는 노사 간에 온정주의적 관계가 특징으로 나타나게 된 것을 말한다.
근대적 노사관계	• 산업혁명의 발전과 더불어 노동도 직업별 노동조합이 형성됨에 따라 전 근대적 노동시장이 나타나게 되고, 그 결과 자본 및 노동의 문제에 있어서도 자본의 독자적인 지배가 힘들게 되었다. • 법에 의한 노동관리 및 합리주의로 인해 자본의 전제화를 점진적으로 완화하기 시작하는 단계가 되었다.

민주적 노사관계 기출	• 민주적 노사관계는 이미 미숙련 노동자의 다수화에 따른 산업별 노동조합(Industrial union) 의 발전으로 **노동조합과 기업의 전문경영자 사이의 대등주의적인 입장에서 임금이나 작업 내지는 노동조건을 공동으로 결정하는 노사관계의 단계**를 말한다. • 제1차 세계대전 후 특히 1930년대 초기의 세계 공황 이후, 자본의 집중 독점화는 고도로 발전되고 경영규모 또한 더욱 확대되었다. 노동에 있어서도 경영규모의 확대에 따라 노동력 이 고도로 집중화되고 기계화 및 표준화, 자동화의 진전에 따라 기능의 획일화, 사회화 및 산업별 노동조합의 발전이 이루어졌다. • 새로운 성격을 갖는 노동과 자본 사이의 관계는 그 나라의 경제적·사회적인 여건에 따라 다를 수 있지만, 일반적으로 **고용관계의 결정에 있어 일단 대등한 지위에서 단체교섭을 할 수 있게 되었다.** • 본질적으로는 자본의 헤게모니(Hegemony) 밑에 있더라도 **노사가 산업사회에 있어서만큼 은 서로 대등한 관계인 것으로 인식하는 산업민주주의의 이념이 형성**된 것을 말한다.

(2) 노동조합

① 노동조합의 개념

노동조합이란 노동자가 주체가 되어 자주적으로 단결하여 근로조건의 유지 및 개선, 기타 노동자의 경제적 또는 사회적인 지위의 향상을 도모하기 위한 목적으로 조직하는 단체 또는 그 연합단체를 의미 한다. 노동조합은 노동자들의 임금에 대한 교섭과 동시에 사업장 안의 사용자와 노동자 간의 지배관계 를 상하관계가 아닌 대등관계로 변화시키는 역할을 한다. 이와 더불어서 노동조합이 일반적인 임금교 섭 말고도 노동조건의 개선을 위하여 실시하는 단체교섭에서도 사용자의 일방적인 지배를 완화시키고 자 하는 여러 가지 내용들이 포함되는 이유 또한 이 때문이라 할 수 있다. 이때, 노동조건이란 노동자 들의 채용조건 및 노동시간, 작업환경, 고용안정 등을 모두 포함하는 개념으로 이해해야 한다. 이렇듯 노동조합은 역사적 시기 및 국가, 조직범위 그리고 이념 등의 차이에 따라 여러 가지 형태로 구분된다.

② 노동조합의 기능 기출

ⓐ 기본 기능(조직 기능) : 노동자들이 노동조합을 형성하기 위해서 비조합원인 근로자들을 조직하 는 제1차적 기능인 근로자 기능과, 그 후에 노동조합이 조직된 해당 노동조합을 유지하는 제2차 적 기능인 노동조합 기능으로 나누어진다.

ⓑ 집행 기능

• 단체교섭 기능 : 노동자들이 사용자와의 단체교섭을 통해서 근로조건을 유지하거나 개선을 요 구하며, 이렇게 노동자와 사용자 간의 단체교섭을 통한 내용에 대해 노사 간에 일치점이 나타 나게 되면 이는 단체협약으로 이행되는 것을 말한다.

• 경제활동 기능 : 크게 공제적 기능과 협동적 기능으로 구분되는데 공제적 기능은 노동조합의 자금원조 기능으로 볼 수 있다. 이는 노동자들이 어떠한 질병이나 재해, 사망 또는 실업에 대비 해서 노동조합이 사전에 공동기금을 준비하는 상호부조의 활동(상호보험)을 말하며, 협동적 기 능은 노동자가 취득한 임금을 보호하기 위한 소비측면의 보호로서 생산자 협동조합이나 소비 자 협동조합 및 신용조합, 노동은행의 활동 등을 의미한다.

• 정치활동 기능 : 노동자들이 자신들의 경제적인 목적을 달성하기 위해 부득이하게 정치적인 활 동을 전개하는 것을 말한다. 노동관계법 등의 법률 제정이나 그에 대한 촉구와 반대 등의 정치 적 발언권을 행사하며, 이를 위해서 어느 특정 정당을 지지하거나 또는 반대하는 등의 정치활 동을 전개하는 것을 말한다.

ⓒ 참모 기능 : 보통 기본 기능과 집행 기능을 보조 또는 참모하는 역할을 수행하는 기능이다. 이는 노동자들이 만든 노동조합의 임원이나 조합원들에게 교육활동이나 각종 선전활동, 조사연구활동 및 사회봉사활동 등의 내용을 포함한다.

더 알아두기

노동조합의 기능
노동조합은 결론적으로 노동자들의 생활조건 등에 대해서 유지 또는 개선하는 차원에서 상호보험 및 단체교섭, 입법활동(정치활동) 등을 내용으로 하고 있다.

---

③ **노동조합의 조직형태** 종요 기출

통상적으로 노동조합의 형태는 조합원 자격에 의한 부분과 결합방식에 의한 부분으로 나누어진다.

ⓐ 조합원 자격에 의한 노동조합의 분류

- 직업별 노동조합(Craft Union) : 기계적인 생산방법이 도입되지 못하던 수공업 단계에서 산업이나 또는 기계에 관련 없이 서로 동일한 직능(예를 들어, 인쇄공이나 선반공 또는 목수 등)에 종사하는 숙련노동자들이 자신들이 소속되어 있는 회사를 초월해서 노동자 자신들의 직업적인 안정과 더불어 경제적인 부분에서의 이익을 확보하기 위해 만든 배타적인 노동조합이다. 하지만 이러한 직업별 노동조합은 고용에 있어서 자신들의 독점적인 지위확보 및 노동력의 공급제한을 기본방침으로 삼고 있기 때문에 미숙련 노동자들에 대한 가입에 있어서는 제한을 한다. 이것은 어떠한 직장단위의 조직은 아니기 때문에 실직을 했다 하더라도 조합의 가입은 가능하며, 현 조합원들의 실업도 예방할 수 있다는 장점이 있는 반면에 타 직업에 대해서는 노동자들이 지나치게 배타적이면서도 독점적인 성격을 가지므로, 전체 노동자들에 대한 분열을 초래할 우려가 있다.

- 산업별 노동조합(Industrial Union) : 직종이나 계층 또는 기업에 상관없이 동일한 산업에 종사하는 모든 노동자가 하나의 노동조합을 결성하는 새로운 형태의 노동조합이다. 다시 말해, 산업별 노동조합은 노동시장에 대한 공급통제를 목적으로 **숙련 또는 비숙련 노동자들을 불문하고 동종 산업의 모든 노동자들을 하나로 해서 조직하는 노동조합**이다. 이러한 형태의 노동조합은 조합원의 수에 있어서 커다란 조직임과 동시에 그들만의 단결력을 강화시켜 압력단체로서의 지위를 확보할 수 있다는 이점이 있는 반면에 산업별 조직 안에서 직종 간의 이해대립이나 의견충돌을 초래할 위험이 있고, 이로 인해 조직 자체가 형식적인 단결에서 머물면 그 힘을 발휘할 수가 없다는 단점이 있다.

- 기업별 노동조합(Company Labor Union) : 동일한 기업에 종사하는 노동자들이 해당 **직종 또는 직능에 대한 차이 및 숙련의 정도를 무시하고 조직하는 노동조합으로 개별기업을 존립의 기반**으로 삼고 있는 것을 말한다. 이는 단체교섭의 상대인 사용자에 대해서 보다 더 직접적인 영향력을 행사할 수 있으므로, 노동자가 기업의 근로조건을 전체적으로 일정 수준 이상으로 향상하는 것을 목표로 한다. 하지만, 기업별 노동조합은 개별 기업을 존립의 기반으로 삼고 있기 때문에 노동시장에 대한 전반적인 영향력이 거의 없으며, 동시에 조직으로서의 역량에 대한 한계도 지니고 있다. 장점으로는 노동자들의 사용자에 대한 근로조건을 종합적으로 용이하게 의사결정을 할 수 있으며, 노동자들이 기업의 상황을 알고 있으므로 무리한 요구로 인한 조직

내 노사분규가 일어나지 않으며, 노사공동체의식의 함양을 통해서 노사가 협조하는 데 일조할 수 있다는 것이다. 반면 어용 노동조합이 될 수 있으며, 각 직종 간 세분화된 요구조건을 형평성 있게 처리하기 어려워 이로 인한 직종 간 대립을 초래할 우려가 있다.

- 일반노동조합(General Labor Union) : 기업 및 숙련도, 직능과는 상관없이 하나 또는 여러 개의 산업에 걸쳐서 각기 흩어져 있는 일정 지역 내의 노동자들을 규합하는 노동조합을 말한다. 장점으로는 어느 특정한 직종이나 산업 및 기업에 소속되지 않는 노동자들도 자유로이 가입할 수 있는 반면에, 조직으로서 갖추어야 하는 단결력이 약화되므로 전반적인 이해관계에 대한 문제가 나타날 우려가 있다.

더 알아두기
어용 노동조합(Companydominated Union)
노동조합이 사용자에 대해 자주성을 갖지 못하고 사용자의 좋을 대로 하는 것에 따라 움직이는 노동조합을 총칭한 것이다. 사용자의 압력을 받아 비자주적 조합이 되는 것을 말하며, 노동조합에 사용자의 이익 대표자가 들어 있거나 회사로부터 조합 운영비를 얻어 쓰거나 하는 조합을 의미한다.

ⓛ 결합방식에 의한 노동조합의 분류
- 단일조합 : 최소한의 요건을 갖추고 있는 최소 단위 조합으로 노동자 개인을 구성원으로 하고 있는 노동조합을 말한다.
- 연합체조합 : 단일조합을 구성원으로 하는 노동조합을 말하는 것으로, 이는 동종 산업의 단일 노동조합을 구성원으로 하는 산업별 연합단체와 전국 규모의 산업별 노동조합을 구성원으로 하는 총연합단체가 각각 해당한다.

④ **노동조합의 안정 및 독립**
㉠ 숍 시스템(Shop System)
노동조합이 사용주와 체결하는 노동협약에 있어 종업원의 자격 및 조합원 자격의 관계를 규정한 조항을 삽입하여 노동조합의 유지 및 발전을 도모하려는 제도를 말한다.
- 유니언 숍(Union Shop) : 사용자의 노동자에 대한 채용은 자유롭지만, 일단 **채용이 되고 나서부터는 종업원들은 일정 기간이 지난 후에는 반드시 노동조합에 가입해야만** 하는 제도를 말한다. 만약에 노동자가 노조의 가입을 거부 또는 노동조합이 제명을 하게 되면 해당 종업원은 기업으로부터 해고를 당하게 된다.

더 알아두기
유니언 숍에서의 조항체결에 대한 인정범위
사업장에 종사하는 노동조합 노동자의 3분의 2 이상을 대표하는 노동조합의 경우에는 단체협약을 통해서 제한적이나마 유니언 숍이 인정되지만, 그렇다고 해서 조합이 설령 노동자를 해고했다 하더라도 기업에서 노동자가 해고되는 조항은 실시되고 있지 않은 상황이다. 만약에, 다수의 조합원이 탈퇴하여 유니언 숍 조합이 통일적 기반을 잃게 되면(조합원이 근로자 2/3에 미달된 때) 이들의 탈퇴 조합원에게 해고조치 등의 유니언 숍 제도의 효력은 미치지 않는다.

☑ 참고 부당노동행위의 유형

유형	내용
불이익대우	노동자가 노동조합에 가입하거나 또는 가입하려고 하였거나, 노동조합이 조직 및 기타 노동조합의 업무를 위한 정당한 행위를 한 것을 이유로 하여 근로자를 해고하거나 불이익을 주는 경우를 불이익대우라고 한다.
황견계약 (Yellow Dog Contract)	기업에서 종업원이 노동조합에 가입하지 않을 것 또는 노동조합에서 탈퇴할 것을 고용조건으로 해서 노동자가 사용자와 개별적으로 맺는 근로계약으로, 비열계약이라고도 한다. 결국에 이는 부당노동행위로 간주되는데 종업원의 단결권, 단체교섭권 및 단체행동권을 침해하는 것이라 할 수 있다.
단체교섭의 거부	사용자가 단체교섭을 정당한 이유 없이 거부하거나 해태하는 행위를 의미한다.
지배, 개입 및 경비원조	노동자가 노동조합을 조직 또는 운영하는 것을 지배하거나 개입하는 행위, 또는 노동조합의 운영비를 원조하는 행위가 이에 해당한다.

- 오픈 숍(Open Shop) : 사용자가 **노동조합에 가입한 조합원 말고도 비조합원도 자유롭게 채용**할 수 있도록 하는 제도를 말한다. 다시 말해, **종업원의 노동조합에 대한 가입·비가입 등이 채용이나 해고조건에 전혀 영향력을 끼치지 못하는 것**이라 할 수 있다. 결국 노동조합에 대한 가입 및 탈퇴에 대한 부분은 종업원들의 각자 자유에 맡기고, 사용자는 비조합원들도 자유롭게 채용할 수 있기 때문에 조합원들의 사용자에 대한 교섭권은 약화된다. 기출
- 클로즈드 숍(Closed Shop) : 기업에 있어 **결원에 대한 보충이나 신규채용 등에 있어 사용자가 조합원 중에서 채용을 하지 않으면 안 되는 것**을 말한다. 다시 말해, 노동조합의 가입이 채용의 전제조건이 되므로 조합원의 확보방법으로는 최상의 강력한 제도라 할 수 있다. 또한, 클로즈드 숍 아래에서 노동조합이 노동의 공급 등을 통제가능하기 때문에 노동가격(임금)을 상승시킬 수 있다. 기출

☑ 참고 그 외의 숍 제도

숍 제도	내용
프레퍼랜셜 숍 (Preferential Shop)	특혜 숍 제도라고도 하는데, 기업이 종업원에 대한 채용을 진행할 때, 조합원들에게 채용에 대한 우선권을 부여하는 종업원 특혜제도로 클로즈드 숍의 변형된 제도이다.
에이전시 숍 (Agency Shop)	대리기관 숍 제도라고도 하는데 채용되는 모든 종업원들에게 단체교섭의 당사자인 노동조합에 일정액의 조합비를 납부하게 하는 것을 요구하는 제도를 말한다. 그렇게 함으로써 비조합원들의 무임승차 편승심리를 없앨 수 있고, 노동조합 내의 재원확보 및 안정에 도움을 얻을 수 있다.
메인터넌스 숍 (Maintenance of Membership Shop)	조합원 유지 숍 제도라고도 하는데 무엇보다도 단체협약이 이루어지면 기존의 조합원들은 물론, 단체협약이 체결된 이후에 가입한 조합원들도 협약이 유효한 기간 동안에는 조합원으로 머물러 있어야 하는 제도를 말한다.

더 알아두기

기업에 대한 노조의 통제력이 강한 순서 기출
클로즈드 숍(Closed Shop) > 유니언 숍(Union Shop) > 오픈 숍(Open Shop)

ⓛ 체크오프 시스템(Check Off System) : 노동조합의 자금 확보를 위한 기반을 제공해 주는 대표적
제도를 말한다. 이는 만약 단체협약에 사용자의 동의를 얻으면, 조합은 세력을 확보하기 위한
수단으로 체크오프의 조항을 둘 수 있으며, 이러한 노동조합이 조합비를 거두어들이는 방식으로
는 개별징수방법(조합원 개개인을 찾아다니며 조합비를 걷는) 및 조합원 2/3 이상의 동의가 얻어
지면 기업에서는 급여 지급 시 각 종업원들의 급여에서 조합비를 일괄적으로 공제해서 노동조합
에 넘기는 방식이 있다. 일반적으로 후자의 경우를 체크오프 시스템 제도라 한다.

(3) 노사협력제도

일반적으로 노동자와 사용자 쌍방 간의 참여와 협력을 통해 노사가 공동의 이익을 증진함으로써 산업평화
를 도모하고 국민경제 발전에 이바지하기 위한 방향으로 흘러가는 것은 지극히 당연한 일인 것이다. 따라
서, 이와 관련되는 단체교섭 및 단체협약 등을 중심으로 전반적인 내용에 대한 이해가 필요할 것이다.

① **단체교섭제도** 기출

ㄱ 단체교섭제도의 개념 : 노동조합과 사용자 간의 노동자들의 임금이나 근로시간 기타 근로조건에
대한 협약체결을 위해서 대표자를 통해 집단적인 타협을 하고 또 체결된 협약을 이행·관리하는
절차이다. 다시 말해 노사의 대표자가 노동자의 임금, 근로시간 또는 제 조건에 대해서 협약의
체결을 위해서 평화적으로 타협점을 찾아가는 절차를 말한다.

ㄴ 단체교섭의 성격

- 단체교섭은 노동자들의 대표인 노동조합과 사용자 대표 간 쌍방적 결정의 성격을 지닌다. 다시
말해 노동조합이 사용자와 대등한 별개의 인격을 가진 단체가 되어, 기존의 사용자측이 일방적
으로 결정해 온 노동자의 근로조건에 관한 사항, 기타 고용관계에 있어서의 노동자들의 지위에
대해서 노동조합과 사용자 간에 대등한 위치에서 쌍방적으로 결정하게 된다.
- 단체교섭은 이 자체가 어떠한 목적 또는 귀결점이 아닌 과정을 의미한다.
- 단체교섭은 노사 간의 서로 반대되는 내용에 대해 대화로 타협점을 찾는 과정이다.

☑ 참고 단체교섭의 종류

종류	내용
기업별 교섭	특정 기업 또는 사업장 단위로 조직된 노동조합이 그 상대방인 사용자와 단체교섭을 하는 방식을 의미한다.
통일교섭	노동시장을 전국적 또는 지역적으로 지배하고 있는 산업별 또는 직종별 노동조합과 이에 대응하는 전국적 또는 지역적인 사용자 단체와의 교섭 방식을 말한다.
대각선교섭	산업별로 조직된 노동조합이 이에 대응하는 개별 기업의 사용자와의 사이에 행하여지는 교섭을 말한다.
집단교섭	여러 개의 단위노조가 집단을 구성하여 이에 대응하는 여러 개의 기업의 사용자 대표와 집단적으로 교섭하는 방식을 말한다.
공동교섭	상부단체인 산업별 또는 직업별 노조와 하부단체인 기업별 노조 또는 기업단위의 지부와 공동으로 해당 기업의 사용자대표와 교섭하는 방식을 말한다.

② **단체협약**

㉠ 단체협약의 개념 : 노동자들이 사용자에 대해서 평화적인 교섭 또는 쟁의행위를 거쳐서 쟁취한 유리한 근로조건을 협약이라는 형태로 서면화한 것을 말한다. 단체교섭에 의해 노사 간의 내용에 대한 일치를 보게 되었을 때 단체협약이 되는데 단체협약의 경우에 성립이 되고 나면, 그러한 것들이 무엇보다도 법에 저촉되지 않는 한은 취업규칙 및 개별근로계약에 우선해서 획일적인 적용을 하게 되는 강력한 협약이다. 이는 협약서 작성에 있어 상당한 규제가 가해지게 된다. 또한 단체협약은 반드시 서면으로 작성이 되어야 하고, 노사 간의 쌍방이 서로 서명 내지 날인을 하여 서로 간의 협의한 내용을 증거로 남김과 동시에 협약체결 후 보름 안에 해당관청에 신고해야 한다.

㉡ 단체협약의 내용

구분	내용
규범적 부분	노동자의 근로조건을 규율하는 효력이 주어지는데, 내용으로는 노동자들의 근로조건 및 기타 대우에 있어서 지극히 일반적인 기준에 근거한 부분으로 노동자들의 임금, 근로시간, 휴가, 재해보상, 휴일, 복지시설, 안전위생 등의 내용이 포함된다.
조직적 부분	기업 경영에 있어서 노사관계를 규율하는 것으로, 내용으로는 종업원들의 해고에 대한 동의 및 협의조항, 조직운영에 대한 조항 등의 내용이 포함된다.
채무적 부분	당사자인 노동조합과 사용자 사이의 권리 및 의무를 규율하는 것으로, 내용으로는 숍 조항, 평화조항, 쟁의조항, 교섭위임 금지조항 등의 내용이 포함된다.

③ **노동쟁의 및 조정**

㉠ 노동쟁의(Labor Disputes)의 개념 : 종업원들의 노동시간, 복리후생, 임금, 해고 등에 대해서 노사 간의 의견 불일치로 인해 발생하는 분쟁상태를 말한다. 통상적으로 노사 간의 분쟁은 이익분쟁과 권리분쟁의 문제로 나누어진다. 이익분쟁이란 노사 간의 어떤 새로운 권리관계의 창출을 둘러싸고 나타나는 양자 간 주장의 불일치를 말하며, 권리분쟁이란 노사 간의 기존에 있었던 권리관계의 해석 및 이행여부 등을 가지고 서로 간 주장의 불일치를 나타내는 것을 말한다. 예를 들어 노사 간의 단체협약의 불이행, 취업 규칙위반 등은 권리분쟁에 해당되고, 단체협약의 체결이나 임금에 대한 협상 등은 새로운 권리 및 의무관계를 창출하는 부분이므로 이익분쟁에 속한다.

㉡ 쟁의의 유형 （중요） （기출）

구분	유형	내용
노동자 측면의 쟁의행위	파업(Strike)	파업은 노동조합 안에서의 통일적 의사결정에 따라 근로계약상 노동자가 사용자에게 제공해야 할 의무가 있는 근로의 제공을 거부하는 쟁의 수단을 의미한다.
	태업·사보타지(Sabotage)	태업은 노동조합이 형식적으로는 노동력을 제공하지만 의도적으로 불성실하게 노동을 제공함으로써 작업능률을 저하시키는 행위를 의미한다. 사보타지(Sabotage)는 태업에서 더 나아가 능동적으로 생산 및 사무를 방해하거나 원자재 또는 생산시설 등을 파괴하는 행위를 일컫는다.
	생산관리	생산관리는 노동조합이 직접적으로 사업장이나 공장 등을 점거하여 직접 나서서 기업경영을 하는 행위를 일컫는다.
	준법투쟁	노동조합이 법령·단체협약, 취업규칙 등의 내용을 정확하게 이행한다는 명분하에 업무의 능률 및 실적을 떨어뜨려 자신들의 주장을 받아들이도록 사용자에게 압력을 가하는 집단행동을 의미한다. 예 일제휴가, 집단사표, 연장근무의 거부 등이 있다.

	불매동맹 (Boycott)	노동조합이 사용자나 사용자와 거래 관계에 있는 제3자의 제품구입 또는 시설 등에 대한 이용을 거절하거나 그들과의 근로계약 체결 거부 등을 호소하는 행위를 말한다.
	피켓팅 (Picketing)	노조의 쟁의행위를 효과적으로 수행하기 위한 것으로, 이는 비조합원들의 사업장 출입을 저지하고, 이들을 파업에 동조하도록 호소하여 사용자에게 더 큰 타격을 주기 위해 활용되는 것을 말한다.
사용자 측면의 쟁의행위	직장폐쇄 (Lock Out)	노동조합과 사용자 간에 임금 및 기타 근로조건에 대해서 주장이 일치하지 아니하는 경우 사용자 측이 자기의 주장을 관철하기 위해서 노동자가 제공하는 노동력을 거부하고, 노동자에게 경제적 타격을 입힘으로써 압력을 가하는 실력행위를 말한다.
	조업계속	노동조합 측의 쟁의행위에 참여하지 않는 근로자 중에 계속 근로를 희망하는 자와 관리자 등을 동원해서 조업을 계속하는 행위를 의미한다.

(4) 경영참가제도 기출

① 경영참가제도의 개념

경영참가제도는 노동자 또는 노동조합이 사용자와 공동으로 기업의 경영관리기능을 담당 수행하는 것을 뜻한다. 우리나라의 경우에는 노사협의회법을 독립법으로 제정하여 1997년 3월 13일 '근로자 참여 및 협력증진에 관한 법률'로 경영참가제도를 발전시켜 나가고 있는 추세이다. 이렇듯 경영참가 제도가 확산된 배경으로는 여러 가지 이유가 있다. 첫째로 노동자 측의 상황변화를 보면, 노동이 점점 전문화되고 다양해짐에 따라 전에 없이 여러 가지 방법으로 종업원들의 의사를 발표하고 반영 시킬 수 있게 되는 환경이 구축되었다. 그 결과 오늘날의 노동자는 스스로가 노력만 하면 일선감독 자에서 중간 관리자를 거쳐 최고경영자로의 직위로 높이 올라갈 수 있는 기회가 점차 늘어가고 있기 때문이다. 둘째로 사용자측 상황변화가 있는데, 최근에 고생산성 고임금의 정책으로 방향전환이 불가피한 상황에서 노동자를 적대적인 존재가 아니라 미래 파트너로서의 역할을 인정하며, 기업이 적극적으로 공존관계를 이루어 가고자 노력하게 되었기 때문이다. 셋째로 노동조합의 기능이 문화적 ・정치적・사회적, 더 나아가 교육적 분야에까지 점진적으로 확장함에 따라 경영참가에 대한 욕구를 점점 더 자극하게 되었다. 넷째로 기술혁신과 생산성 향상도 빠질 수 없는데, 노동자와 사용자 간의 상호 이해를 목표로 하는 대화에 의해 기술혁신을 통해 증대된 경영성과를 노사 간에 공평하게 분배할 수 있는 성과배분의 길을 마련하기 위해 경영참가제도는 그 의미가 있다. 다섯째로 인간관계 가 주목받으면서 종업원의 사기와 직무에 대한 만족감이라는 개념이 중요하게 인지되었다. 그래서 노동자가 자발적 또는 능동적으로 경영에 참가할 때 사기와 만족도는 그만큼 깊어지고, 그로 인해 생산성이 향상되어 기업발전에 기여한다고 할 수 있다.

② 경영참가의 종류

경영참가의 종류는 국가별・지역별 기업의 규모에 따라 각각 차이가 있지만 일반적으로 널리 사용되고 있는 경영참가의 기본유형으로는 자본참가, 이익참가, 경영의사결정참가 등의 세 가지로 나뉘어진다.

　㉠ 자본참가(Participation in Capital) : 근로자들이 자기회사의 주식을 소유함으로써 자본의 출자자로서 기업경영에 참여하는 제도이다. 여기에 대표할 만한 제도로는 종업원지주제도가 있다.

종업원지주제도는 요즘 국내 기업에서도 많이 활용되고 있는 제도로 기업이 종업원에게 특별한 조건과 방식으로 자사 주식을 분양 및 소유하게 하는 제도를 말한다. 종업원지주제에 의해 종업원은 주주의 자격으로 발언권을 가지지만 보유주 수의 비율이 현저하게 낮거나 주가가 크게 떨어질 경우에는 오히려 큰 손실을 입을 수가 있다. 또한 이 제도는 기업을 노사 간 공유의 실체로 보는 것이며, 종업원들의 기업에 대한 애사심 고취 및 경영공동체 형성에 이바지함을 목적으로 한다. 정리하면 이 제도는 종업원의 공로에 대한 보수 및 근검절약의 장려, 자사에의 귀속의식을 고취시키며 자사와의 일체감 조성 및 자본조달의 새로운 원천개발 등에 있다. 하지만 자본조달의 원천개발은 2차적인 목적이고, 실질적인 주목적은 소유참여나 성과참여로 종업원들의 자사에 대한 근로의욕을 고취시키고, 노사관계의 안정을 꾀하는 데 그 목적이 있다.

ⓛ 성과배분참가 : 기업이 생산성 향상에 의해 얻어진 성과를 배분하는 제도를 말하는 것으로, 분배하는 방법은 생산성이 높아져서 나타나는 몫인 성과를 생산설비 확대에 대비해 회사 이윤에 넣어두거나 동종업체 타사와의 경쟁에 이겨 소비자에게 서비스를 강화하기 위해 제품의 가격 인하에 활용하거나 생산성 향상에 있어 직접적으로 기여한 종업원의 임금인상에 활용될 수 있다. 즉, 생산성 향상을 위한 인센티브 제도라고 할 수 있다. 하지만 이 제도는 생산성 향상의 성과가 뚜렷했을 때에만 성과배분제의 효과를 가질 수 있다.

ⓒ 의사결정참가 : 종업원이나 노동조합이 기업경영 의사결정에 참여하는 것을 의미하는데, 의사결정참가는 통상적으로 종업원들이 의사결정권의 소유여부에 따라 공동결정제 및 노사협의제로 나누어진다.

- 노사협의제 : 노동자 및 사용자 대표가 서로 간의 분쟁을 피하기 위해 일상적인 대화로써 협의점을 찾고자 설치한 제도를 말한다. 국내의 경우 노사협의회법의 제정·공포와 더불어 일정한 규모 이상의 모든 사업장에 노사협의회를 설치하고, 사용자 및 노동자 대표자 간에 수시 또는 정기적으로 여러 가지 문제를 논의함으로써 노사 간의 문제점을 사전에 제거하고자 하는 데 그 의미가 있다.

- 공동결정제 : 기업의 경영에 있어 의사결정이 노사 간 공동으로 이루어지게 하는 참가방식을 의미한다. 이는 노동자 또는 그들의 대표가 기업의 각 의사결정과정에 참여하여 경영진과 협의 또는 의사내용에 대한 교환을 하며, 결과적으로 모든 결정은 노사 간 공동으로 하면서 동시에 그에 따르는 실행에 대한 책임도 공동으로 한다.

더 알아두기

스톡옵션(Stock Option)
스톡옵션은 기업이 경영자 및 종업원에게 장래의 자사 주식을 사전에 약정된 가격으로 일정수량을 일정기간 내에 매입할 수 있도록 권리를 주는 제도를 말한다.

○✕로 점검하자 | 제9장

※ 다음 지문의 내용이 맞으면 ○, 틀리면 ✕를 체크하시오. [1~7]

01 과학적 관리론은 조직구성원들의 심리적·사회적인 욕구 및 기업조직 내의 비공식집단을 중요시한다. ( )

02 인간관계론은 구성원들 간 일체감 및 귀속감과 더불어 집단의 사기를 중요시한다. ( )

03 인간관계론은 직무 중심적 구조이다. ( )

04 행동과학론은 인간의 활동을 과학적으로 분석 및 설명·예측하고자 하는 데 쓰이는 것이다.
( )

05 제안제도는 종업원들 간 이해를 돕고 근로의욕 및 사기를 높이려는 목적으로 시행되고 있다.
( )

06 노사관계의 발전과정은 전제적 노사관계 → 온정적 노사관계 → 근대적 노사관계 → 민주적 노사관계 등으로 구분되어 발전되고 있다. ( )

07 채용 이후 종업원들은 일정 기간이 지난 후 반드시 노동조합에 가입해야만 하는 제도를 오픈숍이라고 한다. ( )

정답과 해설   01 ✕   02 ○   03 ✕   04 ○   05 ○   06 ○   07 ✕

01 인간관계론은 조직구성원들의 심리적·사회적인 욕구 및 기업조직 내의 비공식집단을 중요시한다.
03 인간관계론은 인간 중심적 구조이다.
07 채용 이후 종업원들은 일정 기간이 지난 후 반드시 노동조합에 가입해야만 하는 제도를 유니언 숍이라고 한다.

01 테일러의 과학적 관리론은 비공식적인 조직을 무시하고 있다.

01 과학적 관리론의 한계점으로 틀린 것은?

① 폐쇄적 이론으로 경영의 환경 및 기업 조직과의 상호의존적인 작용을 완전히 무시하고 있다.

② 기계적인 능률관에 입각하고 있다.

③ 공식적인 조직을 무시하고 있다.

④ 조직 및 종업원을 기계화함으로써 사람의 부품화 및 인격적 상실 등의 인식을 초래하게 만들었다.

02 조직과 종업원들의 목표 간 균형의 유지 및 민주적인 관리방식은 인간관계론에 대한 내용이다.

02 과학적 관리론에 대한 설명으로 옳지 않은 것은?

① 경제적이면서도 물질적인 것을 우선순위 요소로 삼아 종업원들의 작업과정을 연구한다.

② 조직에서의 큰 움직임은 당연히 인간이지만, 그러한 인간의 사회 심리적 존재에 대해서는 별로 관심을 두지 않았다.

③ 상당한 권위주의적 조직론으로 발전시켰다는 비판을 받고 있다.

④ 조직의 목표 및 조직 구성원들의 목표 간 균형의 유지를 지향하는 민주적인 관리방식이다.

정답 (01 ③ 02 ④)

03 종업원들의 작업에 있어서 과학화의 결과로 나타나게 되는 것으로 옳지 <u>않은</u> 것은?

① 종업원들의 심리적인 안정
② 인격의 상실
③ 낮은 임금
④ 인간의 기계화

04 다음 내용이 의미하는 것은?

> 구성원들의 심리적·사회적인 욕구와 기업조직 내의 비공식 집단 등을 중요시하며, 기업 조직의 목표 및 조직 구성원들의 목표 간 균형의 유지를 지향하는 민주적이면서도 참여적인 관리 방식을 추구하는 이론이다.

① 행동과학론
② 과학적 관리론
③ 시스템 이론
④ 인간관계론

05 다음 내용에서 괄호 안에 들어갈 가장 적절한 말은 무엇인가?

> 사람은 원리원칙의 논리 및 합리에 입각한 과학적 관리론과는 달리 (   )의 논리에 따라서 비합리적으로도 행동이 가능하다는 것이 인간관계론에서는 강조되고 있다.

① 감정
② 기계
③ 행동
④ 인간

03 과학적 관리론의 과학화로 종업원들의 비인격적인 대우, 저임금, 종업원들의 기계화 등의 문제점을 초래하게 되었다.

04 인간관계론은 과학적 관리론의 약점을 보완하고 조직의 종업원들의 사기 및 동기부여를 제공함으로써, 작업능률을 향상시키는 것에 중점을 두고 있다.

05 인간이 가지는 감정의 논리 및 비공식적인 조직의 집단이 생산성을 결정하는 원인이 된다는 것은 인간관계론에서 주장하고 있는 것이다.

정답 03 ① 04 ④ 05 ①

06 인간관계론은 공식적인 조직의 역할은 배제하고, 비공식 조직에만 관심을 보였다.

06 인간관계론의 장점에 대한 내용으로 옳지 <u>않은</u> 것은?

① 인간적인 측면을 강조하였다.

② 공식조직의 연구에서 비공식조직 연구로의 전환점을 맞은 계기가 되었다.

③ 비공식적인 조직의 역할은 배제하고 공식조직에만 관심을 보였다.

④ 종업원들에 대한 집단사기의 향상을 중요시했다.

07 호손 실험은 인간관계론이 태동하게 되는 계기가 되었다.

07 다음 중 호손 실험의 의미로 <u>틀린</u> 것은?

① 종업원들의 심리적 요인을 중요시한다.

② 과학적 관리론이 나타나게 되는 원동력이 되었다.

③ 종업원들의 작업능률은 물리적인 조건이 아닌 종업원들의 태도 및 감정적인 면이 작업능률을 좌우한다고 보고 있다.

④ 비공식적 조직은 조직 내의 공식적인 조직에 비해 종업원들에게 생산성 향상에 있어 더 큰 역할을 기여한다.

08 과학적 관리론은 인간의 기계화를 지향했으며, 인간관계론은 인간을 감정적인 존재로 인식하였다.

08 다음 표는 과학적 관리론과 인간관계론을 비교·설명한 것이다. <u>틀린</u> 것은?

	과학적 관리론	인간관계론
①	공식적 구조관을 취한다.	비공식적 구조관을 취한다.
②	합리적 및 경제적 인간(X 이론)이다.	사회적 인간(Y 이론)이다.
③	기계적인 능률성을 강조한다.	사회적인 능률성을 강조한다.
④	인간을 감정적인 존재로 인식한다.	인간을 기계의 부품화로 인식한다.

정답 (06 ③ 07 ② 08 ④)

09 다음 내용이 설명하는 것은?

> 인간 개인의 어떤 행위 및 집단과정을 강조하는데, 이 경우에 조직의 공식적인 면과 비공식적인면 모두를 고려하여 기업 조직을 인간의 활동 또는 집단의 과정으로 객관적 연구 및 측정하려는 움직임이라 할 수 있다.

① 행동과학론
② 인간관계론
③ 고전적 관리론
④ 과학적 관리론

10 다음 내용이 설명하는 것으로 옳은 것은?

> 기업 조직에서 공통의 목적을 지닌 개인 및 단체의 심정 및 태도의 상태를 나타내는 것이다.

① 종업원 상담제도(Employee Counselling)
② 사기조사(Morale Survey)
③ 제안제도(Suggestion Systems)
④ 통계적 방법

09 행동과학적 방식은 조직 종업원들의 업무에 대한 창조성·적극성·자주성 등을 강조하며, 종업원 스스로의 능력을 최대한으로 끌어올리려고 하는 자립적인 인간상을 추구함을 가설로 세우고 있는 이론이다.

10 사기조사는 종업원들 사기의 상태나 사기를 저해할 수 있는 요소들을 밝혀 가는 과정을 말한다.

정답 09 ① 10 ②

11 제안제도(Suggestion Systems)란 기업 운영에 있어 조직의 종업원들로부터 제출된 제안들을 심사해서 좋은 제안에 대해서는 그에 따르는 적절한 보상을 하면서 선택된 제안을 실천에 옮기는 것을 말한다.

11 **다음 내용이 의미하는 것은?**

> 기업 조직체의 운영 및 종업원들의 작업수행에 있어 필요한 각종 아이디어 등을 일반 종업원들로 하여금 직접 제안할 수 있도록 하는 것을 말한다.

① 사기조사(Morale Survey)
② 제안제도(Suggestion Systems)
③ 통계적 방법
④ 종업원 상담제도(Employee Counselling)

12 인간관계관리 제도 종류
• 제안제도(Suggestion Systems)
• 종업원 상담제도
  (Employee Counselling)
• 사기조사(Morale Survey)
• 고충처리제도

12 **다음 중 인간관계관리 제도에 해당하지 <u>않는</u> 것은?**

① 사기조사(Morale Survey)
② 제안제도(Suggestion Systems)
③ 종업원 상담제도(Employee Counselling)
④ 과학적 관리론

13 노사관계는 노사협조 및 산업평화 유지를 목적으로 하는 것이 일반적이다.

13 **다음 중 노사관계에 있어 기본 목적에 해당하는 것은?**

① 산업평화 유지
② 생산성의 향상
③ 수익성의 향상
④ 업무사기 향상

정답 (11 ② 12 ④ 13 ①)

14 다음 내용이 설명하는 것은 노사관계의 발전 단계 중 어디에 속하는가?

> 노동조합과 기업의 전문경영자 사이의 대등주의적인 입장에서 임금이나 작업 내지는 노동조건을 공동으로 결정하는 노사관계의 단계를 의미한다.

① 전제적 노사관계
② 근대적 노사관계
③ 민주적 노사관계
④ 온정적 노사관계

14 일반적으로 민주적 노사관계에서는 고용관계의 결정에 있어 일단 대등한 지위에서 단체교섭을 할 수 있게 되었다.

15 다음 중 조합원 자격에 의한 노동조합의 분류에 속하지 <u>않는</u> 것은?

① 기업별 노동조합(Company Labor Union)
② 산업별 노동조합(Industrial Union)
③ 직업별 노동조합(Craft Union)
④ 부서별 노동조합

15 조합원 자격에 의한 노동조합의 분류
• 기업별 노동조합(Company Labor Union)
• 산업별 노동조합(Industrial Union)
• 직업별 노동조합(Craft Union)
• 일반노동조합(General Labor Union)

16 다음 내용이 설명하는 것은?

> 직종 및 계층 또는 기업에 전혀 상관없이 동종 산업에 종사하는 모든 노동자가 하나의 노동조합을 결성하는 새로운 형태의 노동조합을 말한다.

① 기업별 노동조합(Company Labor Union)
② 직업별 노동조합(Craft Union)
③ 일반노동조합(General Labor Union)
④ 산업별 노동조합(Industrial Union)

16 산업별 노동조합(Industrial Union)은 노동시장에 대한 공급통제를 목적으로 숙련 또는 비숙련 노동자들을 불문하고 동종 산업의 모든 노동자들을 하나로 조직하는 노동조합을 말한다.

정답 (14 ③ 15 ④ 16 ④)

17 기업별 노동조합(Company Labor Union)은 동일한 기업에 종사하는 노동자들에 의해 조직되는 노동조합을 의미한다.

17 다음 내용이 의미하는 것은?

> 동일한 기업에 종사하는 노동자들이 해당 직종 또는 직능에 대한 차이 및 숙련의 정도를 무시하고 조직하는 노동조합으로 개별기업을 존립의 기반으로 삼고 있는 형태이다.

① 일반노동조합(General Labor Union)
② 기업별 노동조합(Company Labor Union)
③ 직업별 노동조합(Craft Union)
④ 산업별 노동조합(Industrial Union)

18 직업별 노동조합(Craft Union)은 서로 동일한 직능에 종사하는 숙련노동자들이 자신들이 소속되어 있는 회사를 초월해서 노동자 자신들을 위해 만든 노동조합을 말한다.

18 다음 내용이 설명하는 것으로 옳은 것은?

> 이것은 기계적인 생산방법이 도입되지 못하던 수공업 단계에서 산업이나 또는 기계에 관련 없이 서로 동일한 직능에 종사하는 숙련노동자들이 자신들이 소속되어 있는 회사를 초월해서 노동자 자신들의 직업적인 안정과 더불어 경제적인 부분에서의 이익을 확보하기 위해 만든 배타적인 노동조합을 말한다.

① 직업별 노동조합(Craft Union)
② 일반노동조합(General Labor Union)
③ 산업별 노동조합(Industrial Union)
④ 기업별 노동조합(Company Labor Union)

정답 17 ② 18 ①

19 다음 내용이 설명하는 것으로 적절한 것은?

> '1기업 1조합주의'라는 슬로건으로 조직원리에 의한 노동조합의 유형이다.

① 산업별 노동조합(Industrial Union)
② 일반노동조합(General Labor Union)
③ 기업별 노동조합(Company Labor Union)
④ 직업별 노동조합(Craft Union)

19 기업별 노동조합(Company Labor Union)은 동일한 기업에 종사하는 노동자들이 해당 직종 또는 직능에 대한 차이 및 숙련의 정도를 무시하고 조직하는 노동조합으로 이는 개별기업을 존립의 기반으로 삼고 있는 형태의 조합이다.

20 다음 내용이 의미하는 숍 제도로 적합한 것은?

> 이 숍 제도는 신규채용 등에 있어 사용자가 조합원 중에서 채용을 하지 않으면 안 되는 제도이다.

① 오픈 숍(Open Shop)
② 유니언 숍(Union Shop)
③ 에이전시 숍(Agency Shop)
④ 클로즈드 숍(Closed Shop)

20 클로즈드 숍(Closed Shop)은 노동조합의 가입이 채용의 전제조건이 되므로 조합원의 확보방법으로서는 최상의 강력한 제도라 할 수 있다.

21 '조합원 2/3 이상의 동의가 얻어지면 기업에서는 급여 지급 시 각 종업원들의 급여에서 조합비를 일괄적으로 공제해서 노동조합에 넘기는 방식'을 무엇이라고 하는가?

① 어용 노동조합(Companydominated Union)
② 체크오프 시스템(Check Off System)
③ 숍 시스템(Shop System)
④ 노동조합

21 체크오프 시스템(Check Off System)은 노동조합의 자금 확보를 위한 기반을 제공해 주는 제도를 말한다.

정답 19③ 20④ 21②

22 단체교섭은 노사의 각 대표자가 노동자의 임금·근로시간 또는 제 조건에 대해서 협약의 체결을 위해서 평화적으로 타협점을 찾아가는 절차를 의미한다.

22 다음 내용이 의미하는 것은?

> 노동조합과 사용자 간의 노동자들의 임금이나 근로시간, 기타 근로조건에 대한 협약체결을 위해서 대표자를 통해 집단적인 타협을 하고 또 체결된 협약을 이행·관리하는 절차를 말한다.

① 경영참가
② 노동쟁의
③ 단체협약
④ 단체교섭

23 단체협약은 단체교섭의 성과에 의해 노사 간의 내용에 대한 일치를 보게 되었을 때 이를 문서화하는 것을 말한다.

23 다음 내용이 의미하는 것은?

> 노동자들이 사용자에 대해서 평화적인 교섭 또는 쟁의행위를 거쳐서 쟁취한 유리한 근로조건을 협약이라는 형태로 서면(문서)화한 것을 말한다.

① 단체협약
② 노동쟁의
③ 경영참가
④ 단체교섭

24 직장폐쇄(Lock Out)는 사용자 측의 쟁의행위에 해당한다.

24 다음 중 노동자 측의 쟁의행위에 해당되지 <u>않는</u> 것은?

① 파업(Strike)
② 불매동맹(Boycott)
③ 직장폐쇄(Lock Out)
④ 피켓팅(picketing)

정답 22 ④ 23 ① 24 ③

25 다음 중 숍 제도에서 기업에 대한 노동조합의 통제력이 강력한 순서대로 나열한 것은 무엇인가?

① 오픈 숍(Open Shop) – 클로즈드 숍(Closed Shop) – 유니언 숍(Union Shop)

② 클로즈드 숍(Closed Shop) – 오픈 숍(Open Shop) – 유니언 숍(Union Shop)

③ 유니언 숍(Union Shop) – 오픈 숍(Open Shop) – 클로즈드 숍(Closed Shop)

④ 클로즈드 숍(Closed Shop) – 유니언 숍(Union Shop) – 오픈 숍(Open Shop)

26 다음 내용이 설명하는 것은?

> 노동자 및 노동조합이 사용자와 공동으로 기업의 경영관리기능을 담당·수행하는 것을 말한다.

① 노동쟁의
② 경영참가
③ 단체교섭
④ 단체협약

---

25 노조가입의 강제성의 정도에 따른 순서로는 '클로즈드 숍 – 유니언 숍 – 오픈 숍'이다.

26 경영참가는 종업원이나 종업원 대표가 기업의 의사결정에 참여하는 것을 의미한다.

정답 25 ④ 26 ②

Self Check로 다지기 | 제9장

⤵ **과학적 관리론** : 과학 및 과학적 방법을 활용한 합리화와 능률성의 극대화를 기반으로 하는 관리법

⤵ **인간관계론** : 기업 조직구성원들의 심리적·사회적인 욕구와 기업조직 내의 비공식집단 등을 중요시하며, 기업 조직의 목표 및 조직 구성원들의 목표 간 균형의 유지를 지향하는 민주적이면서 참여적인 관리 방식을 추구하는 이론

⤵ **행동과학론** : 인간의 활동을 과학적으로 분석 및 설명·예측을 하고자 하는 데 쓰이는 것

⤵ **숍 시스템**
- 유니언 숍 : 사용자의 노동자에 대한 채용은 자유롭지만, 일단 채용이 되고 나서부터는 종업원들은 일정 기간이 지난 후에는 반드시 노동조합에 가입해야만 하는 제도
- 오픈 숍 : 사용자가 노동조합에 가입한 조합원 말고도 비조합원도 채용할 수 있도록 하는 제도
- 클로즈드 숍 : 기업의 결원에 대한 보충이나, 신규채용 시 사용자가 조합원 중에서 채용해야 함

⤵ **노동조합의 조직형태**
- 조합원 자격에 의한 노동조합의 분류
  - 직업별 노동조합 : 기계적인 생산방법이 도입되지 못하던 수공업 단계에서 산업이나 기계에 관련 없이 동일한 직능에 종사하는 숙련노동자들이 소속되어 있는 회사를 초월해서 노동자 자신들의 직업적인 안정과 경제적인 부분의 이익을 확보하기 위해 만든 노동조합
  - 산업별 노동조합 : 직종이나 계층 또는 기업에 상관없이 동일한 산업에 종사하는 모든 노동자가 하나의 노동조합을 결성하는 새로운 형태의 노동조합
  - 기업별 노동조합 : 동일 기업에 종사하는 노동자들이 해당 직종에 대한 차이 및 숙련의 정도를 무시하고 조직하는 노동조합으로 개별기업을 존립의 기반으로 삼고 있는 것
  - 일반노동조합 : 기업 및 숙련도, 직능과는 상관없이 하나 또는 여러 개의 산업에 걸쳐서 각기 흩어져 있는 일정 지역 내의 노동자들을 규합하는 노동조합
- 결합방식에 의한 노동조합의 분류
  - 단일조합 : 최소 단위 조합으로서 노동자 개인을 구성원으로 하는 노동조합
  - 연합체조합 : 단일조합을 구성원으로 하는 노동조합

제 10 장

인사정보시스템과 인사감사

비관론자는 어떤 기회가 찾아와도 어려움만을 보고,
낙관론자는 어떤 난관이 찾아와도 기회를 바라본다.

– 윈스턴 처칠 –

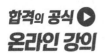

제 10 장 | 인사정보시스템과 인사감사

제1절 인사정보시스템

(1) 인적자원정보시스템의 개요

요즘 들어서 컴퓨터 기술 및 각종 통신의 발달로 이 사회는 지식정보의 사회, 디지털 경제사회라고도 불리고 있는 현실이다. 그러므로 기업의 입장에서도 이러한 정보시스템의 구축으로 빠르고 정확한 기업 의사결정 등에 많이 활용하고 있으며 조직, 회계, 마케팅, 생산, 재무 등에서 정보시스템의 연관성이 깊어 통합화하는 단계로까지 가고 있다. 인적자원정보시스템(Human Resource Information System ; HRIS)이란 기업 조직의 경영자가 자사 내 인적자원과 연관된 각종 사안에 대한 의사결정을 내릴 때에 도움이 되는 유용한 정보들을 제공하기 위해 만들어진 시스템이다. 인적자원정보시스템 및 인사정보시스템은 경영정보시스템을 구축하는 하위의 시스템으로 이는 어느 한 조직에서 필요로 하는 인적자원관리에 대한 각종 정보들을 모으고 이를 유지하고, 저장하며, 검색 및 처리해서 조직의 경영자에게 인적자원에 대한 관련된 의사결정을 내릴 시에 시기적절하게 도움이 되는 정보를 제공해 주는 시스템이라 할 수 있다.

> ☑ 참고 　인사정보시스템(Personal Information System ; PIS)
> 기업 조직에서 경영자가 인사관리에 관련된 각종 제반 업무처리 및 경영자의 의사결정 시에 시기적절하게 유용한 정보를 제공할 수 있도록 고안된 인간과 기계시스템을 말한다.

① **인적자원정보시스템의 개념** : 기업 조직의 경영자가 자사 내 인적자원과 연관된 각종 사안에 대한 의사결정을 내릴 때에 도움이 되는 유용한 정보들을 지원하기 위해 만들어진 시스템을 말하며, 인적자원관리에 연관되는 각종 자료의 처리 및 정보 산출에 있어 필요한 각종 프로그램, 인력, 제도 등을 모두 포함한다.

② **인적자원정보시스템의 특징** 기출
　　㉠ 타 정보시스템에 비해 특정 기간 동안에 데이터들이 대량으로 발생한다. 이는 조직 구성원들의 선발이나 종업원과 관련된 인사고과 및 조직원 개개인의 각종 데이터 등은 어느 특정한 시기에 대량으로 발생하므로, 이렇게 정형화된 데이터의 수치처리에는 정보시스템이 가장 적합하다.
　　㉡ 각종 데이터 처리에 있어서 즉시성이 요구되지 않는다. 종업원들에 대한 인사이동이나 급여부분, 선발 등에 대한 데이터들은 어느 특정기간 및 특정시일에 즉각적으로 입력을 해야 하지만, 이들은 데이터들을 하나로 묶어 일괄처리방식의 배치처리에 적합하다.
　　㉢ 비정형적인 처리방법에 대한 요구도가 높은 편이다. 조직 구성원인 종업원에 대한 급여와 인원에 대한 여러 가지 데이터 작성 및 여러 가지 문의 등의 다량의 요구가 발생될 시에 즉시적인 데이터 제공을 필요로 한다.

② 재무나 마케팅·생산시스템과의 상호관련성이 낮다. 인적자원시스템이 타 정보시스템으로부터 영향을 거의 받지 않고, 스스로가 독립적인 시스템 구축이 가능하기 때문이다.

⑩ 여러 하부정보시스템(급여, 선발, 복리후생, 인사평가 등)으로 구성되어 있다. 인적자원정보시스템은 각각의 하부정보시스템 간의 연관성은 있지만 처리에 있어서는 별도로 이루어지며, 각 하부정보시스템의 구축 또한 타 하부시스템을 크게 의식하지 않고 시행이 가능하다.

③ 인적자원정보시스템의 필요성

⑤ 오늘날 빠르게 변화하는 기업환경에서 인적자원관리 및 그에 관련된 각종 불확실성의 증대에 따른 정보급증을 가져와서 이에 대한 대처의 필요성이 나타난다.

⑥ 기업 조직규모의 확장과 이에 따른 관리의 복잡성 및 조직단위 간의 상호의존성의 증가를 들 수 있다.

⑥ 효과적인 의사결정을 위해 정보시스템의 필요성이 더욱 증대된다.

② 정보시스템의 이용을 통해 인적자원 관리비용의 절감이 요구된다.

⑩ 인적자원정보시스템은 회계나 재무 및 마케팅시스템 등에 비해 상대적으로 지체되어 있다.

④ 인적자원정보시스템의 유용성

⑤ 신속·정확하고 자료에 대한 분석이 용이하다.

⑥ 자동화 및 전산화로 인해 많은 노력과 시간을 절감하고 생산성의 향상을 가져온다.

⑥ 인적자원관리에 있어 필요한 많은 정보자료의 효율적인 제공이 가능하다.

② 의사결정에 있어 지원역할을 한다.

⑩ 인적자원관리에 연관되는 각종 과학적인 연구조사에 활용이 가능하다.

(2) 인적자원정보자료

① **외부환경자료** : 조직외적으로 법적·환경적 요인에 의한 자료, 조직내적 요소에 의한 자료로 구분된다.

② **투입자료** : 조직이나 직무정보시스템을 구성하는 자료와 구성인력에 대한 자료로 구분된다.

③ **과정자료** : 생산성 유인프로그램 및 생산성 유지프로그램 등으로 구분된다.

④ **산출자료** : 어떤 개인의 수준에 있어서의 성장 및 개발·욕구충족에 대한 자료, 조직의 수준에 있어서의 성장 및 생산성 유지에 대한 자료가 있다.

제2절 　 인사감사

(1) 인적자원감사

① 인적자원감사의 개념

기존에는 기업 조직에 있어 감사라고 하면 보통 발전하게 된 동기의 부정을 방지하기 위함이었으나, 부정을 방지하는 내부통제시스템이 발전하면서 오늘날에 와서는 인적자원감사의 발전동기는 소극적으로 인적자원 관리상의 부정을 막는 것보다 오히려 인적자원관리제도와 운영상의 효과성과 경제성을 평가하는 데 눈을 돌리게 되었다. 요즘에는 인적자원 관리정책의 실상이 모방적이고 획일적이며 몰개성적인 성격을 갖고 있음을 문제로 삼고, 효과측정이 어려운 측면을 분석·검토하는 데 있어서 더더욱 많은 관심을 기울이는 경향이 있다.

② **인적자원감사의 중요성**

ㄱ 인적자원감사는 인사관리제도와 그에 따르는 활동 그리고 성과에 대한 실질적인 자료를 체계적으로 수집·평가하여 조직 인사관리의 강점 및 약점을 발견·평가하고 필요에 의해 개선방안을 제시한다.

ㄴ 인적자원감사는 조직의 인적자원관리 과정상의 통제에 있어서 주요한 수단이 되고 있다.

ㄷ 인적자원 평가란 인적자원을 통제하기 위한 평가기준안을 만들고, 이에 입각해서 사실적인 자료를 수집해서 실질적으로 조직의 인적자원 관리가 제대로 운영되고 있는가의 여부를 판단하는 것이다.

ㄹ 인사고과가 개개인의 수준에서 그 능력과 업적이 조직이 요구하는 것에 비교해서 어떤 방식으로 평가되고 있는지에 대해서 알고자 하는 것이 목적이 된다면, 인적자원감사는 인적자원관리활동이 그렇게 의도하는 목적에 비교해서 적합한지를 판단하는 것이다.

③ **인적자원감사의 목적**

인적자원감사는 인적자원관리의 가장 중요한 기능이라 할 수 있으며, 기업 조직은 다음과 같은 목적을 달성하려고 노력한다.

ㄱ 기업 조직의 최고경영자가 의사 결정한 인적자원정책이 기업 전반에 걸쳐 얼마만큼이나 원활히 수행되고 있는지를 평가하도록 도우며, 그로 인해 나타날 수 있는 특별한 주의를 요구하는 특정 영역과 문제점 등을 밝힌다.

ㄴ 기업 조직의 종업원들로 인해 그들에게 무엇이 기대되는가에 대해 민감하게 만들고, 최고경영자에 의해 우선순위가 가장 크게 배정되어진 부분들에 대해서 특별한 주의를 할 수 있도록 고무한다.

> ☑ **참고** | **인적자원감사의 역할**
> • 조직건강에 대한 측정
> • 정책수행 여부에 대한 감사
> • 비용 및 수익분석
> • 정기적인 조사
> • 조직 성과표준검토

(2) 인적자원감사기준 기출

① **일반기준(General Standards)** : 일반기준은 적절한 기술훈련 및 숙달을 지닌 사람 또는 사람들에 의해 조사가 수행되어야 하고, 이에 대해 감사자들은 자신들의 정신자세에 있어 독립적인 자세를 가져야 하며, 조사를 실행하고 결과에 대한 보고서를 준비함에 있어 전문가적 마인드를 가져야 한다.

② **실사의 기준(Standards of Field Work)** : 실사의 기준은 시기적절하게 계획이 짜여져야 하고, 만약의 경우에 보조원이 수행한다면 이를 적절하게 감독하여야 한다. 또한 존재하고 있는 내부통제에 대한 적절한 연구 및 평가는 반드시 있어야 하며, 조사 중인 인사프로그램에 대한 의견에 있어 효율적인 기반을 제공하는 검사 및 관찰, 조회, 확인 등을 통해서 충분하면서, 요구에 부합하는 증거자료를 취득하여야 한다.

③ **보고기준(Standards of Reporting)** : 현재의 인사정책과 관리상의 특징 및 문제점 등의 파악, 나타난 문제점들에 대한 원인분석, 문제점 개선을 위한 뚜렷한 목표의 제시, 이루고자 하는 목표달성을 위한 구체적인 변화 영역과 수단의 제시 등은 각각이 서로 공통되는 것과 개별적인 것으로 구분이 되어야 한다.

(3) 인적자원감사의 종류

① **내부감사 및 외부감사**

㉠ 내부감사는 기업 조직내부의 전문 스태프들이 경영 내의 인적자원감사를 실시하면서 통괄하는 경우를 말한다. 이는 감사자가 내부스태프 입장에서 조직 내의 자료 및 정보 수집을 쉽게 할 수 있어 실태파악이 용이하다는 장점이 있는 반면에, 독립성이 약한 이유로 조직 내의 전통 및 관행에 대해서는 신선한 생각을 가지고 비판하기에는 어려움이 따르는 문제점이 나타난다.

㉡ 외부감사는 기업 조직외부의 전문가(대학, 컨설턴트, 각종 연구기관 등)에 의해 실시되는 것으로서 보통 위탁감사라고도 하는데, 이들은 스스로가 가지는 전문성 및 독립성을 기반으로 새로운 기술을 적용하거나 타사와의 비교를 통해 나름대로의 객관성 띠는 평가를 할 수 있다는 장점이 있다. 반면에 기업 조직의 내부사정을 완벽하게 알고 있는 것이 아니므로 이에 대한 해석 및 판단에 있어서는 상당한 시간 및 비용을 초래하는 면에서는 내부감사보다는 불리하다.

② **ABC 감사** 종요 기출

이 감사방식은 일본노무연구회의 노무감사위원회에서 개발한 것으로, 원리상으로는 미네소타식 삼중감사방법을 발전시킨 것이다.

㉠ A 감사(Administration) : 인적자원정책의 **경영 면(내용)**을 대상으로 하여 실시되는 감사를 의미한다. 이는 경영에 있어 전반적인 관점을 가지고, 전체적인 인적자원에 관련된 정책에 대한 사실들을 조사하고, 조직 내 인적자원관리의 방침 및 시행과의 연관성, 시행정책의 기능 및 운용실태 등에 대해서 정기적으로 평가를 진행한다. 또한 실질적으로 인적자원관리에서 존재하고 있는 개선점들을 찾아가는 것을 목표로 한다.

㉡ B 감사(Budget) : 인적자원정책의 **경제 면(비용)**을 대상으로 실시되는 예산감사를 의미한다. 이는 인사정책에 대해 소요되는 경비를 알아내고, 그로 인한 예산의 적정성 등을 분석 및 평가하고 적절한 예산할당의 적합성 등에 주안점을 두게 된다.

㉢ C 감사(Contribution) : 인적자원관리의 **효과**를 대상으로 하는 감사를 말한다. 인적자원과 관련한 제반 정책들의 실제효과를 대상으로 조사하여 해당 연도에 있어서의 조직균형상태와 더불어 인적자원정책에 대해서 재해석하고, 이를 종합하여 새로운 정책을 수립하는 데 있어 유용한 자료를 제공한다.

> **참고** 인적자원감사의 시행순서
>
> 조직 내에 존재하는 전반적인 기록에 대한 조사가 이루어지면, 각 부분에 대해 정밀하게 인적자원 프로그램의 분석이 이어지며, 그 다음으로 실제조사 자료에 대한 수집방법을 결정하고, 결정된 수집방법을 토대로 자료의 분석과 평가가 행해진다. 최종적으로 기업에 대한 권고안의 작성 및 보고가 이루어지게 된다.

(4) 인적자원감사의 문제점

인적자원감사 및 인적자원감사의 전제가 되는 인적자원의 통제에 있어서 문제점은 인적자원관리의 효과에 대한 평가가 어렵다는 데서 그 이유를 찾을 수 있다. 그러한 평가에 대한 어려움은 측정방법에도 문제가 있기 때문에, 현재 진행 중인 측정방법을 살펴보고 그에 걸맞은 새로운 측정방법에 대해서 생각해 보아야 한다.

① 인적자원감사 평가의 문제점과 대책

기업 조직의 인적자원관리 효과에 관한 평가가 어려운 이유는 다음과 같다.

첫째, 다양한 인사프로그램에 대한 목표를 뚜렷하게 구체화하지 못했기 때문이다. 이러한 것들을 예방하기 위해서 목표는 반드시 행동양식이나 또는 최종결과양식으로 진술되어야 한다.

둘째, 목표의 불명료성, 즉 어떤 변화가 얼마나 나타났는지를 판단하기가 어렵다는 것이다. 그래서 이때에는 프로그램에 참여하지 않은 비슷한 나이, 경험, 조직수준에 있는 통제 집단을 필요로 한다.

셋째, 평가에 대한 라인관리자 및 인사부서의 태도와 신념에 있어서의 차이 문제가 나타나는데, 이는 평가가 의미 있으면서 미래지향적이 되기 위해서 지원적인 분위기에서 실시되어야 한다.

넷째, 인사프로그램의 성공과 실패는 최고경영자의 지지 및 적극적인 관심에 달려 있다고 할 수 있는데, 대부분의 최고경영자는 인적자원관리를 단순하게 인사담당자에게 맡기면 된다고 생각하는 안일함에 빠지는 경향이 있다.

② 인적자원감사의 접근방법의 문제점 및 대책

인사효과를 추정하는 현재의 접근방법으로는 일반적으로 통계적 방법과 비통계적 방법이 대표적으로 쓰이고 있다. 통계적 방법은 통상적으로 기술통계학을 활용해서 쓰는 방법인데, 이는 그래프나 지표, 도표, 또는 간단한 비율 등을 사용하는 방법이다. 반면에 비통계적 방법은 이직면접, 예산, 태도조사, 인사고과 등을 사용하는 방법이다.

○X 로 점검하자 | 제10장

※ 다음 지문의 내용이 맞으면 ○, 틀리면 ×를 체크하시오. [1~7]

01 인사정보시스템은 기업 조직에서 경영자가 인사관리에 관련한 여러 업무처리 및 경영자의 의사결정 시에 이를 시기적절하게 유용한 정보를 제공할 수 있도록 고안한 인간과 기계시스템을 의미한다.
( )

02 인적자원감사기준으로는 일반기준, 실사의 기준, 보고기준 등이 있다. ( )

03 A 감사는 인적자원정책의 경영 면을 대상으로 해서 실시하는 감사이다. ( )

04 B 감사는 인적자원관리의 효과를 대상으로 하는 감사이다. ( )

05 C 감사는 인적자원정책의 경제 면을 대상으로 실시하는 예산감사이다. ( )

06 인적자원감사의 역할로는 조직건강에 대한 측정, 정책수행 여부에 대한 검사, 비용 및 수익분석, 정기적인 조사, 조직 성과표준검토 등이 있다. ( )

07 ABC 감사는 일본노무연구회의 노무감사위원회에서 개발한 것이다. ( )

정답과 해설 01 ○ 02 ○ 03 ○ 04 × 05 × 06 ○ 07 ○

04 B 감사는 인적자원정책의 경제 면을 대상으로 실시하는 예산감사이다.
05 C 감사는 인적자원관리의 효과를 대상으로 하는 감사를 말한다.

01 다음 내용이 설명하는 것은?

> 이것은 기업 조직의 경영자가 자사 내 인적자원과 관련된 각종 사안에 대한 의사결정을 내릴 때에 도움이 되는 유용한 정보들을 지원하기 위해 만들어진 시스템을 말한다.

① 마케팅 조사시스템
② 회계정보시스템
③ 인적자원정보시스템
④ 재무정보시스템

02 인적자원정보시스템에 대한 특징으로 옳지 <u>않은</u> 것은?

① 타 정보시스템에 비해 특정 기간 동안에 데이터들이 대량으로 발생한다.
② 정형적인 처리방법에 대한 요구도가 상당히 높은 편이다.
③ 여러 하부정보시스템으로 구성되어 있다.
④ 재무나 마케팅·생산시스템과의 상호관련성이 낮다.

---

01 인적자원정보시스템은 인적자원관리에 관련되는 각종 자료의 처리 및 정보 산출에 있어 필요한 프로그램, 인력, 제도 등을 모두 포함하는 개념이다.

02 인적자원정보시스템은 조직 구성원인 종업원에 대한 급여 및 인원에 대한 여러 가지 데이터 작성과 그 외 여러 가지 문의 등의 다량의 요구가 발생될 시에 즉시적인 데이터 제공을 필요로 하기 때문에 알 수 없는 각종 문제에 대한 처리방법의 요구가 많은 편이다.

정답 (01 ③ 02 ②)

03 A 감사가 주로 대상으로 삼는 것은 인적자원정책의 경영 면이다.

03 다음 중 ABC 감사에 대한 설명으로 옳지 <u>않은</u> 것은?

① A 감사가 주로 대상으로 삼는 것은 인적자원정책의 관리 면이다.

② B 감사가 주로 대상으로 삼는 것은 인적자원정책의 경제 면이다.

③ C 감사가 주로 대상으로 삼는 것은 인적자원정책의 효과 면이다.

④ ABC 감사는 미네소타식의 3중 감사방식을 발전시킨 것이다.

04 인적자원감사의 시행순서
전반적인 기록 조사 → 프로그램의 분석 → 자료의 수집 → 자료의 비교 및 평가 → 권고안의 작성

04 다음 중 인적자원감사의 시행순서에서 가장 마지막 단계에 속하는 것은?

① 자료의 비교 및 평가

② 권고안의 작성

③ 프로그램의 분석

④ 기초 자료 조사

05 인적자원감사기준
• 일반기준(General Standards)
• 실사의 기준(Standards of Field Work)
• 보고기준(Standards of Reporting)

05 인적자원감사기준에 해당하지 않는 것은?

① 실사의 기준(Standards of Field Work)

② 보고기준(Standards of Reporting)

③ 일반기준(General Standards)

④ 인사고과기준

정답 03 ① 04 ② 05 ④

06 다음 중 시스템에 대한 전반적인 설명으로 옳지 <u>않은</u> 것은?

① 하위 시스템들 간에는 서로 간의 상호의존성이 존재하고 있다.
② 시스템은 어떠한 목적도 가지고 있지 않다.
③ 하위의 시스템들은 서로 간의 동적인 활동을 통해서 스스로를 규제하는 성격을 지닌다.
④ 시스템은 환경과 상호작용을 한다.

06 시스템은 추구하는 목적을 지니고 있다.

07 다음 인사 감사의 유형 중에서 인사관리의 효과에 대한 감사는 무엇인가?

① B 감사
② C 감사
③ A 감사
④ G 감사

07 C 감사의 경우 조직의 인사관련 제반 정책들의 실제 효과를 대상으로 해서, 측정 및 검토 후 해당 연도에 따른 조직의 균형과 인사정책의 전반을 재해석하고 판단하여 또 다른 새로운 정책 수립에 있어 유용한 자료 등을 제공하는 것을 목적으로 하는 감사를 말한다.

정답 06 ② 07 ②

Self Check로 다지기 | 제10장

⇥ **인적자원정보시스템**

기업 조직의 경영자가 자사 내 인적자원과 연관된 각종 사안에 대한 의사결정을 내릴 때에 도움이 되는 유용한 정보들을 제공하기 위해 만들어진 시스템

⇥ **인적자원정보시스템의 특징**

- 타 정보시스템에 비해 특정 기간 동안에 데이터들이 대량으로 발생
- 각종 데이터 처리에 있어서 즉시성이 요구되지 않음
- 비정형적인 처리방법에 대한 요구도가 높은 편
- 재무나 마케팅, 생산시스템과의 상호관련성이 낮음
- 하부정보시스템으로 구성

⇥ **인적자원정보시스템의 유용성**

- 신속·정확하고 자료에 대한 분석이 용이
- 자동화 및 전산화로 인해 많은 노력 및 시간의 절감, 생산성의 향상
- 필요한 정보자료의 효율적인 제공이 가능
- 의사결정에 있어서의 지원 역할
- 각종 과학적인 연구조사에 활용이 가능

⇥ **ABC 감사**

- A 감사는 인적자원정책의 경영 면(내용)을 대상으로 하여 실시되는 감사
- B 감사는 인적자원정책의 경제 면(비용)을 대상으로 실시되는 예산감사
- C 감사는 인적자원관리의 효과를 대상으로 하는 감사

⇥ **인적자원감사기준**

- 일반기준(General Standards)
- 실사의 기준(Standards of Field Work)
- 보고기준(Standards of Reporting)

제 11 장

전략적 인적자원관리

당신이 저지를 수 있는 가장 큰 실수는 실수를 할까 두려워하는 것이다.

– 앨버트 하버드 –

제11장 | 전략적 인적자원관리

제1절 **전략적 인적자원관리의 형성과 개념**

(1) 전략적 인적자원관리의 개념 기출

전략적 인적자원관리란 기업 조직의 비전이나 추구하는 목표, 조직의 내부 상황, 조직의 외부환경 등을 모두 고려해 가장 적합한 인적자원을 개발·관리해 조직의 목표를 극대화하고자 하는 인사관리를 말한다. 다시 말해, 전략적 인적자원관리는 기업의 인사관리가 조직체의 전략과 목적을 반영해 전략기획의 과정과 잘 연결되고 인사관리 방식 간에도 서로 조화를 이루어 조직체의 전략과 목적을 효율적으로 달성시키는 일련의 과정이라고 할 수 있다. 부가적으로 말하면, 이는 전통적 인적자원관리 방식이 인력의 채용, 교육, 훈련, 평가, 보상과 같은 인사관리 방식들을 미시적인 시각(Micro Perspective)에서 개별적으로 나누어 접근하는 데 비해서, 전략적 인적자원관리는 거시적인 시각(Macro Perspective)에서 개별적인 인사관리 방식을 통합하는 것이라 할 수 있다.

(2) 전략적 인적자원관리의 형성

전략적 인적자원관리가 나타난 배경에는 여러 가지가 있지만, 그중에서도 가장 대표적인 것들로 다음의 내용들이 있다.

① 국제화에 따른 기업들 간의 극심한 경쟁

② 경영환경의 불확실성의 증대

③ 인적자원에 관련한 각종 과업의 다양화에 따른 기업 전략들과의 연계 필요성의 증대

> ☑ 참고 전략적 인적자원관리 및 인사부서의 역할

- 의미 : 인사부서 역할은 초점에 있어 기업의 내·외부 어디인가에 따라 전략적 초점 및 업무적 초점으로 나누어지며, 그 중심을 어디로 잡느냐에 따라 인간 중심 측면 또는 시스템 중심 측면으로 나누어진다.
- 종업원 옹호자 : 조직과 종업원 간 서로의 입장을 조절하는 종업원들의 조력자 역할을 의미한다.

- 행정전문가 : 기업에 있어서 낭비되는 비용을 제거하고, 기업 조직의 효율성을 향상시키며, 종업원들의 직무 수행능력의 향상 방안을 찾는 관리전문가의 역할을 의미한다.
- 전략적 동반자 : 기업의 전략·계획에 대한 형성 및 실행과 인적자원에 대한 전략을 통합시키려는 전략적 파트너로서 인사부서의 역할이 점차적으로 중요해짐을 의미한다.
- 변화담당자 : 인적자원관리자는 기업 조직의 활성화 및 긍정적인 변화를 창출해 내는 기업 조직의 촉매제로서 변화촉진자의 역할을 수행해야 함을 의미한다.

더 알아두기

환경에 따른 인사관리의 발전과정

구분	인사관리 태동기	인사관리	인적자원관리	전략적 인적자원관리
시대(한국)	1960~1970년대	1980년대	1990년대	21세기
시대(미국)	미국산업화~1930년	1940~1970년대 초	1970~1980년대 초	1980~1990년대
배경	• 경제발전 초기 • 과학적관리기법	• 안정적 경제성장 • 노동조합의 압력	국내외 경쟁의 심화	• 세계화, 무한경쟁 • 급격한 환경 변화
관리 방식	관리·통제중심		자율경영	
인사부서의 역할	• 복지인사 • 행정업무 중심	• 인사부서의 전문화 • 노사관계관리 비중	인적자원의 개발·활용 강조	전략적 파트너

☑ 참고 업무 재설계(Business Process Reengineering ; BPR) **기출**

품질이나 비용, 서비스, 업무처리 속도 등과 같이 업무 성과 향상요소들에 대해서 기업의 역량을 높임으로써 기업의 업무성과를 획기적으로 향상시키기 위한 업무 재설계를 말한다.

제2절 고성과 조직

(1) 고성과 조직의 개념 및 개요 기출

통상적으로 기업 조직은 고성과 조직을 만들기 위해서 해당 기업이 추구하는 문화, 비전전략 등을 인사평가 시스템에 정확히 반영을 해야 한다. 무조건적인 이상과 비전 등의 설정이 아닌 기업 조직의 팀, 부서, 종업원 개개인들이 기업 조직이 추구하고자 하는 목표에 맞추어서 역량을 내고, 행동을 하며, 그에 따른 성과를 내야 하는 것이다. 이러한 결과를 얻기 위해서는 해당 기업 조직의 문화, 비전 및 전략 등의 원활한 실행을 위해 조직의 각 부문에 걸쳐 수행해야 할 과업을 정확하게 설정해야 하고, 이러한 각 부분의 목표를 이루기 위해 조직의 팀, 하위 부문, 또는 개의 종업원들이 해야 할 일들을 구체적으로 설정해야 함을 말한다. 이를 기반으로 기업 조직의 각 구성단계가 정해진 과업을 명확히 수행했는지에 대한 평가와 더불어 나온 결과에 따른 적절한 보상을 해야 한다. 그래야만 기업 조직의 하위 종업원에서부터 경영자에 이르기까지 서로 간의 기업의 이해관계는 일치될 수 있다.

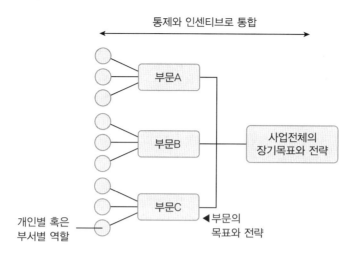

(2) 고성과 조직의 인적자원관리

고성과 조직은 기업의 성장 및 발전의 원동력을 조직 내 종업원들의 협동, 참여, 그들의 창의력에서 찾으려고 하기 때문에 인적자원을 기업의 가장 중요한 자산으로 생각한다. 그러므로 전통적인 기업에서의 조직행위 원리와 달리 노동력을 가변자본이 아닌 불변자본, 즉 필요에 따라 채용하고 해고하는 관계가 아닌, 기업과 종업원이 서로 간의 지속적인 관계에서 함께 성장·발전해 가는 관계로 생각한다. 기업은 종업원들의 품위 및 인격을 존중한다. 더불어 고성과 조직은 인적자원관리를 기업발전의 가장 중요한 전략적 수단으로 생각을 한다. 따라서 고성과 조직은 인적자원관리 전략을 기업의 핵심전략으로 삼고 있으며, 인적자원 담당 부서를 핵심부서로서의 기능을 하도록 하고 있다.

(3) 고성과 조직의 특징

기업에서 고성과 조직이 되기 위한 2가지의 조건이 있는데 첫 번째는 기업 외부환경의 변화에 대해서 시기적절하게 경영전략의 연결성이 강해야 한다. 이를 외부환경과의 외적 적합성(External Fit)이 높다고 한다. 다음으로는 인적자원개발, 동기부여 및 경영참여라는 내부적인 요인의 높은 적합성이 필요하다. 이를 내적 적합성(Internal Fit)이라고 한다. 역량이라는 것은 기업의 입장에서 보면, 궁극적으로 인적자원개발의 핵심요인으로 자리 잡고 있는 것이므로 고성과 조직의 인적자원개발은 내적 적합성을 높이는 방향에서 기획되고 실행되어야 한다.

(4) 고성과 팀 활동

기업이 비용, 성과 및 고객만족에 있어 영향을 미치는 문제 등을 수정하며, 제품의 불량률 및 사이클 타임을 줄이는 등의 기술 및 제조과정의 향상을 의미한다. 또한 어느 특정한 제품에 대해 팀을 만들어 개개인의 라인에 맞는 과업 및 비전을 가지고 각 팀별 직무형태를 확립하여 성과를 높인다. 이러한 고성과 팀 활동에서 훈련 및 교육은 남다른 의미를 가지는데, 이러한 것들은 파레토 법칙을 기반으로 발생하는 문제에 대한 확인 및 그에 따른 시정조치 활동을 한다.

제3절 인사의 전략적 역할

(1) 전략적 인적자원 스태프의 역할 [기출]

① **전략적 동반자로서의 역할** : 인적자원 스태프가 조직의 전략과정에 참여함으로써 인적자원관리를 기업의 경영전략과 맞물리게 하는 활동을 한다. 그리고 인적자원기능의 순위를 기업의 경영전략에 의해 설정함으로써 이를 실천하고, 결과적으로 기업 조직의 전략목적이 달성되도록 하는 역할을 한다. 이러한 역할로 인해 인적자원 스태프는 조직의 약점과 강점을 파악할 수 있고, 해당 조직의 인적자원과 경영전략의 연계를 점검할 수 있는 기능을 나타내게 되는 것이다.

② **변화담당자로서의 역할** : 인적자원 스태프가 조직 내 각종 변화를 일으키고, 종업원들의 능력을 개발시키는 역할을 담당한다. 즉, 이런 변화담당자는 종업원들로부터 나타나는 각종 긍정적인 변화를 기반으로 더욱더 발전하는 조직문화를 만들어 나가는 활동을 한다.

③ **종업원 옹호자로서의 역할** : 종업원들에게 발생하는 각종 문제들을 이해하고 해결해 나가며, 종업원들의 조직에 대한 사기를 높이고, 그들에게 조직몰입을 하도록 해 줌으로써 결국엔 해당 조직의 성과에 기여하게 하는 것이다.

④ **행정전문가로서의 역할** : 경영 관리자와 종업원들을 위해 필요로 하는 각종 서비스 및 지원을 하는 역할을 수행한다.

(2) 전략적 인적자원관리에 의한 조직변화 기법 [기출]

① **조직변화** : 기업의 조직변화 과정은 무엇보다도 인적자원관리의 변화를 통해서 이룰 수가 있는데, 이에는 구조의 변화, 기업전략의 변화, 기술의 변화, 기업문화의 변화, 종업원들의 태도 및 능력에 의한 변화 등이 포함된다.

② **조직개발과 조직의 변화** : 기업 조직에 있어서 조직개발이 가지는 의미는 상당히 크다. 이는 종업원들의 가치관, 신념 및 태도 등의 변화를 통해 기업 조직의 변화를 추구하는 방법을 말하는데, 이러한 기법에는 크게 4가지로 구분된다.

　㉠ 인적자원관리기법 : 종업원들이 기업 조직의 인사 정책을 변화시키거나 또는 이를 분석 가능하도록 하는 연구방법으로, 종업원들에 대한 성과에 대한 평가와 보상과 관련된 시스템 등을 포함하는 각종 프로그램이 있다.

　㉡ 인간관계기법 : 조직 내 종업원들의 인간관계를 향상시키고자, 집단 또는 개개인 간의 상호작용을 통해 문제를 효율적으로 처리할 수 있는 능력을 키우는 데 그 목적이 있다.

　㉢ 전략적 기법 : 기업 조직 내 구조 및 전략, 문화 등의 내부 환경과 조직 외부 환경과의 적합성을 이루기 위한 조직개발 프로그램을 의미한다.

　㉣ 기술 구조적 기법 : 조직의 생산성·효율성 등을 높이기 위한 기술구조적인 개입을 의미하며, 여기에는 기업 조직의 구조와 그에 따른 방법의 변화 및 직무설계의 변화까지도 포함한다.

○✕로 점검하자 | 제11장

※ 다음 지문의 내용이 맞으면 ○, 틀리면 ✕를 체크하시오. [1~4]

01 전략적 인적자원관리는 기업의 인사관리가 조직체의 전략 및 목적을 반영해 전략기획의 과정과
    잘 연결되고 인사관리 방식 간 서로 조화를 이루어 조직체의 전략과 목적을 효율적으로 달성시키
    는 일련의 과정이라고 할 수 있다. (   )

02 BPR(Business Process Reengineering)은 제품의 품질, 비용, 서비스, 업무처리 속도 등과 같이
    업무의 성과 향상요소들에 대해 기업 조직의 역량을 높임으로써 기업의 업무성과를 획기적으로
    향상시키기 위한 업무 재설계를 말한다. (   )

03 전략적 인적자원 스태프의 역할로는 전략적 동반자로서의 역할, 변화담당자로서의 역할, 종업원
    옹호자로서의 역할, 행정전문가로서의 역할 등이 있다. (   )

04 전략적 인적자원관리의 배경으로는 국제화에 따른 기업들 간 극심한 경쟁, 경영환경의 불확실성
    의 증대, 인적자원에 대한 각종 과업의 다양화에 따른 기업 전략들과의 연계 필요성의 증대 등이
    있다. (   )

정답과 해설   01 ○   02 ○   03 ○   04 ○

01 다음 중 조직변화에 대한 내용이 <u>아닌</u> 것은 무엇인가?

① 종업원들의 태도 및 능력에 의한 변화
② 기업영업부서의 변화
③ 기업문화의 변화
④ 구조의 변화

02 다음 내용이 설명하는 개념은?

> 기업의 인사관리가 조직체의 전략과 목적을 반영해 전략기획의 과정과 잘 연결되는 것이다.

① 전략적 조직설계
② 전략적 조직몰입
③ 전략적 조직변화
④ 전략적 인적자원관리

03 다음 중 조직개발 및 조직의 변화 기법에 속하지 <u>않는</u> 것은 무엇인가?

① 기술 구조적 기법
② 종업원 변화 기법
③ 전략적 기법
④ 인간관계 기법

정답 01 ② 02 ④ 03 ②

04 다음 중 전략적 인적자원 스태프의 역할이 <u>아닌</u> 것은?

① 경영자 옹호자로서의 역할

② 변화담당자로서의 역할

③ 행정전문가로서의 역할

④ 전략적 동반자로서의 역할

04 전략적 인적자원 스태프의 역할
- 전략적 동반자로서의 역할
- 변화담당자로서의 역할
- 종업원 옹호자로서의 역할
- 행정전문가로서의 역할

05 다음 설명 중 옳지 <u>않은</u> 것은 무엇인가?

① 전략적 기법은 조직의 구조 및 전략, 문화 등의 내부 환경과 조직 외부환경과의 적합성을 이루기 위한 조직개발 프로그램을 의미한다.

② 인간관계기법은 종업원들의 인간관계를 향상시키고자, 집단 및 개개인 간의 상호작용을 통해 문제를 효율적으로 처리할 수 있는 능력을 키우는 데 그 목적이 있는 것을 말한다.

③ 인적자원관리기법은 종업원들이 기업 조직의 인사 정책을 변화시키거나 또는 이를 분석 가능하도록 하는 연구방법이다.

④ 기술 구조적 기법은 조직 내 종업원들에게서 발생하는 여러 가지 문제들을 이해하고 해결해 나감으로써 종업원들의 조직에 대한 사기를 높이고, 그들에게 조직몰입을 하도록 해 결국엔 해당 조직의 성과에 기여하게 하는 것을 말한다.

05 기술 구조적 기법은 조직의 생산성·효율성 등을 높이기 위한 기술구조적인 개입을 의미하며, 여기에는 기업 조직의 구조와 그에 따른 방법의 변화 및 직무설계의 변화까지도 포함한다.

06 변화담당자로서의 역할은 인적자원
스태프가 조직 내 각종 변화를 일으
키고, 종업원들의 능력을 개발시키
는 역할을 담당하는 것을 의미한다.

06 다음 중 전략적 인적자원 스태프의 역할에 대한 설명으로 옳지
<u>않은</u> 것은?

① 행정전문가로서의 역할은 경영자와 종업원들이 필요로 하는
각종 서비스 및 지원을 하는 역할을 수행하는 것을 말한다.

② 종업원 옹호자로서의 역할은 업원들에게 발생하는 각종 문제
들을 이해하고, 해결해 나감으로써 종업원들의 조직에 대한
사기를 높이고, 또한 그들에게 조직몰입을 할 수 있도록 도와
주어 결국엔 해당 조직의 성과에 기여하게 하는 것을 말한다.

③ 변화담당자로서의 역할은 조직 내 종업원들의 인간관계를 향
상시키고자, 집단 또는 개개인 간의 상호작용을 통해 문제를
효율적으로 처리할 수 있는 능력을 키우는 것을 말한다.

④ 전략적 동반자로서의 역할은 인적자원 스태프가 조직의 전략
과정에 참여함으로써 인적자원관리를 기업의 경영전략과 맞
물리게 하는 활동을 하는 것을 말한다.

정답 06 ③

Self Check로 다지기 | 제11장

➡ **전략적 인적자원관리**

기업의 인사관리가 조직체의 전략과 목적을 반영해 전략기획의 과정과 잘 연결되고 인사관리 방식 간에도 서로 조화를 이루어 조직체의 전략과 목적을 효율적으로 달성시키는 일련의 과정

➡ **전략적 인적자원관리의 형성 배경**

- 국제화에 따른 기업들 간의 극심한 경쟁
- 경영환경의 불확실성의 증대
- 인적자원에 관련한 각종 과업의 다양화에 따른 기업 전략들과의 연계 필요성의 증대

➡ **BPR(Business Process Reengineering)**

품질이나 비용, 서비스, 업무처리 속도 등과 같이 업무 성과 향상요소들에 대해서 기업의 역량을 높임으로써 기업의 업무성과를 획기적으로 향상시키기 위한 업무 재설계

➡ **전략적 인적자원 스태프의 역할**

- 전략적 동반자로서의 역할
- 변화담당자로서의 역할
- 종업원 옹호자로서의 역할
- 행정전문가로서의 역할

SD에듀와 함께, 합격을 향해 떠나는 여행

부록

최종모의고사

나는 내가 더 노력할수록 운이 더 좋아진다는 걸 발견했다.

- 토마스 제퍼슨 -

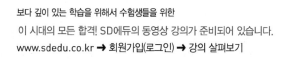

제한시간 : 50분 | 시작 ____시 ____분 - 종료 ____시 ____분

⊟ 정답 및 해설 215p

01 다음 설명 중 옳지 않은 것은?

① 조직의 인적자원관리에 따른 관리대상은 인간이다.

② 인적자원관리의 주체는 인간이다.

③ 인적자원관리의 주체 및 객체는 인간과 기계이며, 이들 간의 독립관계로 해석이 가능하다.

④ 인적자원관리는 상태의 조작에 의한 조직목적에 부합하는 제도를 만들어 운영해 나감을 그 특징으로 한다.

02 다음 중 과학적 관리론에 대한 내용으로 옳지 않은 것은?

① 기획과 실행의 결합을 기본으로 하는 이론이다.

② 기계적이면서 폐쇄적인 조직관 및 경제적 인간관이라는 가정을 기반으로 한다.

③ 인간을 기계로 취급하는 철저한 능률위주의 관리이론이라 할 수 있다.

④ 과학적 관리론의 내용으로는 시간 및 동작연구, 차별성과급제 등이 대표적이라 할 수 있다.

03 다음 중 인사관리 개념모형의 단계적 순서로 옳은 것은?

① 확보 → 활용 → 개발 → 보상 → 유지활동

② 확보 → 개발 → 활용 → 보상 → 유지활동

③ 확보 → 활용 → 보상 → 개발 → 유지활동

④ 확보 → 개발 → 보상 → 활용 → 유지활동

04 다음 중 그 의미가 다른 하나는?

① 경제여건의 변화

② 가치관의 변화

③ 노동력 구성의 변화

④ 조직규모의 확대

05 구성원이 수행해야 하는 직무의 성격이나 내용에 관련되는 여러 정보들을 수집, 분석, 종합하는 활동을 무엇이라고 하는가?

① 직무분석

② 직무평가

③ 직무점검

④ 직무수행

06 직무수행에 있어 필요로 하는 종업원들의 행동·능력·기능·지식 등을 일정한 양식에 기록한 문서를 무엇이라고 하는가?

① 직무평가서
② 직무기술서
③ 직무명세서
④ 직무정보서

07 다음 중 인사고과의 목적으로 보기 <u>어려운</u> 것은?

① 공정처우
② 인사청탁
③ 적정배치
④ 능력개발

08 다음 중 성격이 <u>다른</u> 하나는?

① 평정척도법
② 인적평정센터법
③ 행위기준고과법
④ 목표에 의한 관리방식

09 고과에 있어서 피평가자들에 대한 전체적 인상 등에 의해서 구체적인 성과 차원에 대한 평가가 영향을 받게 되거나, 또는 고과에 있어서 평가자가 평가차원을 구분하지 않으려는 경향에 의해 발생됨을 뜻하는 것은?

① 시간적오류
② 관대화경향
③ 대비오차
④ 현혹효과

10 다음 중 인적자원계획으로 인한 효과라고 보기 <u>어려운</u> 것은?

① 적정 인적자원 확보를 통해 노동비용이 감소하지만, 충원비용은 증가한다.
② 교육훈련계획의 수립이 가능하다.
③ 새로운 사업기회에 대한 확보능력이 증대된다.
④ 종업원들의 사기 및 만족 등이 증대된다.

11 다음 중 사내 모집에 대한 설명으로 적절하지 <u>않은</u> 것은?

① 적임자의 발견이 용이하다.
② 비용이 저렴하다.
③ 기존 직원들에게서 새로운 능력 및 기술을 기대할 수 있다.
④ 기존 직원들의 사기를 상승시키는 효과를 가져온다.

12 구성원 개인이 경력 목표를 설정하고, 달성하기 위한 경력계획을 수립하여, 기업 조직의 요구와 개인의 요구가 합치될 수 있도록 각 개인의 경력을 개발하고 지원해 주는 활동을 무엇이라고 하는가?

① 경력계획
② 경력목표
③ 경력개발
④ 경력단계

13 다음 내용이 설명하는 것으로 가장 적합한 것은?

> 업무 자체의 변화보다는 동종 직군 내 타 직무로의 로테이션, 동일한 직군 내에서 다른 곳으로의 로테이션을 의미한다.

① 직무구성
② 직무평가
③ 직무배치
④ 직무순환

14 다음 내용이 설명하는 것으로 가장 적합한 것은?

> 직무분석을 통해, 각 직무의 내용 및 성격을 파악한 후에 그에 영향을 미치는 조직적·기술적·인간적인 요소를 규명해서 종업원들의 직무만족 및 조직의 생산성 향상을 위한 작업방법을 결정하는 절차이다.

① 직무설계
② 직무평가
③ 직무분석
④ 직무배치

15 다음 중 직무설계의 요소 중 조직적 요소에 속하지 않는 것은?

① 작업흐름
② 종업원의 능력과 수급
③ 기계적 접근법
④ 인간공학

16 다음 중 임금관리의 체제로 보기 어려운 것은?

① 임금형태
② 임금수준
③ 임금체계
④ 임금착취

17 다음 중 최저임금제의 목적으로 보기 어려운 것은?

① 노동력이 양적으로 향상된다.
② 낮은 임금은 불황이라는 결과를 초래하게 된다는 케인즈 이론으로 인해 최저선을 정해야 한다.
③ 노사 간 분쟁을 예방하고, 비능률적인 경영과 더불어 불공정한 기업경쟁을 예방한다.
④ 낮은 임금을 받는 종업원을 보호한다.

18 다음 내용을 모두 포함하는 것은?

> 일급제, 주급제, 월급제, 연봉제

① 집단자극제
② 성과급제
③ 시간급제
④ 순응임률제

19 다음 중 복리후생의 성격에 대한 내용으로 바르지 <u>않은</u> 것은?

① 집단적 보상의 성격을 지닌다.
② 용도가 제한되어 있다.
③ 기대소득의 성격을 지닌다.
④ 급여기준에 의해 운영된다.

20 임금피크제도에 대한 설명으로 옳지 <u>않은</u> 것은?

① 종업원의 입장에서는 고용을 보장받을 수 있다.
② 신규채용이 점점 늘어날 것이다.
③ 기업의 입장에서는 인건비를 줄여 노동 외의 다른 부분에 투자할 수 있는 여건을 마련할 수 있다.
④ 고령층의 실업을 줄일 수 있다.

21 다음 중 복리후생으로 인한 사용자 입장에서의 이익으로 옳지 <u>않은</u> 것은?

① 복지 등에 대한 생각이 깊어진다.
② 팀워크의 정신이 점차적으로 높아진다.
③ 선발 및 훈련에 대한 비용이 줄어든다.
④ 지각이나 결근, 사고 또는 이직률 등이 감소한다.

22 다음 중 법정 복리후생제도에 해당하지 <u>않는</u> 것은?

① 산업재해보험
② 국민건강보험
③ 도서구입비 지원
④ 국민연금보험

23 다음 표의 괄호 안에 들어갈 말로 가장 적합한 것은?

인간관계론	과학적 관리론
인간 중심적 구조	직무 중심적 구조
비공식적 구조관	공식적 구조관
호손 실험	시간, 동작연구 등
(　　) 능률성	기계적 능률성

① 동물적
② 인간적
③ 중립적
④ 사회적

24 다음 중 노사관계의 발전과정을 옳게 나열한 것은?

① 전제적 노사관계 → 근대적 노사관계 → 온정적 노사관계 → 민주적 노사관계
② 전제적 노사관계 → 온정적 노사관계 → 근대적 노사관계 → 민주적 노사관계
③ 온정적 노사관계 → 전제적 노사관계 → 근대적 노사관계 → 민주적 노사관계
④ 온정적 노사관계 → 근대적 노사관계 → 전제적 노사관계 → 민주적 노사관계

25 다음 중 노동조합에 가입한 조합원 외에 비조합원도 자유롭게 채용할 수 있도록 하는 숍 제도는?

① 오픈 숍
② 클로즈드 숍
③ 유니언 숍
④ 에이전시 숍

26 인적자원정책의 경제 면을 대상으로 실시되는 예산감사는?

① A 감사
② B 감사
③ C 감사
④ D 감사

27 다음 중 인적자원의 유지 과정에 해당하는 것은?

① 인적자원계획
② 직무분석
③ 모집 및 선발
④ 사회화

28 인적자원관리의 특징으로 옳지 <u>않은</u> 것은?

① 인적자원관리의 주체는 인간이다.
② 인적자원관리의 객체는 기업이다.
③ 현 상태보다, 상태의 조작에 따른 조직목적에 부합하는 제도 등을 만들어 운영해 나간다.
④ 기업조직의 인적자원관리에서 관리대상은 인간이다.

29 다음 중 과학적 관리론의 내용이 <u>아닌</u> 것은?

① 시간 및 동작연구
② 차별성과급제
③ 이동조립법의 실시
④ 직능식 제도

30 다음 내용에 해당하는 인사관리의 연구접근법은 무엇인가?

> 기업 조직에서 인적자원관리의 제반기능과 조직 내 인력들의 흐름을 기반으로, 연구과제를 설정·분석하는 것

① 시스템 접근법
② 과정 접근법
③ 인적자원 접근법
④ 조직 접근법

31 직무분석에 대한 설명으로 옳지 <u>않은</u> 것은?

① 직무의 성격·내용에 연관되는 각종정보를 수집, 분석, 종합하는 활동을 말한다.
② 기업 조직이 요구하는 일의 내용들을 정리·분석하는 과정을 의미한다.
③ 일 중심의 관리가 아닌 사람 중심의 인사관리를 하기 위해서 필요하다.
④ 직무란 작업의 종류 및 수준이 비슷한 직위들의 집단을 의미한다.

32 직무분석의 절차를 바르게 나열한 것은?

> ㄱ. 직무기술서 작성
> ㄴ. 배경정보 수집
> ㄷ. 직무명세서 작성
> ㄹ. 대표직위 선정
> ㅁ. 직무정보 획득

① ㄴ → ㄱ → ㄷ → ㄹ → ㅁ
② ㄴ → ㄹ → ㅁ → ㄱ → ㄷ
③ ㄴ → ㄷ → ㄱ → ㄹ → ㅁ
④ ㄴ → ㅁ → ㄹ → ㄱ → ㄷ

33 다음 내용에 해당하는 직무분석의 방법은 무엇인가?

> 직무수행자가 일종의 업무일지를 매일 기록하여 수행하는 해당 직무에 대한 정보를 취득하는 것

① 중요사건 서술법
② 워크 샘플링법
③ 작업기록법
④ 관찰법

34 수행하는 작업이 복잡하며, 약간의 예외적인 부분들이 발생하는 직무등급은 직무등급 기술서상에서 몇 등급에 해당하는가?

① 2등급
② 3등급
③ 4등급
④ 5등급

35 인사고과의 방법 중 평가센터법에 대한 설명으로 옳지 <u>않은</u> 것은?

① 주로 중간 관리층의 능력 평가를 위해서 실시하는 기법이다.
② 잠재적인 직무능력의 확인을 위한 직무 외 절차이다.
③ 피고과자의 재능을 표출하는 데 있어 동등한 기회를 가진다.
④ 비용・효익의 측면에서 경제성이 높다.

36 다음 내용에 해당하는 타당성 측정방법은 무엇인가?

> 측정도구가 실제로 무엇을 측정했는지 또는 측정도구가 측정하고자 하는 대상을 실제로 적절하게 측정했는지를 나타내는 것

① 구성 타당성
② 내용 타당성
③ 동시 타당성
④ 예측 타당성

37 조직개발이 가져야 할 조건으로 옳지 <u>않은</u> 것은?

① 최고경영자와 더불어 참가자의 적극적인 지지가 있어야 한다.
② 조직개발에 있어 조직 전체에서 어느 특정 부문으로 이동되어야 한다.
③ 변화담당자의 권위가 엿보여야 한다.
④ 조직개발의 결과 변화된 인적자원을 사용하기 위한 구조의 설계가 기반이 되어야 한다.

38 다음 직무설계의 요소 중 특성이 <u>다른</u> 하나는 무엇인가?

① 기계적 접근법
② 작업흐름
③ 인간공학
④ 과업중요성

40 다음 내용에서 설명하는 전략적 인적자원 스태프의 역할은 무엇인가?

> 전략적 인적자원 스태프는 경영 관리자와 종업원들을 위해 필요로 하는 각종 서비스 및 지원을 하는 역할을 한다.

① 전략적 동반자로서의 역할
② 변화담당자로서의 역할
③ 종업원 옹호자로서의 역할
④ 행정전문가로서의 역할

39 다음 내용에서 설명하는 개인성과급제의 종류는 무엇인가?

> 표준과업의 100% 이상의 성과를 달성한 자에게 더 높은 임금률을 적용하는 방식

① 표준시간급제
② 테일러식 복률성과급제
③ 맨체스터 플랜
④ 리틀식 복률성과급제

제한시간: 50분 | 시작 ＿＿시 ＿＿분 – 종료 ＿＿시 ＿＿분

⊟ 정답 및 해설 219p

01 전통적 인사관리에 대한 설명으로 가장 거리가 먼 것은?

① 조직의 목표만을 강조하는 스타일이다.

② 직무중심의 인사관리에 중점을 두고 있다.

③ 일종의 눈앞만 바라보는 단기적인 안목의 방식이다.

④ 주체적이면서 자율적인 Y론적 인간관을 지니고 있다.

02 인간관계론에 대한 내용으로 옳지 않은 것은?

① 과학적 관리론에 대항하기 위해 나온 이론이다.

② 인간관계론은 경제인 가설을 기반으로 하는 이론이다.

③ 사회·심리적인 요소에 의해 영향을 받는다.

④ 메이요 교수의 호손 실험과 연관이 깊다.

03 다음 중 인적자원관리의 결과로 보기 어려운 것은?

① 높은 이직율

② 직무성과

③ 직무만족

④ 높은 출근율 및 근속기간

04 다음 중 인적자원관리의 외부환경으로 보기 어려운 것은?

① 정보기술의 발전

② 정부개입의 증대

③ 가치관의 변화

④ 경제여건의 변화

05 종업원들의 작업과정이 진행되는 동안에 이를 무작위로 많은 관찰을 실행함으로써 직무행동에 대한 정보를 취득하는 것을 일컫는 말은?

① 작업기록법

② 중요사건 서술법

③ 질문지법

④ 워크 샘플링법

06 다음 내용이 설명하는 것으로 가장 적합한 것은?

> 등급법이라고도 하는 것으로, 미리 정해진 등급에 평가하려고 하는 직무를 배정함으로써 해당 직무를 평가하는 방법이다.

① 점수법   ② 분류법
③ 서열법   ④ 요소비교법

07 다음 설명 중 옳지 <u>않은</u> 것은?

① 전통적 고과관은 능력개발의 기초자료로 활용되는 방식이다.
② 현대적 고과관은 직책과 목표를 강조한다.
③ 현대적 고과관은 자기고과에 대한 기회를 부여한다.
④ 전통적 고과관은 일방적이면서 하향적인 비밀고과이다.

08 다음 내용이 설명하는 것으로 가장 적합한 것은?

> • 상·하급자 간 상호참여적인 방식이다.
> • 공동목표의 설정에 의한 동기부여가 증진된다.
> • 종업원 개인의 만족과 조직의 성과를 동시에 만족시키는 현대적 경영관리기법이다.

① 인적평정센터법
② 서열법
③ 목표에 의한 관리방식
④ 행위기준고과법

09 내부노동시장의 안정적인 조건하에서 승진, 이동, 퇴사의 일정 비율을 활용해서 미래의 각 기간에 걸친 직급별 현인원의 변동을 예측하는 OR기법은?

① 승진도표
② 마코프 체인법
③ 인력 재고표
④ 직무보고서

10 신뢰성 측정방법으로 보기 <u>어려운</u> 것은?

① 양분법
② 대체형식방법
③ 시험 – 재시험법
④ 무작위선별법

11 다음 중 배치의 원칙에 해당하지 <u>않는</u> 것은?

① 연공주의
② 적재적소주의
③ 균형주의
④ 인재육성주의

12 다음 중 연공주의에 대한 설명으로 바르지 <u>않은</u> 것은?

① 경영가족주의적인 사고에 기반한다.
② 승진의 기준은 사람중심이다.
③ 승진의 요소로는 직무수행능력, 업적 및 성과 등이 있다.
④ 집단중심의 연공질서가 형성된다.

13 다음 내용 중 옳지 <u>않은</u> 것은?

① OJT는 사내에서 실시되는 교육훈련기법
이다.

② OJT는 다수의 종업원들에 대한 교육이
가능한 기법이다.

③ OJT는 훈련이 추상적이 아닌 실제적인
기법이다.

④ OJT는 업무를 수행함과 동시에 훈련의
병행이 가능한 기법이다.

14 다음 중 반관료제 조직관에 대한 설명으로
적절하지 <u>않은</u> 것은?

① 사업수행에 따른 절차 및 기준 등은 상황
적응적이다.

② 작업을 수행함에 있어 유동성을 보장해
준다.

③ 소계층적인 구조를 지향한다.

④ 조직 내 커뮤니케이션은 기밀상 비공개한다.

15 다음 중 임금의 결정요소에 속하지 <u>않는</u> 것은?

① 직급 및 연령에 따른 수준

② 사회 일반적 임금수준

③ 기업의 지불능력

④ 생계비 수준

16 주어진 용어에 대한 설명으로 바르지 <u>않은</u>
것은?

① 최저임금제 – 국가가 종업원들에 대한 임
금액의 최저한도선을 정하고, 사용자에
게 그 지급을 법적으로 강제하는 제도

② 승격 – 종업원들이 수행하는 직능 및 직
무의 질이 상승한 것을 기반으로 실시되
는 자격등급의 상승

③ 승급 – 임금곡선상에서 하향이동을 하
며, 기본급에 대한 서열은 변하지 않음

④ 베이스 업 – 임금곡선 자체를 전체적으로
상향이동시킴

17 다음 내용이 설명하는 것으로 옳은 것은?

엠파이어 스틸이라는 회사가 1930년대
의 대공황 속에서 경영난에 처했을 때,
생산성의 향상 및 경영난의 해소를 가져
온 것을 계기로 비롯된 이것은 종업원들
의 참여의식을 높이기 위해서 위원회제
도를 통한 종업원들의 경영에 대한 참여
및 개선된 생산의 판매 가치를 토대로
한 성과배분제이다.

① 순응임률제   ② 스캔론플랜

③ 럭커플랜   ④ 임금피크제

18 다음 중 성격이 <u>다른</u> 하나는?

① 고용보험

② 국민건강보험

③ 국민연금보험

④ 경조사 지원

19 다음 중 복리후생의 3원칙으로 보기 <u>어려운</u> 것은?

① 강제성의 원칙
② 협력성의 원칙
③ 적정성의 원칙
④ 합리성의 원칙

20 다음 중 호손 실험과 관련된 내용 중 연결이 바르지 <u>않은</u> 것은?

① 조명실험 – 호손 공장
② 계전기 조립실험 – 메이요 팀
③ 면접실험 – 테일러 팀
④ 배전기 권선실험 – 메이요 팀

21 다음 중 제안제도의 목적으로 보기 <u>어려운</u> 것은?

① 조직 내 종업원들의 창의력을 개발한다.
② 자사의 인력을 절감시킨다.
③ 노사 간 관계를 개선한다.
④ 조직 내 종업원들의 사기를 높인다.

22 다음 중 노동조합의 기능 중 집행기능에 속하는 기능으로 옳지 <u>않은</u> 것은?

① 단체교섭 기능
② 경제활동 기능
③ 정치활동 기능
④ 조직활동 기능

23 다음 내용이 설명하는 것으로 옳은 것은?

> 직종이나 계층 또는 기업 등에 관계없이 동일한 산업에 종사하는 모든 노동자들이 하나의 노동조합을 결성하는 새로운 형태의 노동조합이다.

① 산업별 노동조합
② 기업별 노동조합
③ 직업별 노동조합
④ 일반 노동조합

24 조합원 2/3 이상의 동의가 얻어질 경우 기업에서 급여 지급 시 각 종업원들의 급여에서 조합비를 일괄적으로 공제해서 노동조합에 넘기는 방식을 무엇이라고 하는가?

① 숍 제도
② 황견계약
③ 체크오프 시스템
④ 노동조합

25 다음 중 경영참가의 기본유형으로 바르지 <u>않은</u> 것은?

① 자본참가
② 인적자원참가
③ 이익참가
④ 경영의사결정참가

26 다음 중 인적자원의 감사기준으로 옳지 <u>않은</u> 것은?

① 보고기준
② 실사기준
③ 일반기준
④ 특별기준

27 포드 시스템에 대한 설명으로 옳지 <u>않은</u> 것은?

① 시간연구와 동작연구를 기반으로 한다.
② 테일러의 과학적 관리론보다 진화된 것이다.
③ 고가격, 저노무비(High Price, Low Pay) 를 주 내용으로 삼았다.
④ 기업을 영리조직이 아닌 사회의 봉사기관 으로 보았다.

28 다음 내용에 해당하는 인력계획은 무엇인가?

> 기업에서 확보한 인력을 개인 및 조직의 능력에 맞게 적재적소에 배치시키는 계획

① 인력 소요계획
② 인력 확보계획
③ 인력 적응계획
④ 인력 개발계획

29 다음 중 연공주의에 관한 설명으로 옳지 <u>않은</u> 것은?

① 전통적·경영가족주의적 사고에 기초하고 있다.
② 근속연수, 경력, 학력, 연령 등을 승진요 소로 제시한다.
③ 능력평가의 객관성 확보가 어렵다.
④ 집단중심의 연공질서를 형성한다.

30 다음 내용에서 설명하는 할증성과급제의 종류는 무엇인가?

> 과거 경험에 의해 표준작업시간을 정해 두고 시간절약분에 해당하는 할증급을 소 정의 시간급에 추가하여 지급하는 제도

① 비도우식 할증성과급
② 할시식 할증성과급
③ 로완식 할증성과급
④ 간트식 할증성과급

31 특수 임금제의 하나인 집단자극제에 대한 설명 으로 옳지 <u>않은</u> 것은?

① 신입 종업원의 경우 훈련에 소극적인 경 향이 있다.
② 서로 간의 팀워크와 협동심이 높아진다.
③ 작업배치를 함에 있어 종업원들의 불만을 감소시킨다.
④ 개개인의 노력이나 성과가 직접적으로 반 영되지 않는다.

32 확정기여형 퇴직연금제도에 대한 설명으로 옳지 <u>않은</u> 것은?

① 미적립분은 사용자가 최종 지급책임을 지도록 한다.
② 근로자가 이직 시 적립금 연결 계산이 용이하다.
③ 기업이 도산하더라도 적립금이 보장된다.
④ 투자결과에 따라 법정퇴직금보다 퇴직연금이 적어질 수 있다.

33 복리후생과 임금의 차이로 옳지 <u>않은</u> 것은?

① 복리후생은 직접적인 보상형태, 임금은 간접적인 보상형태를 갖는다.
② 임금은 각 종업원마다 차등 지급되고, 복리후생은 종업원 전체에게 집단적으로 지급된다.
③ 복리후생은 종업원들의 필요에 의한 요구이고, 임금은 각 종업원들이 반드시 요구한다.
④ 임금은 종업원들이 조직에서 얻는 이윤창출이며, 복리후생은 종업원들에게 사회문화적인 이윤을 공헌하는 것이다.

34 다음 내용에서 설명하는 노동조합의 조직 형태는 무엇인가?

> 숙련 또는 비숙련 노동자들을 불문하고 동종 산업의 모든 노동자들을 하나로 해서 조직하는 노동조합

① 직업별 노동조합
② 산업별 노동조합
③ 기업별 노동조합
④ 일반 노동조합

35 경영참가제도에 대한 설명으로 옳지 <u>않은</u> 것은?

① 경영참가의 기본유형은 자본참가, 이익참가, 경영의사결정참가로 나눌 수 있다.
② 자본참가제도는 자본조달의 원천개발을 1차적인 목적으로 한다.
③ 성과배분참가 제도는 생산성 향상의 성과가 뚜렷할 때에만 그 효과를 가질 수 있다.
④ 의사결정참가 제도에는 노사협의제와 공동결정제가 있다.

36 다음 내용에서 설명하는 숍 시스템은 무엇인가?

> 채용되는 모든 종업원들에게 단체교섭의 당사자인 노동조합에 일정액의 조합비를 납부하게 하는 것을 요구하는 제도

① 클로즈드 숍
② 프레퍼렌셜 숍
③ 에이전시 숍
④ 메인터넌스 숍

37 일제휴가, 집단사표, 연장근무의 거부 등은 노동자 측면의 쟁의행위의 유형 중 어디에 해당하는가?

① 파업
② 사보타지
③ 피켓팅
④ 준법투쟁

38 근대적인 조직관에 대한 설명으로 옳지 <u>않은</u> 것은?

① 최적의 과업분화 형태를 지닌다.
② 다계층 조직이며, 계층이 많다는 특징을 지닌다.
③ 종업원들의 목적 및 사회의 목적도 동시에 중요하게 생각한다.
④ 개발이 가능한 자원으로서의 인간관을 지닌다.

39 사외교육훈련에 대한 설명으로 옳은 것은?

① 비용이 많이 소요된다.
② 일을 하면서 훈련을 할 수 있다.
③ 훈련이 추상적이 아니고 실제적이다.
④ 전문적 지식 및 기능의 교육이 어렵다.

40 행위기준 고과법에 대한 설명으로 옳지 <u>않은</u> 것은?

① 각 직능별·직급별 특성에 맞추어져 설계된다.
② 구체적인 직무에 활용하기에 어렵다.
③ 목표에 의한 관리의 일환으로 사용이 가능하다.
④ 평가자가 최종 결과에 대한 책임을 부담하는 경우가 있다.

01	02	03	04	05	06	07	08	09	10	11	12	13	14	15
③	①	②	①	①	③	②	①	④	①	③	③	④	①	②
16	17	18	19	20	21	22	23	24	25	26	27	28	29	30
④	①	③	④	②	①	③	④	②	①	②	④	②	③	②
31	32	33	34	35	36	37	38	39	40					
③	②	③	③	④	①	②	④	④	④					

01 **정답** ③

인적자원관리는 그 주체 및 객체가 모두 인간이며, 동시에 이들의 상호작용관계로 볼 수 있다.

02 **정답** ①

과학적 관리론은 기업 조직에서 기획과 실행의 분리를 기본으로 하고 있다.

03 **정답** ②

인사관리 개념모형의 단계

확보 → 개발 → 활용 → 보상 → 유지활동

04 **정답** ①

①은 인적자원관리의 외부환경에 속하며, ②·③·④는 인적자원관리의 내부환경에 속한다.

05 **정답** ①

직무분석은 조직이 요구하는 일의 내용을 정리 및 분석하는 과정을 말한다.

06 **정답** ③

직무명세서는 직무분석의 결과를 기반으로 특정 목적의 관리절차를 구체화하는 데 있어 편리하도록 정리하는 것을 말한다. 특히, 인적요건에 초점을 둔다.

07 **정답** ②

인사고과의 목적

• 적정배치
• 능력개발
• 공정처우

08 **정답** ①

①은 전통적 고과기법이며, ②·③·④는 현대적 고과기법이다.

09 **정답** ④

현혹효과는 어떠한 부분에 있어 어떤 사람에 대한 호의적인 태도 등이 타 부분에 있어서도 그 사람에 대한 평가에 영향을 주는 것을 말한다.

10 정답 ①

적정한 수의 인적자원 확보를 통한 노동비용의 감소와 그로 인한 충원비용의 절감효과가 이루어진다.

11 정답 ③

기존 직원들에게서 새로운 기술이나 능력을 기대하기는 힘들다.

12 정답 ③

경력개발은 설정한 경력목표에 따른 경력계획을 효과적으로 달성하기 위해 필요한 과정을 말한다.

13 정답 ④

직무순환(Job Rotation)은 기업조직이 필요로 하는 시점에 필요한 직무를 계획적으로 체험시키는 일종의 인사관리상의 구조를 의미한다.

14 정답 ①

직무설계는 조직의 목표달성과 더불어 종업원 개인의 욕구충족의 극대화를 위해 구조적 또는 인간관계 측면 등을 고려한 조직구성원들의 직무에 관련된 활동을 설계하는 과정이다.

15 정답 ②

②는 직무설계의 요소 중 환경적 요소에 속한다.

16 정답 ④

임금관리의 체제
• 임금의 수준
• 임금의 체계
• 임금의 형태

17 정답 ①

최저임금제의 목적
• 최저임금제는 노사 간 분쟁을 예방하고, 비능률적인 경영과 더불어 불공정한 기업경쟁을 예방함
• 낮은 임금은 불황이라는 결과를 초래하게 된다는 케인즈 이론으로 인해 최저선을 정해야 함
• 낮은 임금을 받는 종업원을 보호함
• 노동력의 질적인 향상이 가능함

18 정답 ③

시간급제는 종업원들의 업무수행 성과의 양과 질에 상관없이 노동에 종사한 시간에 따라 임금을 지급하는 제도이다.
예 단순시간급제(일급제, 주급제, 월급제, 연봉제), 복률시간급제, 계측일급제 등

19 정답 ④

복리후생은 신분기준에 의해 운영된다.

20 정답 ②

임금피크제는 일정한 나이가 되면 한 직종에서 근무한 직원들의 임금을 줄이는 대신에 지속적인 정년을 보장해 주는 성격을 띠기 때문에 그로 인한 신규채용의 기회가 줄어들 가능성이 있다.

21 정답 ①

복지 등에 대한 생각이 깊어지는 것은 종업원 입장에서의 이익에 속한다.

22 정답 ③

③은 법정 외 복리후생에 속하는 내용이다.

23 정답 ④

인간관계론과 과학적 관리론의 비교

인간관계론	과학적 관리론
인간 중심적 구조	직무 중심적 구조
비공식적 구조관	공식적 구조관
호손 실험	시간, 동작연구 등
사회적 능률성	기계적 능률성

24 정답 ②

노사관계의 발전과정

전제적 노사관계 → 온정적 노사관계 → 근대적 노사관계 → 민주적 노사관계

25 정답 ①

오픈 숍은 종업원의 노동조합에 대한 가입·비가입 등이 채용이나 해고조건에 전혀 영향력을 끼치지 못하는 것이라 할 수 있다.

26 정답 ②

B 감사는 인사정책에 대한 소요경비를 알아내고, 예산의 적정성 분석 및 평가를 하고 그에 따른 적절한 예산할당의 적합성 등에 주안점을 두게 된다.

27 정답 ④

• 인적자원의 확보 : 인적자원계획 → 직무분석 → 모집 및 선발
• 인적자원의 유지 : 사회화 → 훈련 및 개발 → 인사고과 및 보상

28 정답 ②

인적자원관리는 주체 및 객체가 모두 인간이며, 이들의 상호작용관계로 볼 수 있다.

29 정답 ③

이동조립법은 포드 시스템에 관한 내용이다. 포드는 자신의 경영이념을 실천하기 위해서는 경영합리화에 의해서만 달성이 가능하다고 주장을 하면서, 경영합리화의 구체적인 방법으로 생산의 표준화와 이동조립법의 실시를 언급하였다.

30 정답 ②

과정 접근법은 새로운 인력의 확보에서부터 그가 이직에 이르는 각 과정들에 대해서 관리하는 절차를 말한다. 이 접근법은 기능을 중요시하므로 기능적 접근법이라고도 한다.

31 정답 ③

사람 중심의 관리가 아닌 일 중심의 인사관리를 하기 위해서 기본적으로 직무분석이 선행되어야 한다.

32 정답 ②

직무분석의 절차는 '분석에 필요한 배경정보 수집, 대표직위의 선정, 직무정보의 획득, 직무기술서 작성, 직무명세서 작성' 등의 총 5가지의 과정을 거친다.

33 정답 ③

작업기록법은 종업원이 일종의 업무일지를 기록해 비교적 종업원의 관찰이 곤란한 직무에 적용이 가능하다. 반면 직무분석에 필요한 정보를 충분히 취득할 수 없다는 문제점이 있다.

34 정답 ③

직무등급 기술서에서 4등급은 수행하는 작업이 개괄적인 지시 하에 이루어지며, 높은 수준의 기능 또한 요구되기도 한다. 또한, 장비나 안전에 대한 각종 책임과 재량권이 요구된다.

35 정답 ④

평가센터법이란 평가를 전문으로 하는 평가센터를 설립하여 피고과자의 직속상사가 아닌 특별히 훈련된 관리자들이 피고과자들을 동시에 합숙·훈련시키면서 여러 가지 평가를 하는 방법을 말한다. 이 방식은 비용·효익의 측면에서 경제성이 의문시된다는 단점을 갖는다.

36 정답 ①

구성 타당성은 논리적 분석과 이론적 체제에서 각 개념들 간의 관계를 밝히는 데 기준을 두고 평가하며, 측정 그 자체보다는 측정되는 대상이나 그 속성에 대해서 이론적으로 충실하게 수행되었는지의 여부를 평가하는 데 사용된다.

37 정답 ②

기업 조직에 있어 유효성을 향상시키는 목적으로 이행되는 조직개발은 Y 이론에 입각한 관점에서 인적자원들을 가정함으로 인해 도입될 가능성이 있게 된다. 조직개발에 있어 어느 특정부문에서 조직 전체로 확산되어야 한다.

38 정답 ④

직무설계의 요소는 크게 조직적 요소, 환경적 요소, 행위적 요소로 나눌 수 있다. ①·②·③은 조직적 요소에 해당하며, ④는 행위적 요소에 해당한다.

39 정답 ④

리틀식 복률성과급제는 리틀이 고안한 것으로 메릭크식에서 고성과자에게 더 큰 자극을 주도록 표준과업의 100% 이상의 성과를 달성한 자에게 더 높은 임금률을 적용하는 방식을 말한다.

40 정답 ④

데이브 얼리치는 『HR Champion』이라는 저서를 통해 21세기 인사전문가의 새로운 역할을 전략적 동반자, 행정전문가, 직원 옹호자, 변화주도자 등 4가지로 바라본 다중역할모델을 제안하였다.

01	02	03	04	05	06	07	08	09	10	11	12	13	14	15
④	②	①	③	④	②	①	③	②	④	①	③	②	④	①
16	17	18	19	20	21	22	23	24	25	26	27	28	29	30
③	②	④	①	③	②	④	①	③	②	④	③	③	③	②
31	32	33	34	35	36	37	38	39	40
①	①	①	②	②	③	④	②	①	②

01 정답 ④

전통적 인사관리는 소극적이면서 타율적인 X론적 인간관을 바탕으로 하고 있다.

02 정답 ②

인간관계론은 사회인 가설을 기반으로 하는 이론이다.

03 정답 ①

인적자원관리의 결과
- 직무만족
- 직무성과
- 높은 출근율 및 근속기간

04 정답 ③

①·②·④는 인적자원관리의 외부환경에 속하며, ③은 인적자원관리의 내부환경에 속한다.

05 정답 ④

워크 샘플링법은 관찰법의 방식을 세련되게 만든 방법이다. 또한, 이 방식은 종업원들의 직무성과가 외형적일 경우에 용이하게 적용되는 방식이다.

06 정답 ②

분류법에 의해 직무평가를 하기 위해서는 직무등급의 수 및 각 등급에 해당하는 직무의 특성을 정확하게 해 놓은 직무등급 기술서가 존재해야 한다.

07 정답 ①

전통적 고과관은 과거지향적이며, 상벌의 기초자료로 활용되었다.

08 정답 ③

목표에 의한 관리방식(Management By Objectives ; MBO)은 종업원이 직속상사와의 협의하에 작업 목표량을 결정하고, 그로 인한 성과를 부하 및 상사가 함께 측정하고 또 이를 고과하는 방법이다.

09 정답 ②

마코프 체인법(Markov Chain Method)은 시간의 흐름에 의해 각 종업원들의 직무이동확률을 확인하기 위해서 개발된 방법이다.

10 정답 ④

신뢰성 측정방법
- 시험 – 재시험법
- 대체형식방법
- 양분법

11 정답 ①

배치의 원칙
- 실력주의
- 적재적소주의
- 균형주의
- 인재육성주의

12 정답 ③

연공주의 승진의 요소로는 근속연수, 경력, 학력, 연령 등이 있다.

13 정답 ②

OJT는 다수의 종업원을 훈련하는 데에는 부적절한 기법이다.

14 정답 ④

조직 내 모든 커뮤니케이션은 공개한다.

15 정답 ①

임금의 결정요소
- 생계비 수준
- 기업의 지불능력
- 사회 일반적 임금수준

16 정답 ③

승급은 임금곡선상에서 상향이동을 하며, 기본급에 대한 서열은 변하지 않는다.

17 정답 ②

스캔론플랜은 기업 생산성의 향상을 노사협조의 결과로 인식하며, 총매출액에 대한 노무비 절약분의 이익을 인센티브 임금, 즉 상여금으로 전 직원들에게 나누어 주는 방식이다.

18 정답 ④

①·②·③은 법정 복리후생제도에 속하며, ④는 법정 외 복리후생에 속한다.

19 정답 ①

복리후생의 3원칙
- 적정성의 원칙
- 합리성의 원칙
- 협력성의 원칙

20 정답 ③

면접실험 – 메이요 팀

21 정답 ②

자사의 제품에 대한 원가를 절감시킨다.

22 정답 ④

노동조합의 기능 중 집행기능에 속하는 기능으로는 단체교섭 기능, 경제활동 기능, 정치활동 기능 등이 있다.

23 정답 ①

산업별 노동조합은 숙련 또는 비숙련 노동자들을 불문하고 동종 산업의 모든 노동자들을 하나로 해서 조직하는 노동조합이다.

24 정답 ③

체크오프 시스템은 노동조합의 자금 확보를 위한 기반을 제공해 주는 대표적인 제도이다.

25 정답 ②

경영참가의 기본유형
- 자본참가
- 이익참가
- 경영의사결정참가

26 정답 ④

인적자원의 감사기준
- 일반기준
- 실사기준
- 보고기준

27 정답 ③

포드는 자신의 경영이념을 사회에 봉사하는 것으로 기준을 정하고, 이러한 경영이념을 달성하기 위해 경영의 지표로서 저가격, 고노무비를 주 내용으로 삼았다.

28 정답 ③

인력 적응계획은 기업에서 확보한 인력을 개인 및 조직의 능력에 맞게 적재적소에 배치시키는 계획을 말한다. 효과적인 인력 적응계획을 위해서는 각 직무에 필요한 자질과 확보한 인적자원의 능력을 서로 비교하여 이루어지도록 해야 한다.

29 정답 ③

연공주의는 종업원의 근속연수, 학력, 경력, 연령 등의 전통적 방식에 입각해서 근속기간에 큰 의미를 부여하는 방식을 말한다. 능력주의에 비해 객관적 기준을 가지고 있다.

30 정답 ②

할증성과급제는 최저한의 임금을 보장하면서 일정한 표준을 넘는 성과에 대해서는 할증임금을 지급하는 것을 말한다. 할시식 할증성과급은 할증률이 보통 임금률보다 낮게 책정되므로 임금 지급액의 증가를 막을 수 있고, 근로자는 작업능률에 관계없이 어느 정도의 임금이 보장된다는 장점이 있다.

31 정답 ①

집단자극제는 개인 임금방식에 대립되는 개념으로 임금의 책정·지급 방식을 종업원 집단별로 산정해서 지급하는 것을 말한다. 신입 종업원의 경우, 훈련에 상당히 적극적이다.

32 정답 ①

확정기여형 퇴직연금제도는 사용자가 금융기관에 근로자 이름으로 적립하는 부담금 수준이 사전에 확정되고, 근로자가 받을 급여액은 적립금 투자수익에 따라 달라질 수 있는 제도이다. 투자 결과에 따라 법정퇴직금보다 퇴직연금이 적어질 수 있고, 위험부담을 종업원 본인이 지게 되어 종업원 보호에 미비한 점이 있다.

33 정답 ①

임금은 각 종업원들의 업무성과 및 노력 등을 평가한 후에 금전적으로 책정되는 직접적인 보상형태이고, 복리후생은 휴가일수의 증가 및 상담의 제공, 보험료 공제 등의 간접적인 보상형태이다.

34 정답 ②

산업별 노동조합은 직종이나 계층 또는 기업에 상관없이 동일한 산업에 종사하는 모든 노동자가 하나의 노동조합을 결성하는 새로운 형태의 노동조합이다.

35 정답 ②

자본참가제도는 근로자들이 자기회사의 주식을 소유함으로써 자본의 출자자로서 기업경영에 참여하는 제도로 종업원 지주제도가 대표적이다. 이 제도에서 자본조달의 원천개발은 2차적인 목적이고, 실질적인 주목적은 소유참여나 성과참여로 종업원들의 자사에 대한 근로의욕을 고취시키고, 노사관계의 안정을 꾀하는 것이다.

36 정답 ③

에이전시 숍은 대리기관 숍 제도라고도 하며, 비조합원들의 무임승차 편승심리를 없애고 노동조합 내의 재원확보 및 안정에 도움을 얻을 수 있다는 장점을 갖는다.

37 정답 ④

준법투쟁은 노동조합이 법령, 단체협약, 취업 규칙 등의 내용을 정확하게 이행한다는 명분하에 업무의 능률 및 실적을 떨어뜨려 자신들의 주장을 받아들이도록 사용자에게 압력을 가하는 집단행동을 의미한다.

38 정답 ②

근대적인 조직관은 소계층 조직이며, 계층이 적다는 특징을 지닌다. 다계층 조직은 전통적인 조직관에 해당한다.

39 정답 ①

사외교육훈련(OFF JT)은 종업원들을 일정기간 동안 직무로부터 분리시켜 기업 내 연수원 등의 일정한 장소에 집합시켜 교육훈련을 시키는 방식을 말한다. 비용이 많이 소요되고, 직무수행에 있어 필요한 인력이 줄어든다는 단점이 있다.

40 정답 ②

행위기준 고과법은 평정척도법의 결점을 시정·보완하기 위해서 개발된 것이고, 동시에 중요사실 서술법이 발전된 형태로 직무와 관련된 피고과자의 구체적인 행동을 평가의 기준으로 삼는 고과방법을 말한다. 다양하면서도 구체적인 직무에 활용이 가능하다는 장점이 있다.

빨리보는 간단한 키워드

시/험/전/에/ 보/는/ 핵/심/요/약/ 키/워/드/

무언가를 시작하는 방법은 말하는 것을 멈추고 행동을 하는 것이다.

- 월트 디즈니 -

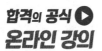
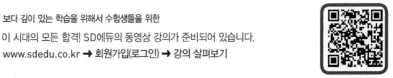

제1장　인사관리의 기초개념

제1절 인사관리의 의의와 성격

1 인적자원관리의 성격

(1) 기업 조직의 인적자원관리에 있어서의 관리대상은 인간

(2) 인적자원관리의 주체는 인간

(3) 인적자원관리는 주체 및 객체가 모두 인간이며, 이들의 상호작용관계에 해당

(4) 인적자원관리는 현 상태보다, 상태의 조작에 따른 조직목적에 부합하는 제도 등을 만들어 운영해 나감

2 현대적 인사관리와 전통적 인사관리의 비교

구분	현대적 인사관리	전통적 인사관리
강조점	조직목표와 개인목표의 조화	조직목표만을 강조
중점	경력중심 인사관리	직무중심 인사관리
안목	인력을 육성·개발하는 장기적 안목	주어진 인력을 활용하는 단기적 안목
인간관	주체적, 자율적인 Y론적 인간관	소극적, 타율적인 X론적 인간관
노동조합	노사 간 상호협동에 의한 목적달성	노동조합의 억제(부정)

제2절 인사관리자의 역할

1 내부 관계에서의 역할

(1) 최고 경영자층에 대한 역할
　① 최고 경영자층의 정보원천
　② 최고 경영자층에 실력 있는 인재를 추천하고 공평한 평가 기준 및 신념을 지녀야 함
　③ 최고 경영자층과의 잦은 접촉으로 인한 의견 충돌 감소 및 문제해결자로서의 역할 수행

④ 조직 구성원이나 경영자층의 어느 한쪽만을 지지하는 모습을 지양

⑤ 문제 해결 시 책임에 대한 회피를 없애야 함

(2) 조정자(부문 간 조정)로서의 역할

① 조직 구성원들의 서로 다른 관점의 생각을 조율하는 역할

② 집단 간의 부정적인 마찰을 줄이는 교량역할을 수행

③ 기업 조직 내의 부서 및 집단 간의 갈등 및 문제를 줄일 수 있도록 문제를 빠르게 파악

(3) 라인(종업원)에 대한 서비스 역할

수동적인 역할 수행 지양 및 조직 안에서의 역학관계를 배려한 적절한 역할 수행 요구됨

2 외부 관계에서의 역할

(1) 경계연결자로서의 역할

인적자원관리자는 경영 외부환경과의 경계 연결의 역할을 수행하고 있으며, 이들은 소속 조직을 대표하는 특성을 가지고 있음

(2) 변화담당자로서의 역할

인적자원관리자는 스스로가 수행해야 하는 기본적인 역할 외에도 기술적·사회적인 변화에도 대응할 수 있도록 인간에 대해 관련된 각종 제도 등을 바꾸는 변화담당자로서의 역할도 수행함

제3절 인사관리의 전개과정

1 생산성 강조 시대

(1) 테일러의 과학적 관리론(Scientific Management Theory)

① 과학적 관리론은 종업원들에 대한 동기부여에 있어서 종업원 개개인의 물질적인 이익에 호소하는 차별적 성과급제를 원칙으로 함

② 기계적·폐쇄적 조직관 및 경제적 인간관이라는 가정을 기반으로 함

③ 인간의 신체를 기계처럼 생각하고 취급하는 철저한 능률위주의 관리이론

④ 테일러의 과학적 관리론의 4가지 원칙

　㉠ 주먹구구식 방법을 대체할 수 있는 개개인별 작업요소에 대한 과학을 개발

　㉡ 조직의 종업원들을 과학적으로 선발한 후에 종업원들에게 과학적인 교육 및 훈련, 개발을 시킴

　㉢ 일련의 모든 작업들이 과학적인 원리에 따라 실행될 수 있도록 확인하기 위해서 종업원들과 진심으로 협력

ⓔ 운영자와 종업원 간의 책임을 균등하게 배분하고, 종업원들에게는 높은 임금을 주고, 운영자에게는 많은 이익창출의 효과를 줌으로써 운영자와 노동자 모두에게 번영을 줄 것이라고 주장함

(2) 포드 시스템(Ford System)

① 포드는 1914년 자신이 소유하고 있던 자동차 공장에 컨베이어 시스템(Conveyor System)을 도입하여 대량생산을 통한 원가를 절감함

② 컨베이어 시스템을 도입함으로 인해 대량생산이 가능하였고, 더 나아가 자동차의 원가를 절감하여 그로 인한 판매가격을 인하시킴

③ 포드는 기업을 영리조직이 아닌 사회의 봉사기관으로 보았으며, 경영의 목적을 이윤 극대화가 아닌 사회에 대한 봉사로 봄

④ 경영합리화의 구체적인 방법으로 생산의 표준화와 이동조립법의 실시를 언급함

체크 포인트

테일러와 포드 시스템의 비교

테일러(F. W. Taylor)	포드(H. Ford)
• 테일러리즘 • 과업관리 • 차별적 성과급 도입 - 객관적인 과학적 방법을 사용한 임률 • 표류관리를 대체하는 과학적 관리방법을 도입, 표준화를 의미 • 작업의 과학화와 개별생산관리 • 인간노동의 기계화 시대	• 저가격 · 고임금의 원칙 • 동시관리 • 작업조직의 철저한 합리화에 의하여 작업의 동시적 진행을 기계적으로 실현하고 관리를 자동적으로 전개 • 컨베이어 시스템, 대량생산 시스템 • 공장 전체로 확대 • 인간의 작업능력에 의해서가 아닌 기계에 의하여 인간의 작업을 좌우

---

2 인간성 중시 시대

(1) 인간관계론(Human Relations Approach)

① 메이요의 호손 실험을 통해 증명

② 종업원의 사회 · 심리적인 욕구를 충족시킴으로써 기업의 생산성이 상승될 수 있다는 인식을 갖게 하는 계기가 됨

③ 기업 조직 내의 비공식조직이 공식조직에 비해서 생산성 향상에 있어 주요한 역할 수행

④ 물리적 측면의 개선에 의한 효과보다는 종업원들에게 있어 그들이 가지는 심리적인 요소들이 더 중요함을 강조

3 생산성 및 인간성의 동시 추구 시대(행동과학)

(1) 인간과 노동력, 성과와 만족 등이 동시적이면서도 서로 조화를 이루어야 한다고 강조

(2) 조직에서 인간의 행위에 영향을 미치는 각종 다양한 요소들의 중요성을 강조한 이론

제4절 인사관리의 연구접근법

1 인적자원 접근법

(1) 조직의 종업원들을 미래의 잠재적인 자원으로 파악

(2) 종업원에 대한 지속적인 능력개발과 동기부여 등이 상당히 중요한 요소로 작용

2 과정 접근법(기능적 접근법)

(1) 기업 조직에서 인적자원관리의 제반 기능과 조직 내 인력들의 흐름을 기반으로 연구과제를 설정, 분석하는 것
(2) **대표적인 학자** : 플리포

3 시스템 접근법

(1) 인적자원관리를 하나의 시스템 관점에서 바라보고, 인적자원관리시스템을 설계하려는 것으로 각각의 하위시스템들을 묶어서 하나의 전체적인 연결을 갖도록 하는 방법
(2) **대표적인 학자** : 피고스와 마이어스, 데슬러

제2장 인사관리의 개념모형

제1절 인사관리 개념모형의 설계

1 개념모형의 의미

기업 조직의 목적을 달성하기 위해, 인적자원에 대한 '확보→개발→활용→보상→유지' 등의 일련 과정을 계획 및 조직하고 이를 통제하는 체제를 의미함

2 인적자원관리의 활동

(1) 인적자원의 확보

인적자원의 (충원) 계획에 따른 모집이나 선발 및 배치관리

(2) 인적자원의 개발

종업원들의 경력관리 및 이동·승진관리, 교육훈련

(3) 인적자원의 활용

조직설계 및 직무에 대한 설계

(4) 인적자원의 보상

임금 및 복지후생관리

(5) 인적자원의 유지

인간관계관리 또는 노사관계관리

3 인적자원관리의 결과

직무만족, 직무성과, 높은 출근율 및 근속기간

제2절 인사관리의 목표와 방침

1 인적자원의 목표

(1) 생산성목표

과업 자체를 달성하기 위한 조직의 목표(전통적인 목표)

(2) 유지목표

과업이 아닌 단지 조직자체의 유지 및 인간적인 면에 관련된 목표

2 근로생활의 질(Quality of Work Life) 충족

구성원들이 수행하는 직무를 재구성하여 만족을 느끼도록 유도하고 그 직무를 통하여 자신을 개발할 수 있는 기회를 제공하려는 데 그 목적이 있음

3 인적자원관리 방침의 기준

(1) 기업 조직의 내·외부의 모든 관점에서 인적자원에 대한 공정성을 평가받아야 함

(2) 미래에 대한 상황을 예측함

(3) 경영철학을 반영함

(4) 갑자기 발생하는 상황에 대해 그에 맞는 대응책을 제시할 정도로 현실성이 있어야 함

(5) 배후의 의도에 대해 종업원들에게 제대로 이해되어야 함

제3절 인사관리의 환경

1 인적자원관리의 내부환경

(1) 노동력 구성의 변화

전문직 및 관리직의 증가, 여성노동인력의 참여 및 증가, 파견직 및 임시직(비정규직)의 증가 등이 해당됨

(2) 가치관의 변화

조직보다는 종업원 개개인을 우선시하는 가치관의 변화가 발생함

(3) 조직규모의 확대

조직규모의 확장에 따른 인적자원관리의 직능분화가 발생함

2 인적자원관리의 외부환경

(1) 정부개입의 증대

기업 조직에 대한 정부의 개입은 종업원들에 대한 각종 내용(채용, 임금인상, 성별 및 학력에 의한 보수의 차이 등)에 걸쳐 영향을 미치게 됨

(2) 경제여건의 변화

해당 국가 경기의 호·불황은 기업 조직의 인적자원관리에 영향을 미치게 됨

(3) 노동조합의 발전

노동조합의 진척에 따라 인사스태프의 충원 및 인적자원관리의 기능분화 및 규정화, 제도화 등의 인적자원관리에 있어 체계적인 정비가 이루어짐

(4) 정보기술의 발전

정보기술의 발달로 인해 인적자원관리의 정보화 및 인력의 효율화가 요구됨

제3장 직무분석과 직무평가

제1절 직무분석

1 직무분석의 개념

직무의 성격, 내용에 연관되는 각종 정보를 수집·분석·종합하는 활동으로 기업조직이 요구하는 일의 내용들을 정리·분석하는 과정을 의미함

2 직무분석의 기초개념

(1) 과업 : 기업 조직에서 독립된 목적으로 수행되는 하나의 명확한 작업 활동

(2) 직위 : 특정 시점에서 특정 조직의 한 개인이 수행하는 하나 또는 그 이상의 의무로서, 특정 개인에게 부여된 모든 과업의 집단

(3) 직무 : 작업의 종류 및 수준이 비슷한 직위들의 집단

(4) 직군 : 유사한 직무들의 집합

3 직무기술서(과업요건에 초점)

직무분석의 결과를 토대로 직무수행과 관련된 과업 및 직무행동을 일정한 양식에 따라 기술한 문서

(1) 직무기술서에 포함되는 내용
  ① 직무에 대한 명칭
  ② 직무에 따른 활동과 절차
  ③ 실제 수행되는 과업 및 사용에 필요로 하는 각종 원재료 및 기계
  ④ 타 작업자들과의 공식적인 상호작용
  ⑤ 감독의 범위와 성격
  ⑥ 종업원들의 작업조건 및 소음도, 조명, 작업 장소, 위험한 조건과 더불어 물리적인 위치
  ⑦ 종업원들의 고용조건, 작업시간과 임금구조 및 그들의 임금 형태와 부가적인 급부, 공식적인 기업 조직에서의 직무 위치, 승진이나 이동의 기회 등

(2) 직무기술서의 작성 시 주의사항
  ① 기재되어야 하는 내용과 표현이 간단명료해야 함
  ② 직무를 정의하기에 앞서, 수행해야 할 일의 성격 및 범위가 정확하게 명시되어야 함
  ③ 명확하면서도 구체적이어야 함
  ④ 감독책임을 나타내어야만 함

4 직무명세서(인적요건에 초점)

직무분석의 결과를 토대로 특정한 목적의 관리절차를 구체화하는 데 있어 편리하도록 정리하는 문서로서 각 직무수행에 필요한 종업원들의 행동이나 기능, 능력, 지식 등을 일정한 양식에 기록한 문서를 의미함. 특히 직무명세서는 인적요건에 초점을 둠

5 직무분석의 절차

배경정보 수집 → 대표직위의 선정 → 직무정보의 획득 → 직무기술서 작성 → 직무명세서 작성

(1) 배경정보 수집

예비조사의 단계로서, 기업의 조직도 · 업무분장표 · 존재하는 직무기술서와 직무명세서 등과 같은 사용 가능한 배경정보를 수집하는 것을 말함

(2) 대표직위 선정

비용이나 시간 등의 문제로 인해 통상적으로 이를 대신할 수 있는 대표직위를 선정해서 이를 중점적으로 분석해 나가는 것을 의미함

(3) 직무정보 획득

직무정보의 획득 단계를 일반적으로 직무분석이라고 하는데, 이는 각 직무의 성격이나 직무수행에 있어 필요한 각 종업원들의 행동 및 인적 조건 등을 분석하는 단계를 말함

(4) 직무기술서 작성

기존 단계에서 취합한 정보를 토대로 직무기술서를 만드는 단계인데, 여기에서는 각 직무의 주요한 특성 및 각 직무의 효과적인 수행에 필요로 하는 활동 등에 대해 기록한 문서를 의미함

(5) 직무명세서 작성

종업원들에 대해 각 직무수행에 있어 요구되는 인적 자질, 특성 및 지능, 경험 등을 구체적으로 기술한 문서

6 직무분석의 방법

(1) 관찰법(Observation Method)

직무분석자가 직무수행을 하는 종업원의 행동을 관찰한 것을 토대로 직무를 판단

(2) 면접법(Interview Method)

해당 직무를 수행하는 종업원과 직무분석자가 서로 대면해서 직무정보를 취득하는 방법

(3) 질문지법(Questionnaire)

질문지를 통해 종업원에 대한 직무정보를 취득하는 방법

(4) 중요사건 서술법(Critical Incidents Method)

종업원들의 직무수행 행동 중에서 중요하거나 또는 가치가 있는 부분에 대한 정보를 수집

(5) 워크 샘플링법(Work Sampling Method)

관찰법의 방식을 세련되게 만든 것으로서 이는 종업원의 전체 작업과정이 진행되는 동안에 무작위로 많은 관찰을 하여 직무행동에 대한 정보를 취득

(6) 작업기록법

직무수행자인 종업원이 매일매일 작성하는 일종의 업무일지로, 수행하는 해당 직무에 대한 정보를 취득하는 방법

7 직무분석에 있어서의 오류

(1) 직무환경 변화

새로운 공정, 다시 말해 인간과 기계 간 상호작용이 일어나는 공정의 도입과 연관됨

(2) 종업원의 행동변화

보통 기업 조직에서의 종업원 행동에 대한 정보의 취득은 어느 한 시점에서 이루어짐

(3) 반응세트

사람이 예상하거나 또는 왜곡된 방법으로 질문에 대해서 극히 일률적으로 답할 때 발생

(4) 부적절한 표본추출

전통적 방법으로 관련된 여러 과업영역 전체를 조사하지 않거나 또는 직무분석 질문지 같은 개괄적인 방법에서 관련한 과업영역을 확실하게 해 두어야 오류가 줄어듦

제2절 직무평가

1 직무평가의 개념

기업 조직에서 각 직무의 숙련도, 노력, 책임, 작업조건 등을 분석 및 평가하여 다른 직무와 비교한 직무의 상대적 가치를 정하는 체계적인 방법

2 직무평가의 목적

(1) 공정한 임금체계(임금격차)의 확립

기업 조직에서의 직무평가는 종업원 직무의 상대적 가치에 따라서 조직의 합리적이면서도 공정한 임금 시스템을 마련하는 기반을 제공할 뿐만 아니라, 이는 임금과 연관되는 종업원들 간의 갈등을 최소화시킬 수 있으며 직무급 실시에 있어서 초석이 됨

(2) 종업원들의 적재적소 배치를 실현

조직에서 직무의 중요성, 난이도 및 직무의 가치에 따라 종업원의 능력을 기준으로 효과적인 적재적소 배치가 실현가능하게 됨

(3) 핵심역량 강화지표 설계

조직의 직무평가는 직무 그 자체의 가치를 평가하는 것일 뿐, 종업원을 평가하기 위한 것이 아니기에 직무에 국한된 핵심역량지표를 추출하는 데 초점을 두어야 함

(4) 노사 간의 임금협상의 기초

합리적인 직무평가의 결과는 노사 간의 임금교섭을 할 때 협상의 초석이 될 수 있음

(5) 인력개발에 대한 합리성 제고

조직 인력개발의 주요 수단인 경력경로를 설계할 때 기업 안의 각 직무들 간의 중요성 및 난이도 등의 직무가치 정도에 따라 보다 더 효율적인 이동경로를 설계할 수 있음

3 직무평가의 방법

(1) 비량적 방법

① 서열법(Ranking Method)
직무평가의 방법 중에서 가장 간편한 방법으로, 이는 각 직무의 상대적 가치들을 전체적이면서 포괄적으로 파악한 후에 순위를 정하는 방법
② 분류법(Job Classification Method)
미리 규정된 등급 또는 어떠한 부류에 대해 평가하려는 직무를 배정함으로써 직무를 평가하는 방법

(2) 양적 방법

① 점수법(Point Rating Method)
각 직무를 여러 가지 구성요소로 나누어서(숙련도, 책임, 노력, 작업조건 등) 중요도에 따라 각 요소들에 점수를 부여한 후에, 그렇게 각 요소에 부여한 점수를 합산해서 해당 직무에 대한 전체 점수를 산출해서 평가하는 방법

② **요소비교법(Factor Comparison Method)**

기업 조직 내에서 가장 기준이 되는 기준직무를 선정하고, 그 다음으로 평가자가 평가하고자 하는 직무에 대한 평가요소를 기준직무의 평가요소와 비교해서 그 직무의 상대적 가치를 결정하는 것

4 직무평가 요소

(1) 숙련도(Skill) : 지식, 교육, 경험

(2) 노력(Effort) : 정신적·육체적 노력

(3) 책임(Responsibility) : 설비책임, 감독책임, 자재책임

(4) 직무조건(Job Condition) : 위험도, 작업환경

5 직무평가의 유의점

(1) 인간관계적 측면에서의 유의점

직무평가는 유효성에 있어서 기업 조직 종업원의 만족에 대한 영향을 확인함으로써 확정되어야 함

(2) 기술적 측면에서의 유의점

직무분석 자료를 토대로 평가요소들을 선정하는 과정에서 판단상의 오류를 범할 수 있고, 점수법은 주어진 가중치와 요소들 간의 비중에 따른 판정상의 오류를 범할 수 있음

(3) 평가계획상 유의점

직무평가에 있어서 대상이 많거나 서로 상이할 때 발생할 수 있는 문제점을 말함

(4) 평가위원회의 조직

직무평가를 수행함에 있어 평가위원회 조직을 구성하는데, 이에 참여하고자 하는 경영자를 추출하는 과정에서 발생할 수 있는 문제점을 말함

(5) 직무평가 결과 및 노동시장평가의 불일치

직무평가에서 가치가 높음에도 불구하고 노동시장의 현 임금이 낮은 경우에는 노동에서 공급이 수요를 초과했을 때이며, 이와는 반대급부로 직무평가에서 가치가 낮음에도 불구하고 노동시장에서 직무의 임금이 높은 것은 수요가 공급을 초과하는 경우에 발생함을 말하는데, 이같이 직무평가의 결과와 직무가 가지는 상대적 가치가 반드시 일치하지 않을 수도 있다는 것을 의미함

(6) 평가빈도

기업 조직에 있어 적당한 직무평가의 빈도선정이 어렵다는 것을 말하는 것으로, 기업이 환경요소들의 변화에 따라 새로운 직무, 직무의 변경, 직무의 소멸 등의 문제점들이 발생할 수 있다는 것을 의미함

제3절 직무분류

1 직무분류의 개념

기업 조직에서 업무 내용이 비슷하거나 또는 조직에서 요구하는 자격요건이 비슷한 직무를 묶어서 체계적인 직무군으로 분류해 나가는 과정

2 직계조직

기업 조직에서의 직무평가에 따른 직무에 대한 상대적 가치를 결정하여 해당직무의 상대적 서열을 결정하며, 해당 직급에 맞는 직무를 담당하여 기업 조직에서의 지위나 임금이 결정되는 제도

3 자격제도

기업 조직의 직무분석을 기반으로 하여 조직 내의 종업원들이 갖추어야 하는 능력에 대한 수준을 각 직급별로 구체화하며, 종업원 개개인을 검사하여 종업원 개인의 조직에서의 지위 및 보수를 지급하는 제도

제4장 　 인사고과

제1절 인사고과의 의의와 목적

1 인사고과의 개념

인사고과는 기업 조직 내의 종업원들이 가지고 있는 각종 능력, 소질, 장래성, 근무성적 등을 기반으로 해당 조직에 대한 유용성의 관점에서 평가하며, 조직 내 종업원 개개인에 대한 인사상 정보를 추출하여 종업원들이 조직 안에서 가지는 상대적 가치를 결정하는 것

2 전통적 고과관 및 현대적 고과관의 비교·구분

구분	전통적 고과관	현대적 고과관
목적	• 과거지향적 • 상벌의 기초자료(통제적 목적)로 이용	미래지향적 고과로서 능력개발의 기초자료(비통제적 목적)로 이용
기준	인물, 인성, 특히 인격을 강조함	• 직책과 목표 강조 • 업적(결과) 중심
강조점	일방적이고 하향적 비밀고과	• 자기고과 기회의 부여 • 고과기준의 공동결정

3 인사고과의 목적

(1) **적정배치** : 인력배치 및 이동

(2) **능력개발** : 종업원 개개인에 대한 성장기회

(3) **공정처우** : 종업원들에게 적정하면서도 공정한 처우 실현

4 인사고과의 기능

(1) 종업원들의 능력개발을 위한 자료로서의 기능

(2) 종업원들의 업적향상을 위한 자료로서의 기능

(3) 종업원들의 공정한 처우결정을 위한 자료로서의 기능

(4) 조직이 요구하는 인재상 정립을 위한 자료로서의 기능

제2절 인사고과의 방법

1 인사고과 시 고려사항

(1) 고과대상과 해당 목적에 맞는 평가요소를 선정해야 함

(2) 고과방법은 객관적이면서 비교가 가능해야 함

(3) 고과 시에 평가자가 적절해야 함(적격자 필요)

(4) 평가과정 중에 합리성을 유지해야 함(심리적인 편향을 방지)

2 고과자에 의한 분류

(1) 자기고과

① 종업원 개인이 자신의 업무성과에 대해 종업원 스스로가 평가하는 방법
② 자기고과는 종업원 자신의 능력개발을 목적으로 하면서, 개인이 가지고 있는 결함에 대한 파악 및 개선에 효과가 있어 종업원 자기 자신의 능력개발에 많은 도움이 됨
③ 관리층의 고과에 보충적 기법으로 쓰이는 방식

(2) 상급자에 의한 고과

① 직속 상사가 하급자를 고과하는 것으로서, 수직적이면서도 하향식 고과에 해당함
② 직속 상사가 하급자를 비교적 잘 알고 있다는 장점이 있으나, 그만큼 고과가 주관적으로 흐르기 쉽다는 단점이 있음

(3) 하급자에 의한 고과

하급자가 상사를 고과하는 방법으로 상향식 고과에 해당함

(4) 동료에 의한 고과

상급자보다는 피고과자의 동료가 훨씬 더 정확히 평가할 수 있다는 견해이기는 하나, 피고과자의 동료들은 친구로서 또는 경쟁자로서 편파적일 수 있다는 문제점이 있음

(5) 외부 전문가에 의한 고과

고과의 객관성을 유지하기 위해 외부의 고과전문가에게 위탁하는 것으로 현장 토의법, 평가센터법 등이 이에 속함

① **현장 토의법(Field Review)**
기업 조직의 인사담당자가 감독자들과 토의하여 정보를 얻어 평가하는 기법으로 구체적 정보를 얻을 수 있으나, 시간과 비용이 많이 소요되고 피고과자의 참여가 전혀 이루어지지 않아 불신감이 생길 수 있다는 단점이 있음

② **평가센터법(Assessment Center ; AC)**
평가를 전문으로 하는 평가센터를 설립하여 피고과자의 직속상사가 아닌 특별히 훈련된 관리자들이 6~12명의 피고과자들을 동시에 합숙·훈련시키면서 여러 가지 평가를 하는 방법으로, 피고과자의 잠재적 능력을 주로 평가한다는 특징이 있음

(6) 다면평가제

상급자 1인에 의해서만이 아닌 하급자, 동료, 피고과자 자신 및 고객 등에 의해서 여러 방면으로 인사고
과가 이루어지는 방식

3 인사고과 기법에 따른 분류

(1) 전통적 고과기법

① **서열법(Ranking Method)**
조직의 종업원 근무능력 및 근무성적에 대해서 순위를 매기는 방법, 교대서열법과 쌍대서열법이 있음

② **평정 척도법(Rating Scales, Graphic Rating Scales)**
종업원의 자질을 직무수행의 달성 가능한 정도에 따라 미리 마련된 척도를 근거로 평정자(고과자)가
체크하도록 하는 방법

③ **대조표법(Check List Method)**
평가에 행동기준을 리스트에 설정·배열하여 피고과자의 능력이나 근무상태가 이 항목에 해당되는
경우에 체크하는 방법

(2) 현대적 고과기법

① **목표에 의한 관리방식(Management By Objectives ; MBO)**
종업원이 직속상사와 협의하여 작업 목표량을 결정하고, 이에 대한 성과를 부하와 상사가 함께 측정
하고 또 고과하는 방법

목표조건	• 측정 가능함과 동시에 계량적인 목표이어야 한다. • 구체적인 목표 제시가 되어야 한다. • 설정된 목표에 대해 기대되는 결과를 확인할 수 있는 목표이어야 한다. • 현실적이면서 달성 가능한 목표이어야 한다. • 정해진 시간 안에 달성 가능한 목표이어야 한다.
성공조건	• 관리자층의 관심 및 지원, 변화하는 경영환경에 따른 교육으로 집단저항을 줄여야 한다. • 의사소통의 통로 및 종업원들의 태도와 그들의 행위변화에 대한 대책을 마련하여, 올바른 조직문화 형성에 노력을 아끼지 말아야 한다. • 목표에 의한 관리가 제대로 수행될 수 있도록 조직을 분권화하는 등의 조직시스템의 재정비가 뒤따 라야 한다.
주의점	• 기업의 경우, 단기적인 목표와 그에 따른 성과에만 급급하여, 기업 조직의 사기 및 분위기나 문화 등이 경영환경에 대응해야만 하는 조직의 장기적 안목에 대한 전략이 약화될 수 있다. • 종업원들끼리의 지나친 경쟁과 리더의 역할갈등으로 인해 집단 저항의 우려가 있다. • 업무에 있어서의 성질 및 특성으로 인해 계량적 또는 개별적인 목표설정이 어려운 과업에 대해서는 도입하기가 힘들다.

② **인적 평정센터법(Human Assessment Center)**
평가를 전문으로 하는 평가센터를 설립하여 피고과자의 직속상사가 아닌 특별히 훈련된 관리자들이
6~12명의 피고과자들을 동시에 합숙, 훈련시키면서 여러 가지 평가를 하는 방법

③ 행위기준 고과법(Behaviorally Anchored Rating Scales ; BARS)

평정 척도법의 결점을 시정·보완하기 위해서 개발된 것이고, 동시에 중요사실 서술법이 발전된 형태로서 직무와 관련된 피고과자의 구체적인 행동을 평가의 기준으로 삼는 고과방법

제3절 평가의 오류와 공정성 확보

1 분포적 오류

고과에 있어 혹독화·관대화·범위제한·중심화 경향 등과 같이 고과자의 고과점수들의 분포가 업무성과의 분포와 다른 경우에 발생하는 것

2 상관관계적 오류

(1) 현혹효과(Halo Effect) 또는 후광효과

고과에 있어 피평가자들에 대한 전체적인 인상 등에 의해 구체적인 성과 차원에 대한 평가가 영향을 받게 되거나 고과에 있어 평가자가 평가 차원 등을 구별하지 않으려는 경향에 의해 발생

(2) 논리적 오류

평가자가 논리적으로 놓고 볼 때 관련이 있다고 생각되는 특성(논리적인 관계가 있다고 착각하는)들 간에 비슷한 점수들을 주는 것

(3) 관대화 경향

종업원에 대한 근무성적평정 등에 있어서 평정 결과의 분포가 우수한 쪽으로 집중되는 경향

(4) 중심화 경향

인사고과의 결과가 고과상에서 중간으로 나타나기 쉬운 경향

(5) 규칙적 오류

가치판단상의 규칙적인 심리적 오류에 의한 오류

(6) 시간적 오류

고과자가 고과를 함에 있어서 쉽게 기억할 수 있는 최근의 실적 또는 능력중심으로 고과하려는 부분에서 생기는 오류

(7) 대비오차

고과자가 스스로 가지고 있는 특성과 비교하여 피고과자를 고과하는 것

(8) 지각적 방어

스스로가 지각할 수 있는 사실들을 집중적으로 조사해 가면서 알고 싶어 하지 않는 것들을 무시해 버리는 경향

(9) 연공오류

피고과자의 학력, 근속연수, 연령 등 연공에 따라 평가하게 되는 오류. 예를 들어, 비슷한 능력을 가진 두 피고과자를 평가할 때 나이가 더 많은 사람에게 더 좋은 평가를 주는 경우가 해당됨

제5장   인적자원의 확보관리

제1절 인력계획

1 인적자원계획의 중요성

(1) 경영계획의 기초에 있어서의 중요성

(2) 임금관리에 있어서의 중요성

(3) 승진·이동 및 훈련계획에 있어서의 중요성

(4) 기타 환경에 따른 중요성

2 인적자원계획의 개념

(1) 주어진 환경의 현재 및 장래의 각 시점에서 기업이 필요로 하는 종류의 인원수를 사전에 예측하고 결정하며, 이에 대한 사내·외의 공급인력을 또한 예측하고 계획하는 것

(2) 인력계획은 확보관리를 위한 것뿐만 아니라 승진이나 이동관리, 훈련계획, 임금계획 등과 밀접한 관련이 있음

3 인적자원계획의 효과

(1) 적정한 수의 인적자원 확보를 통한 노동비용의 감소 및 그에 따른 충원비용의 절감효과가 이루어짐

(2) 적정한 교육훈련계획의 수립이 가능

(3) 새로운 사업기회의 확보능력이 증대됨

(4) 효과적인 인적자원계획으로 인한 종업원의 사기와 만족이 증대됨

(5) 불필요한 노동력의 감소와 증대에 따른 통제가 용이하며, 기업의 전반적인 인적자원 유지전략을 상당히 용이하게 함

4 인적자원의 수립(예측)기법

(1) 기업의 환경분석

외부환경적인 요소와 내부환경적인 요소로 나누어 분석

(2) 인적자원의 수요예측

① **거시적 방법(하향적 인력계획)**

기업조직 전체의 인력예측을 통해서 총원을 정하고, 이를 다시 여러 부서별로 인력을 분할하는 것

② **미시적 방법(상향적 인력계획)**

기업조직의 인력수요계획에 있어서 미시적 계획은 각 직무와 작업에 필요로 하는 인력을 예측하는 것

③ **회귀분석**

기업조직의 인적자원에 대한 수요량 및 매출액, 서비스, 생산량, 예산 등과 같은 여러 변수들과의 관계를 고려해서 이들을 함수관계로 나타내 분석하는 것

④ **시계열분석**

기업의 과거 인력수요의 흐름을 기반으로 해서 인력예측을 수행하는 것으로, 시계열 분석에는 추세변동, 계절적 변동, 순환변동, 불규칙변동 등이 있음

⑤ **비율분석**

기업조직의 핵심부서 인력을 예측한 후에 스탭 부서의 인력은 핵심부서들에 대한 비율로서 예측하는 것

(3) 인적자원의 공급예측

인력공급계획은 인력수요예측과 인력공급예측을 실시하여 순수 부족 인력을 조직의 내·외부에서 조달하는 계획을 의미함

① **승진 도표(Replacement Chart)**

구성원 개인의 상이한 직무에 대한 적합성을 기록한 것으로서 현재 인원의 상태를 능력 면에서 자세히 파악하여 개개인 승진, 이동 시기, 순위, 훈련 등의 조건을 명시해 두고, 이를 확인하여 내부인력의 변화를 예측하는 방법

② **인력 재고표(Skills Inventory)**

구성원 개인의 직무적 합성에 대한 정보를 정확하게 찾아내기 위한 장치, 즉 개개인의 능력평가표를 의미함

③ **마코프 체인법(Markov Chain Method)**

내부인력예측의 한 방법으로서, 시간의 흐름에 따른 각 종업원들의 직무이동확률을 알아보기 위해서 개발된 것

(4) 인적자원의 수급 불균형 해소

① **인력부족 시 해소 방법**

기업 외부에서 신규인력의 투입이나 임시직·아웃소싱 등의 외부 인력공급에 의한 방식

② **인력과잉 시 해소 방법**

정리해고 및 조기정년 등의 방식

제2절 모집관리

1 모집의 개념

인적자원계획이 완료된 후에 실시하는 활동으로, 이는 기업에서 선발을 전제로 양질의 인력을 조직적으로 유인해 가는 과정을 의미함

2 모집원

(1) 사내 모집

① 인사부분에서 기능목록 또는 인력배치표를 이용해서 해당 직위에 적합한 인물을 찾아내는 방법에 해당됨

② 공개모집제도 이용의 경우에는 조직이 외부인들에게 신문광고 등을 통해 모집을 알리는 것과 마찬가지로 기업이 사보나 사내게시판을 통해 충원해야 할 직위를 종업원들에게 알려서 관심 있는 사람들이 응모하게 만드는 방법으로 각 종업원에게 균등한 기회를 부여한다는 점에서 긍정적으로 받아들여지고 있는 방식

③ **장점**

비용이 저렴하며, 조직 구성원들의 정확한 정보를 바탕으로 적임자를 발견할 수 있으며, 기존 종업원들의 사기를 상승시키는 효과를 가져 올 수 있음

④ **단점**

기존 구성원들에게서 새로운 능력이나 기술 등을 기대하기가 힘듦

(2) 사외 모집

① 광고로 인한 모집활동
② 직업소개소를 이용한 모집활동
③ 종업원의 추천에 의한 모집활동
④ 교육기관과의 협력에 의한 모집활동

제3절 선발관리

1 선발의 개념

모집활동을 통해 획득한 지원자들을 대상으로 미래에 수행할 직무에 대해 가장 적합한 지원자를 선별하는 과정을 의미함

2 선발도구

(1) 시험

응모자들의 선발정보를 얻는 수단으로, 이는 응모자에 대한 정보를 얻는 중요한 선발도구에 해당함

(2) 면접

두 사람 사이에 어떤 목적을 가지고 행해지는 대화 등의 커뮤니케이션을 의미하며, 그 중요성이 날로 더해가고 있는 추세임

3 면접의 종류

(1) 비지시적 면접

비정형적 면접 또는 비구조적 면접이라고도 하며, 이는 피면접자에게 의사표시에 대한 자유를 주고, 그에 따라 피면접자에 대한 정보를 수집하는 방식

(2) 패널 면접

여러 명의 면접자가 한 명의 피면접자를 상대로 하는 방식

(3) 집단 면접

특정 문제에 대한 토론을 통해 지원자의 태도 등을 파악하는 방식

(4) 스트레스 면접

피면접자에 대해 면접자가 무시하거나 또는 극한 상황을 제시해서 피면접자로 하여금 당황하게 만들도록 하여, 처해진 환경에서 상황을 극복하고, 얼마나 인내심을 발휘하는지를 알아보는 방식

4 합리적 선발도구의 조건

(1) 신뢰성(일관성 유지 여부 확인) 측정방법
① 시험-재시험법
같은 상황에서 같은 대상에 대해서 동일한 선발도구를 시기를 달리하여 두 번 측정해서 그 결과치를 비교하는 방법
② 대체형식방법
신뢰도를 알아보기 위해 만들어진 선발도구와 비슷한 또 하나의 선발도구를 만들어 놓고, 이와 본래의 선발도구를 동일한 대상에게 적용하여 신뢰성을 추측하는 방법
③ 양분법
선발도구의 항목을 임의로 해서 반으로 나누고, 각각의 독립된 두 가지의 척도로 활용하여 신뢰성을 측정하는 방법

(2) 타당성(정확성 검증) 측정방법
① 기준관련 타당성(동시 타당성/예측 타당성)
선발도구를 통해 얻어진 예측치와 직무성과와 같은 기준치의 관련성을 의미함
㉠ 동시 타당성
현재 근무 중인 종업원들을 대상으로 시험을 실시해서 그들의 시험점수와 직무성의 상관관계를 분석하여 나온 정도에 따라 시험의 타당성 여부를 측정하는 것
㉡ 예측 타당성
종업원들의 선발시험의 결과를 예측치로 하고, 직무수행의 결과를 기준치로 삼아 예측치와 기준치를 비교함으로써 선발시험의 타당성 여부를 결정하는 방법
② 내용 타당성
선발도구의 내용이 측정하고자 하는 취지를 얼마나 반영하고 있는지를 나타내는 것을 말함

③ 구성 타당성

측정도구가 실제로 무엇을 측정했는지 또는 측정도구가 측정하고자 하는 대상을 실제로 적절하게 측정했는지를 나타내는 것을 의미함

(3) 선발비율(SR)

전체 응모자 수에 대한 선발예정 인원수의 비율을 의미하며, 선발비율이 1에 가까울수록(응모자 전원 고용일 때) 기업의 입장에서는 바람직하지 않고, 선발비율이 0에 가까울수록(응모자 전원이 고용되지 않는 경우) 기업의 입장에서는 바람직하다고 할 수 있음

제4절 배치관리

1 배치의 개념

배치란 여러 직무와 여러 개인들의 관계를 잘 연결시켜, 이를 기업 조직의 성과 내지 각 개인의 만족도를 높이도록 해당 직무에 종업원들을 배속시키는 것

2 배치의 원칙

(1) 실력주의

종업원들에게 그들의 실력을 발휘하도록 할 수 있는 영역을 제공하며, 해당 업무에 대해 정확하게 평가하고, 그렇게 평가된 종업원들의 실력 및 이루어 낸 업적들에 대해 그들이 만족할 수 있는 대우를 하는 것을 말함

(2) 적재적소주의

기업이 종업원에게 그가 가지고 있는 능력 내지 성격 등에서 그에 맞는 최적의 직위에 배치되어 커다란 능력을 발휘할 것을 기대함을 의미함

(3) 균형주의

직장에서 전체 실력의 증진과 더불어 사기를 상승시킨다는 것으로서, 구성원 전체와 각 개인의 조화를 충분히 고려하는 것을 의미함

(4) 인재육성주의

인력을 소모시키면서 사용치 않고, 인력을 성장시키면서 사용한다는 내용을 담고 있음

제6장 인적자원의 개발관리

제1절 경력관리

1 경력관리의 개념

기업 조직의 목표와 구성원 개개인의 목표가 조화되도록 하는 것

2 경력개발의 개념

어떤 조직에서 개인의 경력목표를 설정하고, 설정된 목표를 달성하기 위해 경력계획을 구상하여, 이를 조직의 욕구와 개인의 욕구가 서로 합치될 수 있도록 하는 각 조직구성원 개인의 경력을 개발하는 것

3 경력관리의 기본적 체계

(1) 경력목표

구성원 개개인이 경력상 도달하고 싶은 미래의 직위

(2) 경력계획

조직 구성원 개개인이 경력목표를 설정하고, 이렇게 설정된 경력목표를 기반으로 목표를 달성하기 위한 경력경로를 구체적으로 선택해 나가는 과정

(3) 경력개발

구성원 개인이 경력목표를 설정하고, 달성하기 위한 경력계획을 수립하여, 기업 조직의 요구와 개인의 요구가 합치될 수 있도록 각 개인의 경력을 개발하고 지원해 주는 활동

4 경력개발의 각 단계

(1) 탐색단계

조직구성원이 자기 자신을 인식하고, 교육과 경험을 통해서 여러 가지를 실험해 보며, 자기 자신에게 적합한 직업을 선정하려고 노력하는 단계

(2) 확립단계

선택한 직업분야에서 정착하려고 노력하며, 후에는 하나의 직업에 정착하는 단계

(3) 유지단계

자기 자신을 반성하며 경력경로의 재조정을 고려하고, 경우에 따라서는 심리적인 충격을 받기도 하는 단계

(4) 쇠퇴단계

퇴직과 더불어 조직구성원이 자기 자신의 경력에 대해서 만족하고 새로운 생활에 접어드는 단계

5 경력관리에 있어서 유의점

(1) 기업 조직의 최고 경영자층의 지원이 필요

(2) 기업 조직의 경력관리 제도는 점차적으로 받아들여져야 함

(3) 기업 조직의 경력관리 업무는 조직도상에서 엄격하게 부여된 권한과 수행하여야 할 책임에 따른 부서에 소속되어 이에 대한 업무의 독립성을 유지시켜야 함

제2절 이동 · 승진관리

1 이동관리

(1) 수직적 이동

① **승진**

직위의 등급이나 계급이 올라가는 것을 의미함

② **강등**

직위의 등급이나 계급이 낮아지는 것을 말함

(2) 수평적 이동

① **전환배치**

조직 구성원인 종업원의 작업조건이나 책임 및 권한에 있어, 지금까지 해 오던 직무하고는 다른 직무로 이동함을 의미함

② **직무순환**

조직 구성원들의 직무영역을 변경하여 여러 방면에서의 경험이나 지식을 쌓게 하기 위한 인재양성 방법

2 직무순환(Job Rotation)

(1) 직무순환의 개념

① 조직이 단순하게 배치를 바꾸는 것이 아니라, 기업이 필요로 하는 시점에 필요한 직무를 계획적으로 체험시키는 인사관리상의 구조를 말함

② 업무 자체의 내용을 변화시키기보다 직군이 다른 업무로의 로테이션, 즉 동종의 직군 안에서 다른 직무로의 로테이션, 또는 같은 직군 안에서 다른 곳으로의 로테이션을 의미함

③ 종업원들의 여러 업무에 대한 능력개발 및 단일직무로 인한 나태함을 줄이기 위한 것에 그 의미가 있음

④ 여러 가지 다양한 업무를 경험함으로써 종업원에게도 어떠한 성장할 수 있는 기회를 제공할 수 있음

(2) 직무순환의 관리상 개념

① 교육훈련 측면으로, 조직에서 관리자의 능력을 배양하기 위한 중요한 사내교육훈련(On the Job Training ; OJT) 교육방법의 하나임

② 동기부여 측면으로, 종업원들의 업무에서 오는 단조로움과 권태감을 제거함

③ 적재적소의 종업원 관리를 하기 위한 측면으로, 1인 다기능 능력을 배양하기 위함

④ 승진을 시키기 전 단계에서 하나의 단계적인 교육훈련방법으로 파악하기 위함

⑤ 부정 방지 측면으로, 종업원의 해당 업무에 의한 장기보직으로 인해 외부 거래선과의 불필요한 유대 또는 기업 조직의 허점을 이용한 부정을 예방하기 위함

⑥ 조직변동에 따른 부서 간의 과부족 인원의 조정 또는 사원 개개인의 사정에 의한 구제를 하기 위함

(3) 직무순환의 장점 및 단점

① **장점**

조직의 종업원들은 부서를 옮김으로써 새로운 업무(기술)를 배우게 되며, 노동에 대한 싫증이나 소외감을 덜 느낄 수 있게 됨

② **단점**

업무에 있어서 직무에 대한 전문화 수준이 떨어지게 되는 문제점이 발생하며, 직무에 대한 교육을 위해서는 많은 노력과 시간이 필요하게 됨

3 승진관리

종업원의 직위의 등급이나 계급의 상승을 뜻하는 것으로, 이는 수직적 이동의 한 형태

(1) 연공주의와 능력주의

구분	연공주의	능력주의
합리성 여부	비합리적 기준	합리적 기준
사회행동의 가치기준	전통적, 경영가족주의적 사고에 기초	가치적 기준, 합목적적 기준
승진기준	사람 중심(신분 중심)	직무 중심(직무능력 중심)
승진요소	근속연수, 경력, 학력, 연령	직무수행능력, 업적 또는 성과
승진제도	연공승진제도	직계승진제도
장·단점	• 집단중심의 연공질서의 형성 • 적용이 용이 • 승진관리의 안정성 • 객관적 기준 • 종업원의 무사안일 가능성이 있음	• 개인중심의 경쟁질서의 형성 • 적용이 어려움 • 승진관리의 불안정 • 능력평가의 객관성 확보가 어렵고 중요함
급여	연공급	직무급

① **연공주의**

종업원의 근속연수, 학력, 경력, 연령 등 전통적 방식에 입각해서 근속기간에 큰 의미를 부여하는 방식으로 가족주의적인 종신고용제나 유교사상 및 집단주의에 기반을 두고 있음

② **능력주의**

연공주의와는 반대로 어떠한 근속기간보다는 종업원의 능력, 즉 직무수행능력을 기반으로 그에 따른 기준 및 직무성과에 따른 특성을 중시하는 것을 의미하며, 능력주의는 개인주의적인 단기고용이나 기독교적인 사상 등 서구적인 분위기에 기반을 두고 있음

(2) 승진의 기본원칙

승진은 급여 및 복리후생 등과 함께 전 직원이 관심을 가지는 인사정책이므로 이를 위해 공정성, 적정성, 합리성의 기본원칙을 지녀야 함

(3) 승진의 종류

① **속인(사람)기준**

조직 구성원이 수행하는 직무의 내용 및 책임과는 상관없이 구성원 자신의 능력, 속성을 기초로 해서 승진하는 것을 말함

② 속업무(직무)기준

속인기준과는 반대로 종업원에게 할당된 직무내용·책임에 바탕을 둔 승진제도를 의미함

속인기준	신분자격승진	종업원의 근속연수, 근무상황, 경력 등 직무에 관계없는 종업원 개인에 속하는 형식적인 요소들만을 고려해서 운영하는 승진방법
	능력자격승진 (= 직능자격승진)	잠재적으로 직무와 관련된 요소들로서 종업원 개개인이 가지고 있는 지식이나 기능, 태도 등을 평가해서 승진을 결정하는 방법
속업무기준	역직승진	기업 조직은 직무의 곤란성이나 책임의 정도에 따라 결정되는 것이 아니라 조직 구조의 편성과 운영원리에 따라 기업 조직의 특성에 맞는 역할 및 직책, 다시 말해 역직을 두게 됨
	직계승진 (= 직위승진)	기업 조직의 직계승진은 직무주의적 능력주의에 따라 직무를 분석하고 분류하여 직위관리체계를 확립한 후 직무 적격자를 선정하여 승진시키는 방법
기타	대용승진	인사정체가 심할 경우 발생할 수 있는 사기저하를 막기 위해 직위의 상징에 따른 형식적인 승진을 하게 되는 것을 말하며, 대신에 임금이나 복리후생 및 그에 따르는 사회적 신분 등의 혜택은 받게 됨
	OC 승진	경영조직을 변화시켜 승진의 기회를 제공하는 동태적인 승진제도라 할 수 있는데, 승진대상자들에 비해 해당 직위가 부족한 경우에 조직의 변화를 통해서 직위계층을 늘려서 승진의 기회를 부여하는 방식

제3절 교육훈련관리

1 교육훈련의 의미

교육훈련은 기업 조직이 기반이 되어 조직에서 필요로 하는 지식이나 기술 등을 담당자를 통해 피교육자에게 습득하게 하는 조직의 활동을 의미함

2 훈련, 교육, 개발의 차이점 비교

구분	목표	기대되는 결과
훈련(Skill)	기업 특유의 단기적인 목표	특정적 직무기능의 습득 → 특정 결과
교육(Knowledge)	인간적·보편적·장기적 목표	보편적 지식의 습득 → 다양한 결과
개발	훈련과 교육의 두 가지를 종합한 성격	

3 교육훈련의 필요성

(1) 조직수준 필요성 : 조직의 비전이나 목표 또는 전략을 수립하기 위함

(2) 직무수준 필요성 : 직무수행에 필요한 기술이나 지식 및 태도 등을 습득하기 위함

(3) 개인수준 필요성 : 현재 직무를 수행하고 있는 구성원을 파악하기 위함

4 교육훈련 프로그램

(1) 대상에 의한 분류

① **신입자 교육훈련**
  ㉠ 입직훈련 : 조직에 새로 들어온 신입사원에게 직장의 환경에 적응시키도록 하기 위한 훈련으로, 도입훈련이라고도 불리며 내용으로는 조직 전체에 대한 개괄적 내용, 조직의 일원으로서 지켜야 하는 규칙 등이 해당됨
  ㉡ 기초훈련 : 보통 집단적으로 수행되며 내용으로는 해당 조직의 방침 또는 연혁, 조직의 기구, 급여제도 및 업무수행에 대한 방법 등이 있음
  ㉢ 실무훈련 : 담당해야 할 직무를 중심으로 하는 실무교육
② **재직자 교육훈련**
  ㉠ 일반종업원훈련 : 직무 위주의 훈련(OJT, OFF JT 방식)
  ㉡ 감독자훈련 : 생산담당자의 감독자(직장) 위주의 교육훈련
  ㉢ 관리자훈련 : 부문관리자 위주의 교육훈련
  ㉣ 경영자훈련 : 의사결정에 필요한 식견을 배양하는 위주의 교육훈련

(2) 훈련 장소에 의한 분류

① **사내교육훈련(On the Job Training ; OJT)**
  조직에서 종업원이 업무에 대한 기술 및 지식을 현업에 종사하면서 감독자의 지휘 하에 훈련받는 현장실무 중심의 교육훈련 방식
② **사외교육훈련(Off the Job Training ; OFF JT)**
  종업원들을 일정기간 동안 직무로부터 분리시켜 기업 내 연수원 등의 일정한 장소에 집합시켜 교육훈련을 시키는 방식

구분	사내교육훈련 (On the Job Training ; OJT)	사외교육훈련 (Off the Job Training ; OFF JT)
개념	OJT는 조직에서 종업원이 업무에 대한 기술 및 지식을 현업에 종사하면서 감독자의 지휘 하에 훈련받는 현장실무 중심의 교육훈련 방식을 말하며, 이 방식은 실제적이면서도 많이 쓰이는 방식임. 또한, OJT는 전사적 차원의 교육훈련이 아닌 대부분이 각 부서의 장이 주관하여 업무에 관련된 계획 및 집행의 책임을 지는 부서 내 교육훈련을 말함	OFF JT는 종업원들을 일정기간 동안 직무로부터 분리시켜 기업 내 연수원 등의 일정한 장소에 집합시켜 교육훈련을 시키는 방식을 말하며, 교육담당 스탭의 지휘 하에 연수원 또는 외부 교육훈련기관에 위탁하여 실시함
장점	• 일을 하면서 훈련을 할 수 있음 • 각 종업원의 습득 및 능력에 맞춰 훈련할 수 있음 • 상사 또는 동료 간의 이해 및 협조정신을 높일 수 있음 • 낮은 비용으로 훈련이 가능함 • 실행 면에서도 OFF JT보다 훨씬 용이함 • 훈련이 추상적이 아닌 실제임	• 현재의 업무와는 별개로 예정된 계획에 따라 실시가 가능함 • 많은 수의 종업원들의 교육이 가능함 • 전문가가 교육을 실시함 • 종업원들은 현업의 부담에서 벗어나 훈련에만 집중하므로 교육의 효율성이 제고됨
단점	• 다수의 종업원을 훈련하는 데에는 부적절함 • 일과 훈련에 따른 심적 부담이 증가됨 • 교육훈련의 내용 및 수준에 있어서 통일시키기 어려움 • 전문적 지식 및 기능의 교육이 어려움	• 비용이 많이 소요됨 • 직무수행에 있어 필요한 인력이 줄어듦. 즉, 그만큼 남아 있는 인력들의 업무부담이 늘어나는 것을 말함 • 받은 교육에 대한 결과를 현장에서 바로 활용하기가 어려움

(3) 훈련 내용에 의한 분류

① **기능교육** : 주로 기업조직 안에서 이루어지는 교육(OJT)

② **노동교육** : 주로 노동조합에서 이루어지는 교육

③ **교양교육** : 주로 기업 외부의 교육기관에서 이루어지는 교육(OFF JT)

(4) 교육 기법에 따른 분류

① **도제훈련** : 일정한 장소에서 교육자와 피교육자가 일대일로 훈련하는 방식으로, 수련의 또는 수련공들의 교육 시에 많이 사용됨

② **역할연기법** : 롤플레잉 기법이라고도 불리며, 다른 직위에 해당하는 구성원들의 특정 역할을 연기해보면서 각각의 입장을 이해하도록 하는 방법

③ **감수성훈련** : 주로 관리자훈련의 기법으로 사용되며, 나와 타인의 감정을 이해함으로써 집단을 받아들이도록 하는 훈련기법

④ **브레인스토밍** : 문제해결을 위한 회의식 방법의 하나로서 적절한 소수의 인원이 모여 자유롭게 아이디어를 창출하는 방법

⑤ **그리드훈련** : 관리자 격자훈련이라고도 불리며, 생산에 대한 관심과 인간에 대한 관심을 모두 극대화할 수 있는 가장 이상적 리더인 9.9형을 전개하는 교육훈련 방법

⑥ **액션러닝** : 교육 참가자들이 소규모 집단을 구성하여 팀워크를 바탕으로 경영상 실제문제를 정해진 시점까지 해결하도록 하는 혁신적인 교육기법으로 교육훈련의 제3의 물결이라고도 불림

⑦ **비즈니스게임** : 주로 경영자훈련의 기법으로 사용되며, 컴퓨터 등을 통한 가상의 공간에서 팀 또는 개인들 간에 경쟁을 하는 것을 말함. 게임에서 제시된 기업의 내·외부적 환경에 맞게 경영하여 가장 높은 수익률을 얻는 방법을 찾아내도록 하는 것으로, 피교육자의 의사결정 능력 및 분석력을 높일 수 있는 현대적인 교육기법

⑧ **멘토링** : 신규 교육대상자와 기존 직원들을 개별적으로 관계를 맺어주고, 그들이 서로 개인적 교류를 가질 수 있도록 지원해주는 형식을 통해 조직에 적응할 수 있도록 하는 교육훈련

5 교육훈련 및 개발에 대한 평가단계

(1) 1단계 – 반응
① **내용** : 참가한 구성원들이 훈련을 어떻게 생각하고 있는가?
② **평가방법(예)** : 질문법, 설문조사법

(2) 2단계 – 학습
① **내용** : 참가한 구성원들이 어떤 원칙과 사실 그리고 기술 등을 학습하였는가?
② **평가방법(예)** : 고사법, 시험

(3) 3단계 – 행동
① **내용** : 참가한 구성원들이 교육훈련을 통하여 직무수행상의 어떤 행동변화를 이끌어냈는가?
② **평가방법(예)** : 인사고과법

(4) 4단계 – 결과
① **내용** : 참가한 구성원들이 품질의 개선 및 생산성 증대 그리고 코스트 절감 면에서 어떤 결과를 이끌어냈는가?
② **평가방법(예)** : 현장성과측정법, 경영종합평가법

제7장 　인적자원의 활용관리

제1절 활용관리의 기본방향과 배경이론

1 인적자원 활용의 기본방향

(1) 합리적 관점
　① **거시적 수준**: 조직특성의 재설계(조직설계)
　② **미시적 수준**: 직무특성의 재설계(직무설계)

(2) 상징적 관점: 조직분위기(풍토) 및 조직문화의 정립

2 활용관리의 배경이론

(1) 조직의 구성요소
　하나의 공통된 목표를 달성하기 위해 상호작용하는 여러 부분의 집합체를 시스템이라고 정의하며, 이에 따라 조직을 하나의 전체 시스템으로 보고, 분석 가능한 여러 개의 하위시스템으로 구성되었는가를 연구하였음. 시스템이론을 통해 경영이나 조직에 대한 안목이 폐쇄체계에서 개방체계로 바뀌게 되었으며, 조직에서의 복잡한 개념을 하위시스템으로 구분하여 보다 쉽게 이해할 수 있도록 하였음

(2) 시스템의 특징
　① 모든 시스템은 처해진 환경 속에서 각종 활동을 수행함
　② 모든 시스템은 여러 가지 하위시스템으로 구성되며, 이러한 하위시스템은 전체 시스템의 구성요소가 되는 역할을 수행함
　③ 모든 시스템의 하위시스템은 서로 간의 긴밀한 상호관련성을 가지고 있음
　④ 모든 시스템은 목표를 가지고 있기에 하위시스템은 전체시스템의 목표달성에 기여해야 하고, 더불어 하위시스템의 성과는 곧 전체시스템의 목표달성에 기여한 정도에 따라 평가되어야 함

(3) 하위시스템의 이해
　① **기업조직의 행위적인 측면**
　　기업의 구조나 과정 등의 상황에 의해서 활성화되거나 억제되기도 함
　② **기업조직의 과정적인 측면**
　　조직의 한 구성요소인 인간이 개인이 나타내는 개인행위뿐만 아니라 전체 조직의 목표를 이루기 위해 서로 간 일련의 상호작용을 해야 함

③ **기업조직의 구조적인 측면**

구조란 어느 기업 조직에 있어 목표달성에 필요로 하는 각각의 분업화된 활동을 결정 → 이러한 일련의 활동들을 논리적 유형에 따라 집단화시킴 → 이렇게 집단화된 활동에 대해 그에 맞는 직위 및 개개인의 책임 하에 배분되는 것을 의미함

(4) 아지리스의 성숙·미성숙이론(Immaturity-maturity Theory)

아지리스는 7가지 변화를 통해 인간의 퍼스낼리티가 미성숙 상태에서 성숙 상태로 발전한다고 주장하였으며, 이론의 핵심은 종업원 개개인의 목표 및 조직의 목표 일치는 기업 조직의 변화를 통해서 달성되어야 한다는 것임

체크 포인트

아지리스의 미성숙 단계에서 성숙 단계로의 의식전환

미성숙 단계	성숙 단계
수동적	능동적
의존적	독립적(자율적)
단순한 행동양식	다양한 행동양식
엉뚱하면서 얕은 관심	깊고 강한 관심
단기적 안목	장기적 안목
종속적 지위	대등, 우월한 지위
자아의식 결여	자아의식, 자기통제

---

3 조직개발(Organization Development ; OD)의 가정

(1) Y 이론적 관점을 취해야 함

(2) 성장 및 발전에 관한 높은 욕구를 드러내야 함

(3) 협력을 통해서 개인이 추구하는 목표와 조직이 추구하는 목표의 달성이 가능하다는 것을 인식해야 함

(4) 조직의 구조는 종업원 개인이나 집단의 욕구를 충족시킬 수 있도록 설계가 가능해야 함

4 조직개발의 조건

(1) 조직의 최고경영자와 더불어 참가자의 적극적인 지지 및 니즈가 있어야 함

(2) 조직개발에 있어 어느 특정부문에서 조직 전체로 확산되어야 함

(3) 조직개발의 결과 변화된 인적자원을 사용하기 위한 구조의 설계가 기반이 되어야만 조직개발의 효용은 유지될 수 있는 것을 인식해야 함

(4) 조직개발의 실행과정에 있어서 참여하는 변화담당자의 권위가 엿보여야 함

5 맥그리거의 X 이론 & Y 이론

X 이론	Y 이론
• 사람은 근본적으로 일(노동)을 하는 것을 꺼려하기 때문에 웬만하면 일하기를 회피하려고 함 • 일(노동)하기를 꺼려하는 인간의 특징으로 인해 기업조직에서는 자체의 목표를 이루기 위해 통제, 강압 또는 벌로 다스려야 함 • 통상적으로 사람은 작업을 수행함에 있어 안전을 중요한 요소로 삼고, 지시(명령)받기를 원하며, 책임에 대해서는 회피하는 경향을 띰	• 사람은 일(노동)에 대해서 쉬거나 또는 여가 등을 즐기는 것과 같이 자연스럽게 받아들임 • X 이론과는 달리 사람을 통제 및 명령으로만 다루는 것이 사람들의 동기를 유발한다는 생각을 하지 않고 사람이 조직의 목표에 동의를 하면 스스로가 자기통제 및 자기지시를 발휘함 • 사람은 책임에 대해 이를 수용하고 감수하려고 함 • Y 이론은 조직에 대한 바람직한 의사결정을 할 수 있는 능력에 대해 구성원들이 이를 지니고 있다고 파악함

제2절 직무설계

1 직무설계의 개념

기업 조직의 목표달성 및 종업원 개개인의 욕구충족의 극대화를 위해서 구조적 또는 인간관계 측면을 고려한 조직구성원들의 직무에 관련되는 활동을 설계하는 과정으로서 종업원의 직무만족과 조직의 생산성 향상을 위한 작업방법을 결정하는 절차

2 직무설계의 목적

(1) 적정하고 공정한 보상을 하기 위한 목적

(2) 안전하며 건전한 작업환경의 조성에 대한 목적

(3) 인간 능력의 이용 및 개발기회를 활용하기 위한 목적

(4) 작업조직의 제도화를 위한 목적

3 직무설계의 요소

(1) 조직적 요소

① **기계적 접근법**

종업원들의 작업시간이 최소화되며 이들의 노력이 극소화되도록 하기 위해 과업을 재조정하는 것을
의미함, 즉 기계적인 접근법은 능률을 강조함

② **작업흐름**

작업이 능률적으로 이루어지기 위해서는 직무 사이에 균형과 순서가 서로 유지되어야 함

③ **인간공학**

직무설계에서 작업과 작업자 사이의 물리적인 관계가 고려되어야 자사의 생산성은 극대화될 수 있
다는 측면을 연구함

④ **작업관행**

작업자가 작업을 함에 있어서 그대로 몸에 굳어진 방법을 의미하며, 이는 직무설계의 범위를 제한함

(2) 환경적 요소

① **종업원의 능력과 수급(Employee Abilities and Availability)**

작업능률이라는 것은 작업자들의 능력과 수급이 그에 걸맞게 균형이 되어야 함을 의미함

② **사회적 기대(Social Expectations)**

작업자가 직무설계를 받아들이는지의 여부는 그들의 사회적 기대에 의해 영향을 받으므로 이런 부
분에 대해 직무설계 시 고려되어야 함

(3) 행위적 요소

① **과업정체성**

직무가 전체 또는 확인 가능한 부분을 완료하는 정도로서 다시 말해, 눈에 보이는 가시적인 성과가
있는 처음부터 마지막까지 하는가를 의미함

② **피드백**

작업자가 직무를 수행함에 있어 업적에 대한 직·간접적인 정보를 얻을 수 있는 정도를 의미함

③ **과업중요성**

해당 직무가 기업 조직의 내·외의 사람들의 삶 또는 직무에 영향을 미치는 정도를 의미함

④ **기능다양성**

작업자가 직무를 수행함에 있어서 여러 가지 기능 및 재능을 필요로 하는 정도를 의미함

⑤ **자율성**

작업을 수행하는 작업자에게 작업수행 방법의 결정 및 작업일정에 있어서 실질적인 독립성, 자율성, 재량권을 부여하는 정도를 의미함

4 동기부여적 직무설계

(1) 직무확장

① 한 사람이 수행하는 과업의 수 및 다양성을 증대시켜서 직무를 수평적으로 확장하는 것

② 업무의 흐름 중에서 기본 작업의 수를 증가시킴으로써 지루하고 반복적인 직무에 변화를 가져오거나 세분화된 몇 개의 작업을 통합해서 하나의 작업으로 재편성함

③ 단조로움은 줄일 수 있지만, 적극적인 직무몰입을 유발하지는 못함

④ 단점으로는 직원들에게 업무에 대한 책임이나 보상수준에 있어서는 변화가 없는데도 더욱 많은 일을 열심히 하라는 식으로 요구를 받았다고 느낄 수도 있으며 직원들의 불만족으로 흘러갈 수 있음

(2) 직무충실화

① 직원들에게 더 많은 자율성과 책임, 의사결정 권한을 제공하는 것으로 직무 수행을 심화시키기 위한 것

② 충실화된 직무에서 직원들은 다양한 재능 및 능력을 발휘할 수 있으며, 요구되는 과업에 대한 계획과 실행, 또는 평가에 더 많은 통제력의 행사가 가능하게 됨

③ 직무의 대한 만족도를 증대시키고 결근 및 이직률을 떨어뜨리며, 동기부여이론이 덧붙여서 실제적으로는 직무 그 자체가 성취감과 인정감 및 책임감, 발전과 성장에 대한 기회를 제공하도록 재구성됨

④ 직원 개인이 자신의 일이 전체에서 어느 위치에 있는가를 이해하고 그 업무에 적극적인 의미를 부여할 수 있도록 촉진함

(3) 직무순환(교차훈련)

① 직원들을 어느 한 직무에서 다른 직무로 옮겨 배치하는 것을 의미함

② 직원의 기술적인 기초를 넓히기 위해 실행할 수도 있음

③ 직원이 특정 직무에 대해 흥미를 잃었다거나 도전의식을 느끼지 못하기 때문에 실행하는 경우도 있음

5 반관료제 조직관 및 관료제 조직관

(1) 반관료제 조직관

애드호크라시, 유기적 조직, 작업에 있어서 유동성을 보장

(2) 관료제 조직관

기계적 조직, 공식적인 절차 및 규칙에 의해 직무담당자의 행위를 규제

(3) 반관료제 조직관 및 관료제 조직관 비교

반관료제 조직관(애드호크라시, 유기적 조직)	관료제 조직관(기계적 조직)
문제해결능력을 지닌 자기 권력행사	개인적 특성 및 기호 등이 들어오지 않도록 균일화된 강제력 및 제재 등을 적용
사업수행에 대한 절차 및 기준은 상황적응적임	공식적인 절차 및 규칙에 의해 직무담당자의 행위를 규제함
작업에 있어서 유동성을 보장해 줌	각 종업원들의 직무를 명확한 과업으로 세분화함
집단적인 과정을 통해 의사결정이 이루어지도록 함	종업원의 선발 및 승진에 대한 결정에 있어서는 능력이나 자질 및 업적에 근거함
소계층적인 구조를 지향함	명확한 권한계층을 가지는 여러 계층의 구조를 형성함
고객은 내 동료와 같이 취급함	조직 내 종업원들에 대한 경력경로를 만들고, 그들에게 직장에 대한 안정을 확보하게 해 줌
조직 내 모든 커뮤니케이션은 공개함	종업원들의 사적인 관심 및 요구 등을 조직활동과 완전히 분리함

6 근대적 조직관 및 전통적 조직관 비교

구분	근대적 조직관	전통적 조직관
과업의 분화	최적의 과업분화 형태를 지님	극도의 과업분화 형태를 지님
통제방법	자율적 규제시스템에 대한 참여 및 내부통제 방식을 취함	감독자, 전문적 스태프 및 절차 등에 의한 외부통제, 전제적인 방식을 취함
인간관	기계 등과 서로 보완적인 의미로서의 인간, 개발이 가능한 자원으로서의 인간관을 지님	단지 기계의 연장으로서의 인간, 소모품으로서의 인간관을 지님
계층의 정도	소계층 조직이며, 계층이 적다는 특징을 지님	다계층 조직이며, 계층이 많다는 특징을 지님
목적관	종업원(구성원)들의 목적 및 사회의 목적도 동시에 중요하게 생각함	오로지 조직의 목적만이 중요하다고 생각함

제3절 다양성 관리

1 조직분위기의 개념

인간에게 각각 서로 다른 개성이 있듯이 조직에도 각기 타 조직과 구별되는 특성이 있는데 이것이 바로 조직풍토 또는 조직분위기를 의미함

2 조직문화의 개념

하나의 조직 구성원들이 공유하는 가치와 신념 및 이념, 관습, 전통, 규범 등을 통합한 개념으로 이는 기업 조직 및 구성원 개개인의 행동에 영향을 미치는 요소

3 조직문화의 기능

(1) 조직문화의 순기능

① 조직 구성원에게 정보의 탐색 및 그에 따른 해석과 축적, 전달 등을 쉽게 할 수 있으므로 구성원들에게 공통의 의사결정기준을 제공해주는 역할을 함

② 조직 구성원에게 공통적인 행동방식 및 사고를 제공하여 조직 내 갈등의 해소에 도움을 주고 구성원들에게 일체감을 형성하여 조직 구성원들의 내면적인 통합을 이끌어 내는 역할을 함

③ 조직 구성원들의 고유 가치에도 동기를 부여하여 조직에 대한 근로의욕 및 조직에 대한 몰입도를 높일 수 있는 역할을 수행함

④ 조직 구성원들의 행동을 형성하는 데 있어서 통제 매커니즘의 역할을 수행함

(2) 조직문화의 역기능

① 조직 구성원들의 환경변화에 따른 적응문제의 발생과 새로운 조직가치 등의 개발이 요구될 시에 내부적으로 대립하게 되는 저항의 문제가 생길 수 있음

② 구성원 개개인의 문화와 회사 조직 간 문화의 충돌이 우려되기도 함

③ 타 조직 간의 인수 합병 시에 두 조직문화 간의 갈등으로 인한 충돌이 우려됨

제8장 인적자원의 보상관리

제1절 임금관리

1 임금관리의 체제

(1) 임금의 수준(적정성)

임금수준은 조직의 종업원에게 제공되는 임금의 크기와 관계가 있는 것으로, 가장 기본적이면서도 적정한 임금수준은 조직 종업원의 생계비의 수준 및 기업의 지불능력, 현 사회 일반의 임금수준 및 동종업계의 임금수준을 고려하면서 관리되어야 함

(2) 임금의 체계(공정성)

임금체계는 조직의 각 종업원에게 총액을 분배하여 종업원 간의 임금격차를 가장 공정하게 설정함으로써 종업원이 이에 대해 이해하고 만족하며, 업무의 동기유발이 되도록 하는 데 의미가 있음

(3) 임금의 형태(합리성)

임금 계산이나 그 지불방법에 대한 것으로 조직 종업원의 작업의욕 상승과 직접적으로 연관이 있으며, 이에 따른 합리성이 요구되는 것으로 보통 시간급, 성과급, 특수임금제의 형태로 나누어짐

2 임금수준의 결정요소

(1) 생계비 수준

임금수준의 하한선에서 조정되며, 생계비는 생활수준의 중요한 지표로 임금산정의 기초자료로서 그 의미가 있음

(2) 기업의 지불능력

임금수준의 상한선에서 조정됨

(3) 사회 일반적 임금수준

임금수준의 가운데에서 조정됨

3 임금수준의 조정

(1) 승격

종업원이 수행하는 직능 및 직무의 질이 상승한 것을 토대로 실시되는 자격등급의 상승으로 승진과 연결되어 시행됨

(2) 승급

기업 안에서 사전에 정해진 임금기준선을 따라 종업원의 연령(나이), 근속연수 또는 업무능력의 신장, 수행하는 직무에 대한 가치의 증대 등에 의해 종업원의 기본급이 점차적으로 올라가는 것으로서 임금곡선상에서 상향이동을 함

(3) 베이스 업

동일 조건에 있는 종업원에 대한 임금의 증액으로서 임금곡선 자체를 전체적으로 상향이동

4 최저임금제

(1) 최저임금제의 개념

최저임금제는 해당 국가가 종업원에 대한 임금액의 최저한도선을 정하고, 사용자에게 그 지급을 법적으로 강제하는 제도

(2) 최저임금제의 목적

① 최저임금제는 저임금을 받는 종업원들을 보호함
② 최저임금제는 노사 간의 분쟁을 예방하고 비능률적인 경영 및 불공정한 기업경쟁을 방지함
③ 노동력의 질적인 향상이 이루어짐
④ 저임금은 불황이라는 결과를 초래한다는 케인즈 이론으로 인해 최저선을 정해야 함

5 임금체계의 종류

(1) 연공급

종업원에 대한 임금이 근속을 기준으로 변화하는 것인데, 기본적으로는 종업원들에 대한 생활급적 사고 원리에 따른 임금체계라고 할 수 있음

(2) 직무급

직무의 상대적인 가치에 따라 종업원에 대한 임금을 결정정하는 방법으로, 이는 조직에서 직무가치가 높은 직무를 수행하는 종업원에게 더 높은 임금을 주는 것이 공정하다는 논리를 기반으로 함

(3) 직능급

① 연공급과 직무급을 조합한 것으로, 직무수행능력에 따른 임금체계를 의미함
② 기업 내 종업원들의 직무수행능력에 따른 직능등급의 자격취득에 대한 기준을 정해 놓고 해당 자격 취득에 따라 임금지급의 격차를 두는 제도를 의미함

체크 포인트

연공급, 직무급, 직능급의 비교

구분	장점	단점
연공급	• 위계질서의 확립이 가능함 • 정기승급에 의한 생활보장으로 기업에 대한 귀속식이 강함 • 배치전환 등 인력관리가 용이함 • 평가가 용이함	• 동기부여가 미약함 • 능력업무와의 연계성이 미약함 • 비합리적인 인건비 지출을 하게 됨 • 무사안일주의, 적당주의 초래가능성이 있음 • 전문인력 확보가 힘듦

직무급	• 직무에 기초를 두는 임금의 결정이 가능하게 함으로써 동일가치노동, 동일임금의 원칙을 명확하게 하여 임금배분의 공평성을 기할 수 있음 • 임금수준의 설정에 객관적인 근거를 부여할 수 있음 • 직무분석, 직무평가의 과정에서 경영조직의 개선, 작업조직의 개선, 업무방식을 합리화할 수 있음 • 적재적소의 인사배치에 의해 노동력의 효율적인 이용이 가능함 • 불합리한 노무비 상승을 방지할 수 있음	• 직무급의 기초가 되는 직무평가가 주관적이고, 명확성이 떨어질 수 있음 • 기술변화, 노동시장의 변동 등으로 직무내용을 변경할 필요성이 생길 수 있음 • 적정배치를 하기 어렵고, 직무구성과 인적 능력구성이 일치하지 않게 되면, 효과를 거두기 어려움 • 직무내용의 정형화·고정화로 직무수행에 유연성이 떨어지기 쉬움
직능급	• 종업원들로 하여금 적극적인 능력개발을 유도해서 능력주의의 임금관리를 실현함 • 조직의 우수한 인재의 이직을 예방해줌 • 종업원들의 능력에 따른 임금결정으로 종업원의 불평 및 불만을 해소할 수 있음 • 승진정체를 완화시킬 수 있음	• 초과능력이 바로 성과를 가져다주는 것은 아니므로 임금부담이 가중될 수밖에 없음 • 종업원의 직무수행능력만을 강조하다 보면 일상 실무에 소홀하기 쉬움 • 직종별 직능등급을 객관적으로 할 수 없는 직종 또는 종업원 능력평가의 정확성을 확보하기 어려운 기업에서는 적용이 어려움 • 직무에 대한 표준화가 불충분한 조직에는 적용이 곤란함

6 임금형태의 개념 및 종류

(1) 시간급제

종업원의 직무성과의 양이나 질에 관계없이 실제 노동에 종사한 시간에 따라 임금을 지급하는 제도(단순시간급제, 복률시간급제, 계측일급제)

(2) 성과급제

종업원 작업성과에 따라 임금을 지급해서 종업원들의 노동률을 자극하려는 제도(단순성과급제, 복률성과급제, 할증성과급제)

(3) 특수임금제

성과급제나 시간급제하고는 관계없는 임금지급방식을 통합한 것

7 특수임금제(Group Incentive Plan)

(1) 집단자극제

개인임금방식에 대립되는 개념으로, 임금의 책정·지급방식을 종업원 집단별로 산정해서 지급하는 것을 말함

(2) 순응임률제(Sliding Scale Wage Plan)

기업의 여러 가지 조건이 변동하게 되면, 이에 순응하여 임금률도 자동적으로 변동 내지 조정되는 제도

① **생계비 순응임률제(Cost of Living Sliding Scale Plan)**
물가상승 시에는 생계비에 순응하여 그에 따라 임률도 자동적으로 변동 조정

② **판매가격 순응임률제(Selling Price Sliding Scale Plan)**
제품가격과 종업원에 대한 임금률을 연관시켜서 제품에 대한 판매가격이 변동하면 그에 따라 임률도 변동하도록 하는 제도

③ **이익(이윤) 순응임률제(Profit Sliding Scale Plan)**
기업 조직의 이윤 및 임금을 결부시키는 것으로, 기업의 이윤지수가 변할 때에는 그에 순응하여 임률을 변동 및 조정하도록 하는 제도

(3) 이익분배제(Profit Sharing Plan)

노사 간의 계약에 의한 기본임금 이외에 기업 조직의 각 영업기마다 결산이윤의 일부를 종업원들에게 부가적으로 지급하는 제도

(4) 스캔론플랜

① 기업 생산성의 향상을 노사협조의 결과로 인식하고, 이를 총매출액에 대한 노무비 절약분의 이익을 인센티브 임금, 다시 말해 상여금으로 모든 종업원들에게 나누어 주는 방식

② 기업 조직이 종업원들의 참여의식을 고취시키기 위해서 위원회제도의 활용을 통해 종업원들의 경영에 대한 참여와 개선된 생산의 판매 가치를 기반으로 한 성과배분제

(5) 럭커플랜

부가가치의 증대를 목표로 하여 이를 노사협력체제에 의하여 달성하고, 이에 따라 증가된 생산성 향상분을 그 기업의 안정적인 부가가치 분배율로 노사 간에 배분하는 성과배분제

8 임금피크제도(Salary Peak System)

(1) 임금피크제도의 개념

일정한 연령에 이르면 그때의 연봉을 기준으로 임금을 줄여 나가는 대신 계속 근무를 할 수 있도록 하는 새로운 정년보장 제도

(2) 장점

① 인건비를 절감해서 생산성이 높은 인력을 채용 또는 노동 이외의 다른 부분에 투자할 수 있는 여건 마련

② 고용을 보장받으면서 고령층의 실업을 줄여 나갈 수 있으며, 한 가지 직종에서 오랫동안 일을 해 온 고령층의 경험과 노하우를 살릴 수 있음

③ 사회적으로 다량의 비용지출이 발생하는 중장년층들의 실업률을 줄이며, 인하된 예산으로 새로운 인력들을 선발할 경우에 이는 청년실업률의 해소에도 도움이 될 수 있음

(3) 단점

신규채용이 줄어들 가능성이 있음

9 퇴직급여제도

(1) 퇴직금제도

사용자가 계속근로기간 1년에 대해 30일분 이상의 평균임금을 퇴직금으로 퇴직 근로자에게 지급하는 제도

(2) 퇴직연금제도

사용자가 근로자의 재직기간 중 퇴직금 지급재원을 외부의 금융기관에 적립하고, 이를 사용자 또는 근로자의 지시에 따라 운용하여 근로자가 퇴직하는 경우 연금 또는 일시금으로 지급하는 제도

① **확정급여형 퇴직연금제도(Defined Benefit)**

근로자가 받을 급여가 사전에 정해지고 사용자가 금융기관에 적립할 수준은 노사합의로 정할 수 있으며 미적립분은 사용자가 최종 지급책임을 지도록 하는 제도

② **확정기여형 퇴직연금제도(Defined Contribution)**

사용자가 금융기관에 근로자 이름으로 적립하는 부담금 수준이 사전에 확정되고, 근로자가 받을 급여액은 적립금 투자수익에 따라 달라질 수도 있는 제도

③ **개인형 퇴직연금제도**

가입자의 선택에 따라 가입자가 납입한 일시금이나 사용자 또는 가입자가 납입한 부담금을 적립·운용하기 위하여 설정한 퇴직연금제도로서 급여의 수준이나 부담금의 수준이 확정되지 않은 퇴직연금제도

제2절 복리후생관리

1 복리후생의 성격

(1) 신분기준에 의해 운영됨

(2) 집단적인 보상의 성격

(3) 필요성의 원칙에 의해서 지급

(4) 용도가 제한되어 있음(한정성)

(5) 기대소득의 성격

(6) 한 가지 형태가 아닌 다양한 형태로 지급(현물이나 시설물 등)

(7) 복리후생은 소속된 종업원들의 생활수준을 안정시키는 기능을 수행

2 복리후생의 종류

(1) 법정 복리후생제도

종업원의 개인적인 의사나 기업의 정해진 방침과는 상관없이 국가에서 정한 법률에 의해서 강제적으로 실시해야 하는 복리후생제도
예 국민연금, 건강보험, 산업재해보험, 고용보험 등

(2) 법정 외 복리후생제도

보통 기업에서 스스로 시행하는 것으로, 자녀 학자금 지원, 경조사 지원, 동호회 지원, 도서구입비 지원, 휴게실 운영 등이 해당

3 복리후생의 3원칙

(1) 적정성의 원칙

복지시설과 제도는 가능한 한 조직의 모든 종업원에게 필요하고 경비에 대한 부담이 적당하며, 더불어 동종 산업이나 동일지역 내의 타 기업과 비교했을 때 크게 차이가 나지 않아야 함

(2) 합리성의 원칙

기업의 복지시설과 제도는 국가와 지역사회가 실시하는 사회보장제도 및 지역사회 복지시설과 합리적으로 조정·관리되어야 함을 의미함

(3) 협력성의 원칙

종업원과 사용자가 서로 간의 협의하여 복리후생의 내용을 충실히 하고 운영에 있어서도 복리후생 위원회를 설치하는 등 노사쌍방의 협력으로 보다 큰 효과를 낼 수 있는 것을 의미함

4 카페테리아식 복리후생

카페테리아식 복리후생은 기업 조직에 소속된 종업원들이 기업이 제공하는 복리후생제도나 시설 중에서 종업원이 원하는 것을 선택하여 자신의 복리후생을 스스로 원하는 대로 설계하는 것을 의미함

(1) 선택적 지출 계좌형

종업원 개개인에게 주어진 복리후생의 예산 범위 내에서 종업원들 각자가 자유롭게 복리후생의 항목들 중에서 선택하도록 하는 제도

(2) 모듈형

기업 조직이 몇 개의 복리후생 내용들을 모듈화시켜서 이를 종업원들에게 제공한 후에, 각 종업원들이 자신들에게 제일 적합한 모듈을 선택하도록 하는 것을 의미함

(3) 핵심 추가 선택형

복리후생에 대한 핵심항목들을 기업이 제공하고, 추가된 항목들에 대해서 각 종업원들에게 선택권을 부여하는 것을 의미함

제9장　인적자원의 유지관리

제1절 인간관계관리

1 인간관계관리의 중요성

(1) 인간이 삶의 많은 부분을 기업 조직 내에서 보내기 때문에 기업 조직 내에서의 인간관계의 문제가 점차 중요해지고 있음

(2) 기업 조직의 규모가 커지고, 그만큼 복잡해지면서 수많은 조직 내 종업원들 간의 협동관계를 이루는 것이 중요한 문제로 나타나고 있음

(3) 실력 있는 인적자원을 기업 조직 내에 두면서, 이러한 조직에 크게 공헌하게 하는 활동으로 인간관계 관리가 상당히 중요시되고 있음

2 과학적 관리론

(1) 과학적 관리론은 과학 및 과학적 방법을 활용한 합리화와 능률성의 극대화를 기반으로 하는 관리법을 의미함

(2) 최소의 비용(노력)으로 최대의 생산효과를 이끌어 내는 것을 기본적인 내용으로 함

(3) 경제적이면서도 물질적인 것을 우선순위 요소로 삼아 종업원들의 작업이 이루어지는 과정을 연구 및 분석하며, 이에 따른 적정량의 업무를 부여함

(4) 한계점
　① 기업 조직과 사람을 기계화함으로써, 사람의 부품화 및 인격적 상실 등을 초래
　② 폐쇄적 이론으로 환경 및 기업 조직과의 상호의존적인 작용을 무시
　③ 오로지 합리적인 경제인관의 모델에 입각하여, 사람의 심리적·사회적 요소들을 배제함
　④ 비공식적인 조직을 무시함
　⑤ 기계적인 능률관에 입각하였기에 능률을 기계적 또는 물리적으로만 인식함

3 인간관계론

(1) 조직구성원들의 심리적·사회적인 욕구와 기업조직 내의 비공식집단 등을 중요시함

(2) 기업 조직의 목표 및 조직 구성원들의 목표 간 균형의 유지를 지향하는 민주적이면서 참여적인 관리 방식을 추구하는 이론을 의미함

(3) 호손 실험의 구체적 내용
　① **조명실험**
　　조명의 변화가 공장 내 종업원들의 생산성에 미치는 영향을 알아보기 위해서 실시하였고, 물리적인 조건의 변동은 특별하게 작업능률에 있어 큰 영향을 미치지 못한 것을 알아냄

② **계전기 조립실험**

종업원들에 대한 휴식시간이나 임금인상 등이 그들의 작업조건에 있어 생산성에 미치는 효과를 알아보는 실험

③ **면접실험**

상급자의 감독방법이나 작업 환경 등에 따른 종업원들의 불만을 조사함

④ **배선관찰실험**

종업원들에 대한 면접 및 관찰을 통한 작업장에서의 여러 가지 사회적 요소를 분석함

(4) 호손 실험의 의미

① 종업원들의 작업능률은 어떠한 노동시간 및 임금 등과 같은 노동의 조건이나 조명 등의 작업환경이 가지는 물리적인 조건이 아닌 종업원들의 태도, 감정적인 면이 작업능률을 좌우한다는 것을 알게 함
② 물리적 조건에 의한다기보다는 반대로, 종업원들의 심리적 요인이 중요함
③ 종업원 개개인의 감정이나 태도 등을 움직이는 것은 사회적 환경이나 개인이 속한 비공식적 조직 등에 있음
④ 조직 내에서의 비공식적 조직은 조직 내의 공식적인 조직에 비해 종업원들의 생산성 향상에 더 큰 역할을 기여함

(5) 인간관계론의 단점

① 인간관계론은 비공식 조직에만 관심을 보임
② 사람의 이성보다 감정을 중요시한 나머지 기업 조직의 능률의 저하를 초래함
③ 기업 조직에서의 외부적 환경요소를 제거함

4 행동과학론

(1) 행동과학론은 경험적 증거에 의해 수집된 객관적인 방법으로, 이는 인간의 활동을 과학적으로 분석 및 설명, 예측을 하고자 하는 데 쓰이는 이론에 해당함

(2) 조직의 공식적인 면과 비공식적인 면 모두를 고려하여 기업 조직을 인간의 활동이나 또는 집단의 과정으로 이를 객관적으로 연구 및 측정하려는 움직임을 의미함

5 인간관계관리 제도

(1) 제안제도(Suggestion Systems)

기업 조직체의 운영 및 종업원들의 작업수행에 필요한 각종 아이디어 등을 일반 종업원들로 하여금 제안할 수 있도록 하면서, 제출된 제안들을 심사해서 좋은 제안에 대해서는 그에 따르는 적절한 보상을 하면서 선택된 제안을 실천에 옮기는 것을 의미함

(2) 종업원 상담제도(Employee Counselling)

조직 내에서 종업원이 문제를 스스로 해결할 수 있도록 도움을 줄 목적으로 종업원과 함께 문제를 토론해서 해결해 나가는 것을 말함

(3) 사기조사(Morale Survey)

사기조사는 사기의 상태나 사기를 저해할 수 있는 요소들을 밝혀가는 과정을 의미함

(4) 고충처리제도

고충은 기업 조직에서 종업원들의 근로조건 및 단체협약의 실시에 있어서 부당하게 느껴지는 그들의 불평 및 불만을 의미하는데, 이런 고충에 대해 고충처리기관은 근로조건이나 대우에 대한 근로자의 불평불만을 통상적으로 모아서 분쟁의 원인을 제거하는 역할을 함

제2절 노사관계관리

1 노사관계관리의 전개

(1) 노사관계의 개념

노사관계는 노동시장에서 노동력을 제공해서 임금을 지급받는 노동자(종업원)와 노동력 수요자로서의 사용자가 서로 간에 형성하는 관계를 의미함

(2) 노사관계의 발전과정

노사관계는 그 발전과정에 있어 크게 전제적 노사관계, 온정적 노사관계, 근대적 노사관계, 민주적 노사관계 등 4가지로 구분되어 발전됨

① 전제적 노사관계

사용자와 노동자의 관계는 명령과 복종, 주종의 관계를 형성하거나 예속의 관계로서, 전제적 또는 일방적인 성격을 내포하고 있음

② 온정적 노사관계

근로자에 대하여 가부장적 온정주의에 입각한 복리후생시설을 마련하는 등의 노사관계를 개선하기 시작하였고, 그러한 결과로 전제와 은혜, 충성과 자주성이라는 노사 간에 온정주의적 관계가 특징으로 나타나게 된 단계임

③ 근대적 노사관계

산업혁명의 발전과 더불어 노동도 직업별 노동조합이 형성됨에 따라 전 근대적 노동시장이 나타나게 되는 단계에 해당하며, 법에 의한 노동관리 및 합리주의로 인해 자본의 전제화가 점진적으로 완화하기 시작함

④ **민주적 노사관계**

노동조합과 기업의 전문경영자 사이의 대등주의적인 입장에서 임금이나 작업 내지는 노동조건을 공동으로 결정하는 노사관계의 단계를 의미함

2 노동조합

(1) 노동조합의 개념

노동조합이란 노동자가 주체가 되어 자주적으로 단결하여 근로조건의 유지 및 개선, 기타 노동자의 경제적 또는 사회적인 지위의 향상을 도모하기 위한 목적으로 조직하는 단체 또는 그 연합단체를 의미함

(2) 노동조합의 기능

① **기본 기능(조직 기능)**

비조합원인 근로자들을 조직하는 제1차적 기능인 근로자 기능과, 그 후에 노동조합이 조직된 해당 노동조합을 유지하는 제2차적 기능인 노동조합 기능이 해당됨

② **집행 기능**

㉠ 단체교섭 기능

노동자들이 사용자와의 단체교섭을 통해서 근로조건을 유지하거나 개선을 요구하게 되며, 단체교섭의 결과로서 단체협약이 이행됨

㉡ 경제활동 기능

공제적 기능과 협동적 기능으로 구분됨. 공제적 기능은 노동자들이 어떠한 질병이나 재해, 사망또는 실업에 대비해서 노동조합이 사전에 공동기금을 준비하는 상호부조의 활동(상호보험)을 말하며, 협동적 기능은 노동자가 취득한 임금을 보호하기 위한 소비측면의 보호를 의미함

㉢ 정치활동 기능

노동자들이 자신들의 경제적인 목적을 달성하기 위해 부득이하게 정치적인 활동을 전개하는 것을 의미함

③ **참모 기능**

보통 기본기능과 집행기능을 보조 또는 참모하는 역할을 수행하는 기능을 의미하며, 이는 노동자들이 만든 노동조합의 임원이나 조합원들에게 교육활동이나 각종 선전활동, 조사연구활동 및 사회봉사활동 등의 내용을 포함함

(3) 노동조합의 조직형태

① **조합원 자격에 의한 노동조합의 분류**

㉠ 직업별 노동조합(Craft Union) : 서로 동일한 직능(예 인쇄공이나 선반공 또는 목수 등)에 종사하는 숙련노동자들이 자신들이 소속되어 있는 회사를 초월해서 노동자 자신들의 직업적인 안정과 더불어 경제적인 부분에서의 이익을 확보하기 위해 만든 배타적인 노동조합

㉡ 산업별 노동조합(Industrial Union) : 노동시장에 대한 공급통제를 목적으로 숙련 또는 비숙련노동자들을 불문하고 동종 산업의 모든 노동자들을 하나로 해서 조직하는 노동조합

ⓒ 기업별 노동조합(Company Labor Union) : 동일한 기업에 종사하는 노동자들이 해당 직종 또는
직능에 대한 차이 및 숙련의 정도를 무시하고 조직하는 노동조합

ⓔ 일반노동조합(General Labor Union) : 기업 및 숙련도, 직능과는 상관없이 하나 또는 여러 개의
산업에 걸쳐서 각기 흩어져 있는 일정 지역 내의 노동자들을 규합하는 노동조합

② **결합방식에 의한 노동조합의 분류**

ⓐ 단일조합은 최소한의 요건을 갖추고 있는 최소 단위 조합으로 노동자 개인을 구성원으로 하고
있는 노동조합을 의미함

ⓑ 연합체 조합은 단일조합을 구성원으로 하는 노동조합을 의미함

(4) 노동조합의 안정 및 독립

① **유니언 숍(Union Shop)**

사용자의 노동자에 대한 채용은 자유롭지만, 일단 채용이 되고 나서부터는 종업원들은 일정 기간이
지난 후에는 반드시 노동조합에 가입해야만 하는 제도

② **오픈 숍(Open Shop)**

사용자가 노동조합에 가입한 조합원 말고도 비조합원도 자유롭게 채용할 수 있도록 하는 제도이나,
조합원들의 사용자에 대한 교섭권은 약화됨

③ **클로즈드 숍(Closed Shop)**

기업에 있어 결원에 대한 보충이나 신규채용 등에 있어 사용자가 조합원 중에서 채용을 하지 않으면
안 되는 제도이며, 기업에 대한 노조의 통제력이 가장 강함

④ **프레퍼랜셜 숍(Preferential Shop)**

특혜 숍 제도라고도 하는데, 기업이 종업원에 대한 채용을 진행할 때 조합원들에게 채용에 대한 우
선권을 부여하는 종업원 특혜제도

⑤ **에이전시 숍(Agency Shop)**

대리기관 숍 제도라고도 하는데 채용되는 모든 종업원들에게 단체교섭의 당사자인 노동조합에 일정
액의 조합비를 납부하게 하는 것을 요구하는 제도

⑥ **메인터넌스 숍(Maintenance of Membership Shop)**

조합원 유지 숍 제도라고도 하는데 무엇보다도 단체협약이 이루어지면 기존의 조합원들은 물론, 단
체협약이 체결된 이후에 가입한 조합원들도 협약이 유효한 기간 동안에는 조합원으로 머물러 있어
야 하는 제도

⑦ **체크오프 시스템(Check Off System)**

조합원 2/3 이상의 동의가 얻어지면 기업에서는 급여 지급 시 각 종업원들의 급여에서 조합비를 일
괄적으로 공제해서 노동조합에 넘기는 방식인 체크오프 시스템 제도를 도입할 수 있으며 이는 노동
조합의 자금 확보를 위한 기반을 제공해 주는 대표적 제도에 해당

3 노사협력제도

(1) 단체교섭제도

① 노사의 대표자가 노동자의 임금, 근로시간 또는 제 조건에 대해서 협약의 체결을 위해서 평화적으로 타협점을 찾아가는 절차를 의미함

② 단체교섭의 성격

    ㉠ 단체교섭은 노동자들의 대표인 노동조합과 사용자 대표 간 쌍방적 결정의 성격을 지님

    ㉡ 단체교섭은 이 자체가 어떠한 목적 또는 귀결점이 아닌 과정을 의미

    ㉢ 단체교섭은 노사 간의 서로 반대되는 내용에 대해 대화로 타협점을 찾는 과정

(2) 단체협약

① 노동자들이 사용자에 대해서 평화적인 교섭 또는 쟁의행위를 거쳐서 쟁취한 유리한 근로조건을 협약이라는 형태로 서면화한 것을 의미함

② 단체협약의 내용

    ㉠ 규범적 부분 : 노동자들의 임금, 근로시간, 휴가, 재해보상, 휴일, 복지시설, 안전위생 등의 내용이 포함

    ㉡ 조직적 부분 : 종업원들의 해고에 대한 동의 및 협의조항, 조직운영에 대한 조항 등의 내용이 포함

    ㉢ 채무적 부분 : 숍조항, 평화조항, 쟁의조항, 교섭위임 금지조항 등의 내용이 포함

(3) 노동쟁의 및 조정

① 노동쟁의는 종업원들의 노동시간, 복리후생, 임금, 해고 등에 대해서 노사 간의 의견 불일치로 인해 발생하는 분쟁상태를 의미함

② 쟁의의 유형(노동자 측)

    ㉠ 파업(Strike) : 노동조합 안에서의 통일적 의사결정에 따라 근로계약상 노동자가 사용자에게 제공해야 할 의무가 있는 근로의 제공을 거부하는 쟁의 수단

    ㉡ 태업 · 사보타지(Sabotage)

        • 태업 : 노동조합이 형식적으로는 노동력을 제공하지만 의도적으로 불성실하게 노동을 제공함으로써 작업능률을 저하시키는 행위

        • 사보타지(Sabotage) : 태업에서 더 나아가 능동적으로 생산 및 사무를 방해하거나 원자재 또는 생산시설 등을 파괴하는 행위

    ㉢ 생산관리 : 노동조합이 직접적으로 사업장이나 공장 등을 점거하여 직접 나서서 기업경영을 하는 행위

    ㉣ 준법투쟁 : 노동조합이 법령 · 단체협약, 취업규칙 등의 내용을 정확하게 이행한다는 명분하에 업무의 능률 및 실적을 떨어뜨리는 행위

    ㉤ 불매동맹(Boycott) : 사용자나 사용자와 거래 관계에 있는 제3자의 제품구입 또는 시설 등에 대한 이용을 거절하거나 그들과의 근로계약 체결 거부 등을 호소하는 행위

    ㉥ 피켓팅(Picketing) : 노조의 쟁의행위를 효과적으로 수행하기 위한 보조적인 방법

③ 쟁의의 유형(사용자 측)

　㉠ 직장폐쇄(Lock Out) : 사용자 측이 자기의 주장을 관철하기 위해서 노동자가 제공하는 노동력을 거부하고, 노동자에게 경제적 타격을 입힘으로써 압력을 가하는 실력행위

　㉡ 조업계속 : 노동조합 측의 쟁의행위에 참여하지 않는 근로자 중에 계속 근로를 희망하는 자와 관리자 등을 동원해서 조업을 계속하는 행위를 의미

4 경영참가제도

(1) 경영참가제도는 노동자 또는 노동조합이 사용자와 공동으로 기업의 경영관리기능을 담당 수행하는 것을 의미함

(2) 경영참가의 종류

① **자본참가(Participation in Capital)**

근로자들이 자기회사의 주식을 소유함으로써 자본의 출자자로서 기업경영에 참여하는 제도로서 대표적으로는 종업원지주제도가 있음

② **성과배분참가**

기업이 생산성 향상에 의해 얻어진 성과를 배분하는 제도를 의미함

③ **의사결정참가**

종업원이나 노동조합이 기업경영 의사결정에 참여하는 것을 의미함

　㉠ 노사협의제 : 노동자 및 사용자 대표가 서로 간의 분쟁을 피하기 위해 일상적인 대화로써 협의점을 찾고자 설치한 제도를 의미함. 일정한 규모 이상의 모든 사업장의 경우 노사협의회를 설치하고, 사용자 및 노동자 대표자 간에 수시 또는 정기적으로 여러 가지 문제를 논의하고 있음

　㉡ 공동결정제 : 기업의 경영에 있어 의사결정이 노사 간 공동으로 이루어지게 하는 참가방식을 의미함

제10장 인사정보시스템과 인사감사

제1절 인사정보시스템

1 인적자원정보시스템(Human Resource Information System ; HRIS)

(1) **인적자원정보시스템의 개념**

기업 조직의 경영자가 자사 내 인적자원과 연관된 각종 사안에 대한 의사결정을 내릴 때에 도움이 되는 유용한 정보들을 지원하기 위해 만들어진 시스템

(2) 인적자원정보시스템의 특징

① 타 정보시스템에 비해 특정 기간 동안에 데이터들이 대량으로 발생

② 각종 데이터 처리에 있어서 즉시성이 요구되지 않음

③ 비정형적인 처리방법에 대한 요구도가 높은 편

④ 재무나 마케팅・생산시스템과의 상호관련성이 낮음

⑤ 여러 하부정보시스템(급여, 선발, 복리후생, 인사평가 등)으로 구성

(3) 인적자원정보시스템의 유용성

① 신속・정확하고 자료에 대한 분석이 용이

② 자동화 및 전산화로 인해 많은 노력 및 시간의 절감, 생산성의 향상

③ 필요한 정보자료의 효율적인 제공이 가능

④ 의사결정에 있어서의 지원 역할

⑤ 각종 과학적인 연구조사에 활용이 가능

(4) 인적자원정보자료

① 외부환경자료

조직외적으로 법적・환경적 요인에 의한 자료, 조직내적요소에 의한 자료로 구분

② 투입자료

조직이나 직무정보시스템을 구성하는 자료와 구성인력에 대한 자료로 구분

③ 과정자료

생산성 유인프로그램 및 생산성 유지프로그램 등으로 구분

④ 산출자료

어떤 개인의 수준에 있어서의 성장 및 개발・욕구충족에 대한 자료, 조직의 수준에 있어서의 성장 및 생산성 유지에 대한 자료로 구분

제2절 인사감사

1 인적자원감사

(1) 인적자원감사의 역할

조직건강에 대한 측정, 정책수행 여부에 대한 감사, 비용 및 수익분석, 정기적인 조사, 조직 성과표준검토

(2) 인적자원감사기준

① **일반기준(General Standards)**

    ㉠ 적절한 기술훈련 및 숙달을 지닌 사람 또는 사람들에 의해 조사가 수행되어야 함

    ㉡ 감사자들은 자신들의 정신자세에 있어 독립적인 자세를 가져야 함

    ㉢ 조사를 실행하고 결과에 대한 보고서를 준비함에 있어 전문가적 마인드를 가져야 함

② **실사의 기준(Standards of Field Work)**

    ㉠ 시기적절하게 계획이 짜여야 함

    ㉡ 존재하고 있는 내부통제에 대한 적절한 연구 및 평가는 반드시 있어야 함

    ㉢ 조사 중인 인사프로그램에 대한 의견에 있어 효율적인 기반을 제공하는 검사 및 관찰, 조회, 확인 등을 통해 증거자료를 취득해야 함

③ **보고기준(Standards of Reporting)**

    ㉠ 현재의 인사정책과 관리상의 특징 및 문제점 등의 파악

    ㉡ 나타난 문제점들에 대한 원인분석

    ㉢ 문제점 개선을 위한 뚜렷한 목표의 제시

    ㉣ 이루고자 하는 목표달성을 위한 구체적인 변화 영역과 수단의 제시

2 인적자원감사의 종류

(1) 내부감사 및 외부감사

① 내부감사는 기업 조직내부의 전문 스태프들이 경영 내의 인적자원감사를 실시하면서 통괄하는 경우를 의미함

② 외부감사는 기업 조직외부의 전문가(대학, 컨설턴트, 각종 연구기관 등)에 의해 실시되는 것으로서 보통 위탁감사라고도 함

(2) ABC 감사

① **A 감사(Administration)**

    인적자원정책의 경영 면(내용)을 대상으로 하여 실시되는 감사를 의미

② **B 감사(Budget)**

    인적자원정책의 경제 면(비용)을 대상으로 실시되는 예산감사를 의미

③ **C 감사(Contribution)**

    인적자원관리의 효과를 대상으로 하는 감사를 의미

제11장 전략적 인적자원관리

제1절 전략적 인적자원관리의 형성과 개념

1 전략적 인적자원관리의 개념

기업의 인사관리가 조직체의 전략과 목적을 반영해 전략기획의 과정과 잘 연결되고 인사관리 방식 간에도 서로 조화를 이루어 조직체의 전략과 목적을 효율적으로 달성시키는 일련의 과정

2 전략적 인적자원관리의 형성 배경

(1) 국제화에 따른 기업들 간의 극심한 경쟁

(2) 경영환경의 불확실성의 증대

(3) 인적자원에 관련한 각종 과업의 다양화에 따른 기업 전략들과의 연계 필요성의 증대

3 업무 재설계(Business Process Reengineering ; BPR)

품질이나 비용, 서비스, 업무처리 속도 등과 같이 업무 성과 향상요소들에 대해서 기업의 역량을 높임으로써 기업의 업무성과를 획기적으로 향상시키기 위한 업무 재설계를 의미함

제2절 고성과 조직

1 고성과 조직의 개념

기업 조직은 고성과 조직을 만들기 위해서 해당 기업이 추구하는 문화, 비전전략 등을 인사평가 시스템에 정확히 반영을 해야 하며, 고성과를 얻기 위해서는 해당 기업 조직의 문화, 비전 및 전략 등의 원활한 실행을 위해 조직의 각 부문에 걸쳐 수행해야 할 과업을 정확하게 설정해야 하고, 이러한 각 부분의 목표를 이루기 위해 조직의 팀, 하위 부문, 또는 개개의 종업원들이 해야 할 일들을 구체적으로 설정해야 함

2 고성과 조직의 조건

(1) 기업 외부환경의 변화에 대해서 시기적절하게 경영전략을 펼쳐야 함. 즉, 외적 적합성(External Fit)이 높아야 함

(2) 인적자원개발, 동기부여 및 경영참여라는 내부적인 요인의 높은 적합성이 필요함. 즉, 내적 적합성(Internal Fit)이 높아야 함

제3절 인사의 전략적 역할

1 전략적 인적자원 스태프의 역할

(1) 전략적 동반자로서의 역할

인적자원 스태프가 조직의 전략과정에 참여함으로써 인적자원관리를 기업의 경영전략과 맞물리게 하는 활동을 함. 이러한 역할로 인해 인적자원 스태프는 조직의 약점과 강점을 파악할 수 있고, 해당 조직의 인적자원과 경영전략의 연계를 점검할 수 있는 기능을 하게 됨

(2) 변화담당자로서의 역할

인적자원 스태프가 조직 내 각종 변화를 일으키고, 종업원들의 능력을 개발시키는 역할을 담당함. 즉, 이런 변화담당자는 종업원들로부터 나타나는 각종 긍정적인 변화를 기반으로 더욱 더 발전하는 조직문화를 만들어 나가는 활동을 할 수 있음

(3) 종업원 옹호자로서의 역할

종업원들에게 발생하는 각종 문제들을 이해하고, 해결해 나가며 종업원들의 조직에 대한 사기를 높이고, 그들에게 조직몰입을 하도록 해 줌으로써 결국엔 해당 조직의 성과에 기여하게 하는 역할을 함

(4) 행정전문가로서의 역할

경영 관리자와 종업원들을 위해 필요로 하는 각종 서비스 및 지원을 하는 역할을 수행함

2 전략적 인적자원관리에 의한 조직변화 기법

(1) 조직개발과 조직의 변화

① **인적자원관리기법**

종업원들이 기업 조직의 인사 정책을 변화시키거나 이를 분석 가능하도록 하는 연구방법으로, 종업원들에 대한 성과에 대한 평가와 보상과 관련된 시스템 등을 포함하는 각종 프로그램이 있음

② **인간관계기법**

조직 내 종업원들의 인간관계를 향상시키고자, 집단 또는 개개인 간의 상호작용을 통해 문제를 효율적으로 처리할 수 있는 능력을 키우는 데 그 목적이 있음

③ **전략적 기법**

기업 조직 내 구조 및 전략, 문화 등의 내부 환경과 조직 외부 환경과의 적합성을 이루기 위한 조직개발 프로그램을 의미함

④ **기술 구조적 기법**

조직의 생산성·효율성 등을 높이기 위한 기술구조적인 개입을 의미하며, 여기에는 기업 조직의 구조와 그에 따른 방법의 변화 및 직무설계의 변화까지도 포함됨

SD에듀와 함께, 합격을 향해 떠나는 여행

컴퓨터용 사인펜만 사용

독학학위제 2단계 전공기초과정인정시험 답안지(객관식)

★ 수험생은 수험번호와 응시과목 코드번호를 표기(마킹)한 후 일치여부를 반드시 확인할 것.

전공분야

성명

(1) | 2
(2) | ④ ③ ● ①

수 험 번 호

과목코드 / 응시과목

교시코드

과목코드 / 응시과목

교시코드

답안지 작성시 유의사항

1. 답안지는 반드시 컴퓨터용 사인펜을 사용하여 다음 보기와 같이 표기할 것.
   보기 잘된 표기: ● 잘못된 표기: ⊗ ⊙ ○ ◐ ◑

2. 수험번호 (1)에는 아라비아 숫자로 쓰고, (2)에는 "●"와 같이 표기할 것.

3. 과목코드는 뒷면 "과목코드번호"를 보고 해당과목의 코드번호를 찾아 표기하고,
   응시과목란에는 응시과목명을 한글로 기재할 것.

4. 교시코드는 문제지 전면 의 교시를 해당란에 "●"와 같이 표기할 것.

5. 한번 표기한 답은 긁거나 수정액 및 스티커 등 어떠한 방법으로도 고쳐서는
   아니되며, 고친 문항은 "0"점 처리함.

※ 감독관 확인란

(인)

관 리 번 호

(연번)

(응시자수)

[이 답안지는 마킹연습용 모의답안지입니다.]

독학학위제 2단계 전공기초과정인정시험 답안지(객관식)

컴퓨터용 사인펜만 사용

★ 수험생은 수험번호와 응시과목 코드번호를 표기(마킹)한 후 일치여부를 반드시 확인할 것.

전공분야	
성명	

수험번호

(1) □□□□□□□ - □□□□□ - □□

수험번호(2):
- ① ② ③ ④ ⑤ ⑥ ⑦ ⑧ ⑨ ⑩
- ① ② ③ ④ ⑤ ⑥ ⑦ ⑧ ⑨ ⑩
- ① ② ③ ④ ⑤ ⑥ ⑦ ⑧ ⑨ ⑩
- ① ② ③ ④ ⑤ ⑥ ⑦ ⑧ ⑨ ⑩
- ① ② ③ ④ ⑤ ⑥ ⑦ ⑧ ⑨ ⑩

과목코드

교시코드 ① ② ③ ④

응시과목

1	① ② ③ ④	21	① ② ③ ④
2	① ② ③ ④	22	① ② ③ ④
3	① ② ③ ④	23	① ② ③ ④
4	① ② ③ ④	24	① ② ③ ④
5	① ② ③ ④	25	① ② ③ ④
6	① ② ③ ④	26	① ② ③ ④
7	① ② ③ ④	27	① ② ③ ④
8	① ② ③ ④	28	① ② ③ ④
9	① ② ③ ④	29	① ② ③ ④
10	① ② ③ ④	30	① ② ③ ④
11	① ② ③ ④	31	① ② ③ ④
12	① ② ③ ④	32	① ② ③ ④
13	① ② ③ ④	33	① ② ③ ④
14	① ② ③ ④	34	① ② ③ ④
15	① ② ③ ④	35	① ② ③ ④
16	① ② ③ ④	36	① ② ③ ④
17	① ② ③ ④	37	① ② ③ ④
18	① ② ③ ④	38	① ② ③ ④
19	① ② ③ ④	39	① ② ③ ④
20	① ② ③ ④	40	① ② ③ ④

응시과목 (두 번째)

1	① ② ③ ④	21	① ② ③ ④
2	① ② ③ ④	22	① ② ③ ④
3	① ② ③ ④	23	① ② ③ ④
4	① ② ③ ④	24	① ② ③ ④
5	① ② ③ ④	25	① ② ③ ④
6	① ② ③ ④	26	① ② ③ ④
7	① ② ③ ④	27	① ② ③ ④
8	① ② ③ ④	28	① ② ③ ④
9	① ② ③ ④	29	① ② ③ ④
10	① ② ③ ④	30	① ② ③ ④
11	① ② ③ ④	31	① ② ③ ④
12	① ② ③ ④	32	① ② ③ ④
13	① ② ③ ④	33	① ② ③ ④
14	① ② ③ ④	34	① ② ③ ④
15	① ② ③ ④	35	① ② ③ ④
16	① ② ③ ④	36	① ② ③ ④
17	① ② ③ ④	37	① ② ③ ④
18	① ② ③ ④	38	① ② ③ ④
19	① ② ③ ④	39	① ② ③ ④
20	① ② ③ ④	40	① ② ③ ④

답안지 작성시 유의사항

[보기]

1. 답안지는 반드시 컴퓨터용 사인펜을 사용하여 다음 보기와 같이 표기할 것.
   정 된 표기: ●
   잘못된 표기: ⊘ ⊗ ⊙ ◑ ● ○

2. 수험번호 (1)에는 아라비아 숫자로 쓰고, (2)에는 "●"와 같이 표기할 것.

3. 과목코드는 "과목코드번호"를 보고 해당과목의 코드번호를 찾아 표기하고, 응시과목란에는 응시과목명을 한글로 기재할 것.

4. 교시코드는 문제지 전면의 교시를 해당란에 "●"와 같이 표기할 것.

5. 한번 표기한 답은 긁거나 수정액 및 스티커 등 어떠한 방법으로도 고쳐서는 아니되고, 고친 문항은 "0"점 처리함.

[이 답안지는 마킹연습용 모의답안지입니다.]

※ 감독관 확인란

(인)

관리번호	
(연번)	(응시자수)

독학학위제 2단계 전공기초과정인정시험 답안지(객관식)

컴퓨터용 사인펜만 사용

★ 수험생은 수험번호와 응시과목 코드번호를 표기(마킹)한 후 일치여부를 반드시 확인할 것.

전공분야

성명

		수 험 번 호					
2	-						
① ● ③ ④	-	① ② ③ ④ ⑤ ⑥ ⑦ ⑧ ⑨ ⑩	① ② ③ ④ ⑤ ⑥ ⑦ ⑧ ⑨ ⑩	-	① ② ③ ④ ⑤ ⑥ ⑦ ⑧ ⑨ ⑩	① ② ③ ④ ⑤ ⑥ ⑦ ⑧ ⑨ ⑩	① ② ③ ④ ⑤ ⑥ ⑦ ⑧ ⑨ ⑩

(응시자수)

응시과목

과목코드	응시과목				
① ② ③ ④ ⑤ ⑥ ⑦ ⑧ ⑨ ⑩	1	① ② ③ ④	21	① ② ③ ④
① ② ③ ④ ⑤ ⑥ ⑦ ⑧ ⑨ ⑩	2	① ② ③ ④	22	① ② ③ ④
① ② ③ ④ ⑤ ⑥ ⑦ ⑧ ⑨ ⑩	3	① ② ③ ④	23	① ② ③ ④
① ② ③ ④ ⑤ ⑥ ⑦ ⑧ ⑨ ⑩	4	① ② ③ ④	24	① ② ③ ④
① ② ③ ④ ⑤ ⑥ ⑦ ⑧ ⑨ ⑩	5	① ② ③ ④	25	① ② ③ ④
	6	① ② ③ ④	26	① ② ③ ④
	7	① ② ③ ④	27	① ② ③ ④
	8	① ② ③ ④	28	① ② ③ ④
교시코드	9	① ② ③ ④	29	① ② ③ ④
① ② ③ ④	10	① ② ③ ④	30	① ② ③ ④
	11	① ② ③ ④	31	① ② ③ ④
	12	① ② ③ ④	32	① ② ③ ④
	13	① ② ③ ④	33	① ② ③ ④
	14	① ② ③ ④	34	① ② ③ ④
	15	① ② ③ ④	35	① ② ③ ④
	16	① ② ③ ④	36	① ② ③ ④
	17	① ② ③ ④	37	① ② ③ ④
	18	① ② ③ ④	38	① ② ③ ④
	19	① ② ③ ④	39	① ② ③ ④
	20	① ② ③ ④	40	① ② ③ ④

응시과목

과목코드	응시과목				
① ② ③ ④ ⑤ ⑥ ⑦ ⑧ ⑨ ⑩	1	① ② ③ ④	21	① ② ③ ④
① ② ③ ④ ⑤ ⑥ ⑦ ⑧ ⑨ ⑩	2	① ② ③ ④	22	① ② ③ ④
① ② ③ ④ ⑤ ⑥ ⑦ ⑧ ⑨ ⑩	3	① ② ③ ④	23	① ② ③ ④
① ② ③ ④ ⑤ ⑥ ⑦ ⑧ ⑨ ⑩	4	① ② ③ ④	24	① ② ③ ④
① ② ③ ④ ⑤ ⑥ ⑦ ⑧ ⑨ ⑩	5	① ② ③ ④	25	① ② ③ ④
	6	① ② ③ ④	26	① ② ③ ④
	7	① ② ③ ④	27	① ② ③ ④
	8	① ② ③ ④	28	① ② ③ ④
교시코드	9	① ② ③ ④	29	① ② ③ ④
① ② ③ ④	10	① ② ③ ④	30	① ② ③ ④
	11	① ② ③ ④	31	① ② ③ ④
	12	① ② ③ ④	32	① ② ③ ④
	13	① ② ③ ④	33	① ② ③ ④
	14	① ② ③ ④	34	① ② ③ ④
	15	① ② ③ ④	35	① ② ③ ④
	16	① ② ③ ④	36	① ② ③ ④
	17	① ② ③ ④	37	① ② ③ ④
	18	① ② ③ ④	38	① ② ③ ④
	19	① ② ③ ④	39	① ② ③ ④
	20	① ② ③ ④	40	① ② ③ ④

답안지 작성시 유의사항

1. 답안지는 반드시 컴퓨터용 사인펜을 사용하여 다음 보기와 같이 표기할 것.
   보기 잘 된 표기: ●
   잘못된 표기: ⊘ ⊗ ⊙ ◑ ○ ◐

2. 수험번호 (1)에는 아라비아 숫자로 쓰고, (2)에는 " ● "와 같이 표기할 것.

3. 과목코드는 뒷면 "과목코드번호"를 보고 해당과목의 코드번호를 찾아 표기하고,
   응시과목란에는 응시과목명을 한글로 기재할 것.

4. 교시코드는 문제지 전면 의 교시를 해당란에 " ● "와 같이 표기할 것.

5. 한번 표기한 답은 긁거나 수정액 및 스티커 등 어떠한 방법으로도 고쳐서는
   아니되고, 고친 문항은 "0"점 처리함.

[이 답안지는 마킹연습용 모의답안지입니다.]

※ 감독관 확인란

(인)

관 리 번 호		
(연번)		

[0]

SD에듀 독학사 경영학과 2단계 인적자원관리

개정12판1쇄 발행	2023년 04월 12일 (인쇄 2023년 02월 21일)
초 판 발 행	2011년 01월 20일 (인쇄 2010년 11월 24일)
발 행 인	박영일
책 임 편 집	이해욱
편 저	독학학위연구소
감 수	최민주
편 집 진 행	송영진 · 양희정
표지디자인	박종우
편집디자인	김경원 · 장성복
발 행 처	(주)시대고시기획
출 판 등 록	제10-1521호
주 소	서울시 마포구 큰우물로 75 [도화동 538 성지 B/D] 9F
전 화	1600-3600
팩 스	02-701-8823
홈 페 이 지	www.sdedu.co.kr
I S B N	979-11-383-4134-9 (13320)
정 가	22,000원